ERP 开发与应用实验教程

刘春年　主　编
胡　媛　朱益平　副主编

中国财经出版传媒集团
经济科学出版社
Economic Science Press

图书在版编目（CIP）数据

ERP 开发与应用实验教程 / 刘春年主编 . —北京：经济
科学出版社，2016.1
ISBN 978 - 7 - 5141 - 6566 - 1

Ⅰ.①E⋯　Ⅱ.①刘⋯　Ⅲ.①企业管理 - 计算机管理
系统 - 教材　Ⅳ.①F270.7

中国版本图书馆 CIP 数据核字（2016）第 019958 号

责任编辑：段　钢
责任校对：隗立娜
版式设计：齐　杰
责任印制：邱　天

ERP 开发与应用实验教程
刘春年　主编
经济科学出版社出版、发行　新华书店经销
社址：北京市海淀区阜成路甲 28 号　邮编：100142
总编部电话：010 - 88191217　发行部电话：010 - 88191522
网址：www. esp. com. cn
电子邮件：esp@ esp. com. cn
天猫网店：经济科学出版社旗舰店
网址：http://jjkxcbs. tmall. com
固安华明印业有限公司印装
787 × 1092　16 开　25.5 印张　700000 字
2017 年 12 月第 1 版　2017 年 12 月第 1 次印刷
ISBN 978 - 7 - 5141 - 6566 - 1　定价：68.00 元
（图书出现印装问题，本社负责调换。电话：010 - 88191502）
（版权所有　侵权必究　举报电话：010 - 88191586
电子邮箱：dbts@ esp. com. cn）

主　编　刘春年

副主编　胡　媛　朱益平

撰稿人　朱益平　郭路生　潘　钦　刘春年
（按撰写章节顺序排序）　　　胡　媛

前　言

ERP 是当今世界上最为先进的企业管理方式和手段，它的应用使企业的资源得到合理的配置与利用，有效提高企业的综合竞争优势，帮助企业在激烈商战中获胜。据不完全统计，我国已约有 700 家企业购买或使用了这种先进的管理软件。然而，其应用的效果很不平衡，各个企业差距较大。

如何介绍 ERP 管理思想，营造一个模拟的企业运作环境，突破传统教学模式，加强对实践性教学环节的探索与实践，让学生就业之前就能了解企业实际业务流程，并具备运用信息工具进行业务管理和决策的能力，是高校培养企业信息化人才的重要目标。但是我们发现，ERP 应用能力的培养仍然是大学 ERP 教学课堂中最薄弱的环节，缺乏实用有效、便于自学的教材的矛盾日益体现。为了满足广大师生对 ERP 实践教学的需求，我们编写了这本教材。

本实验教程以 ERP 系统为平台，包括数字企业环境的建立以及销售、产品结构、批次需求计划、采购、工单/委外、应收、应付和会计总账等功能模块的应用。本实验教程适用于普通高等院校本、专科信息管理，工商管理，企业管理，计算机等相关专业学生实验使用，也可作为企业管理人员的培训教材。

本书得到了江西省教学改革项目"基于大学生创业就业能力提升的 ERP 课程教学设计研究"的支持，同时得到了南昌大学教材出版基金资助，建立提高大学生的实践动手能力与创新能力的教学体系是本项目改革的重点。

本书力求以订单为驱动，以企业的实际业务流程为导向，掌握企业业务流程导入 ERP 系统的方法。本书内容翔实，通俗易懂，便于自学，其主要特点有：

第一，本书为每个实验配有实验数据和实验资料，方便使用；

第二，本书案例是我们多年来的教学总结，具有代表性；

第三，本书案例丰富、图文并茂、条理清晰；

第四，本书将 ERP 系统与教学实验融为一体，注重介绍 ERP 管理思想，重视 ERP 软件（SAP ERP、蓝软 ERP）在实际中的应用。

本书由刘春年担任主编。全书共 6 章，第 1 章介绍了 ERP 原理在国内的实施状况，以及奶制品生产企业 ERP 系统的应用，由朱益平编写；第 2 章介绍了奶制品企业 ERP 各个子系统的开发，由潘钦和郭路生共同编写；第 3 章介绍了 SAP ERP 的基本知识点及操作指导，由朱益平和胡媛共同编写；第 4章介绍了蓝软 ERP 的基本知识点及操作指导，由刘春年编写；第 5 章、第 6章通过模块训练和综合训练进行 ERP 开发实验技能的训练与培养，由胡媛和郭路生共同编写。最后，由刘春年审阅全稿，并对全稿进行了排版校对。

本实验教程实验内容较多，并且与企业的实际业务紧密结合，限于作者的经验和水平，书中难免存在错误和不足之处，恳请各界人士和读者批评指正。

编 者
2017 年 10 月

目　录

第一篇　ERP 开发实验技能训练与培养

第二篇　ERP 应用实验技能训练与培养

第三篇　ERP 基本实验和综合实验

第一篇

ERP 开发实验技能训练与培养

第1章

ERP 开发概述

1.1 ERP 原理及在国内实施状况

1.1.1 ERP 原理

ERP 是由美国著名的计算机技术咨询和评估集团 Garter Group 公司提出的一整套企业管理系统体系标准，其实质是在 MRP Ⅱ（Manufacturing Resources Planning，"制造资源计划"）基础上进一步发展而成的面向供应链（Supply Chain）的管理思想，是整合了企业管理理念、业务流程、基础数据、人力物力、计算机硬件和软件于一体的企业资源管理系统。ERP 企业资源计划系统，是指建立在信息技术基础上，以系统化的管理思想，为企业决策层及员工提供决策运行手段的管理平台。ERP 系统集信息技术与管理思想于一身，成为现代企业的运行模式，反映时代对企业合理调配资源，最大化地创造社会财富的要求，成为企业在信息时代生存、发展的基石。

ERP 这一观念最初是由美国的 Gartner Group 公司在 20 世纪 90 年代初期提出的，并就其功能标准给出了界定。ERP 的发展经历了从 MRP、MRP Ⅱ 到 ERP 的历程。

早期的 MRP 是基于物料库存计划管理的生产管理系统。

70 年代，MRP 经过发展形成了闭环的 MRP 生产计划与控制系统。

70 年代末和 80 年代初，物料需求计划 MRP 经过发展和扩充逐步形成了制造资源计划 MRP Ⅱ 的生产管理方式。

90 年代以来，MRP Ⅱ 经过进一步发展完善，形成了目前的企业资源计划 ERP 系统。

ERP 是企业管理信息系统发展的一个阶段，ERP 软件把过去一些财务软件和管理软件结合起来，ERP 理念实际上是将很多过去的管理思想变成现实中可实施应用的计算机软件。

1.1.2 ERP 软件的市场前景

中国是一个以制造业为基础的发展中国家，发展上很大限度要依赖于制造业的繁荣。在改革开放大潮的冲击下，中国的制造业企业面临着严峻的挑战。如何迎接这一挑战，在市场中站稳脚跟，进而栖身国际市场，这成为制造业乃至所有企业最关心的问题。近年来，一些企业已开始引进 ERP 先进的管理思想和系统，并将它运用到实际管理工作中去，也收到了较好的成效。而 ERP 也越来越受到我国政府部门和企业界的高度重视,有更多的企业认识到需要在企业中建立起符合国际规范的管理模式,借助于现代化的计算机管理手段来不断提高自身的管理水平和企业的综合实力。ERP 已经成为中国企业领导人眼中的"魔杖",是企业获得国际竞争力的时尚标准。关于中国 ERP 市场的不同说法仍旧沸沸扬扬,SAP 大中区总裁西曼则从 SAP 的成功看好中国市场。

1.1.3　ERP 到底能做什么

据美国生产与库存控制学会(APICS)统计,使用一个 ERP 系统,平均可以为企业带来的经济效益如下:

库存效益:库存下降30%～50%。这是人们说得最多的效益,因为它可使一般用户的库存投资减少140%～150%,库存周转率提高50%。

市场效益:延期交货减少80%。当库存减少并稳定时,用户服务的水平提高了,使使用 ERP/MRP Ⅱ 企业的准时交货率平均提高55%,误期率平均降低35%,这就使销售部门的信誉大大提高,也提高了市场竞争力。

采购效益:采购提前期缩短50%。采购人员有了及时准确的生产计划信息,就能集中精力进行价值分析,货源选择,研究谈判策略,了解生产问题,进而缩短了采购时间,节省了采购费用。

生产效益:停工待料减少60%。由于零件需求的透明度提高,计划也作了改进,能够做到及时与准确,零件也能以更合理的速度准时到达,因此,生产线上的停工待料现象将会大大减少。

成本效益:制造成本降低12%。由于库存费用下降,劳力节约,采购费用节省等一系列人、财、物的效应,必然会引起生产成本的降低。

管理效益:公司管理水平提高,管理人员减少10%,生产能力提高10%～15%,这可以为公司带来长期的管理效益。

我国企业应用 ERP 所带来的主要效益方面包括:减少库存占用资金、缩短主生产计划编制时间、缩短采购计划编制时间、提高产品按期完工率和缩短交货期、缩短生产准备时间、减少废品率、提高产品市场占有率、缩短新产品报价时间等。此外,ERP 给企业管理观念与管理模式现代化带来的影响更是十分深远。不少企业通过实施 ERP,使其管理思想、体制、方法、手段、制度和信息等方面都取得了长足的进步。

1.1.4　ERP 在中国的发展

ERP 在我国的发展过程,大致可划分为三个阶段:

第一阶段:启动阶段。

这一阶段主要是整个20世纪80年代,其主要特点是立足于 MRP-Ⅱ 的引进、实施以及部分应用阶段,其应用范围局限在传统的机械制造业内(多为机床制造、汽车制造等行业)。

第二阶段:成长阶段。

这一阶段大致是1990～1996年,其主要特征是 MRP Ⅱ/ERP 在中国的应用与推广取得了较好的成绩，从实践上否定了以往的观念。

第三阶段：成熟阶段。

这个阶段是从 1997 年开始至今，其主要特点是 ERP 的引入并成为主角；应用范围也从制造业扩展到第二、第三产业；并且由于不断的实践探索，应用效果也得到了显著提高，因而进入了 ERP 应用的"成熟阶段"。第三产业的充分发展正是现代经济发展的显著标志。

1.1.5　目前市场上 ERP 系统介绍

在中国企业中应用的国外 MRP Ⅱ/ERP 软件商品主要包括：SSA-BPCS，SAP-R/3，BAAN，JDE ERPX，CA-MANMAN/X，Forth-Shift，TCM-EMS，Oracle Cooperative Application，PROSTAR MRP Ⅱ 等。我国自行开发的国产化 MRP Ⅱ/ERP 产品已有几十种，如利玛 CAMPS、开思 ERP、经纬 JW-MRP Ⅱ、并捷 EMIS、金航联 AEPCS、北极星 Nstar、慧亚 MRP Ⅱ、金蝶 K/3、博通 MRP Ⅱ、北京和利时 HS2000ERP 等，神州数码、用友、浪潮、安易、北京奇正等都推出了 ERP 产品，这些国产 ERP 软件产品被我国几百家制造企业采用（前三个产品是由"863"计划 CIMS 主题支持的 MRP Ⅱ/ERP 产品），还有各种开发的行业应用的 ERP 软件。

1.2　奶制品生产企业 ERP

1.2.1　奶制品生产企业概况

奶制品生产企业是专门从事奶制品生产的企业组织，它的日常业务就是从物料的供应商处采购来原材料，经过对原材料的生产加工，生产出产品——奶制品，然后将奶制品销售出去，从而实现利润。

奶制品生产企业的基本职能部门包括：计划部门、采购部门、生产车间、质检部门、仓库、销售部门、财务部门和人事部门。

1.2.2　奶制品生产企业 ERP 系统需求分析

企业是由人组成的团体，他们有共同的目标，有人、财、物、设备、技术等资源，日常业务的核心就是实现目标。我们将企业看成一个整体，各个职能部门是这个整体的一部分，如果整个企业由一套完整的管理信息系统 ERP 来管理，那么各个部门就是这个信息系统的一个子系统，各个子系统间的资料信息可以通过中央数据处理系统来达到各个部门共享。这样，就可以大大提高企业的整体信息化程度。通过各个部门之间信息畅通的交流，业务流程能大大提高自动化程度，使企业的运行就像一个整体一样有条不紊。

因此，整个奶制品生产企业 ERP 系统可以划分出以下功能模块：计划管理系统（计划部门使用）、采购管理系统（采购部门使用）、库存管理系统（仓库部门使用）、生产管理系统（车间部门使用）、质检监测系统（质检部门使用）、销售管理系统（销售部门使用）、财务管理系统（财务部门使用）、人力资源管理系统（人事部门使用）和客户关系管理系统（主要由销售部门使用）。

另外，为了保证整个 ERP 系统的正常、安全运行，系统还提供了专门的用户登录、用户管理和食品安全追溯系统模块。整个系统的功能模块图如图 1－1 所示。

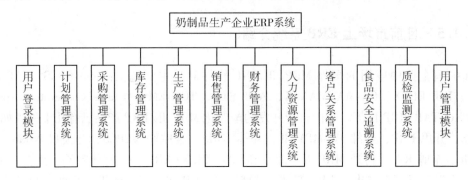

图 1－1   功能模块图

1.2.3   奶制品生产企业 ERP 系统整体架构设计

此 ERP 系统选 C/S 还是 B/S 架构？

在适用 Internet、维护工作量等方面，B/S 比 C/S 要强得多；但在运行速度、数据安全、人机交互等方面，B/S 远不如 C/S。对于以浏览为主、录入简单的应用程序，B/S 技术有很大的优势，而对于交互复杂的 ERP 等企业级应用，B/S 则很难胜任。不过 B/S 依然是未来的发展方向，因此本系统选取 B/S 架构进行开发，如图 1－2 所示。

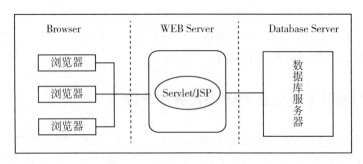

图 1－2   B/S 架构

为了提高开发效率、提高 ERP 系统的可扩展性和可维护性，此 ERP 系统采用 J2EE 平台上推荐的流行的 MVC 设计模式进行设计，基于 S2SH 框架进行开发，如图 1－3 所示。

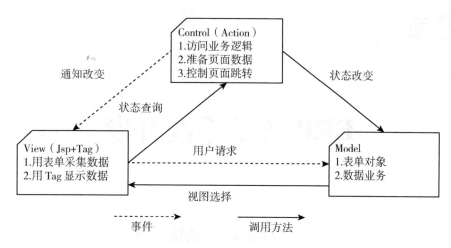

图 1 - 3　MVC 模式

该系统的源代码的主要目录结构，如图 1 - 4 所示。

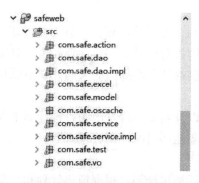

图 1 - 4　源代码目录结构

第❷章

ERP 各子系统开发

2.1 计划管理系统开发

2.1.1 基本理论概述

ERP 的计划管理中包括两个方面的计划，一方面是需求计划，另一方面是供给计划。具体地说，需求计划又包括销售对产品的需求计划和生产对原材料的需求计划；而供给计划则包括生产计划对库存的供给和采购部门的采购计划对原材料的供给。

（1）计划管理的作用。

工厂内的一切活动都是以计划部门所发出的各种计划单据为行动依据的。计划管理的主要作用主要体现在对各个职能部门的协调管理方面。

（2）计划管理的基本业务。

计划管理的主要业务包括销售计划，根据销售计划和产品库存情况制订生产计划，以及根据生产计划和物料库存制订物料采购计划。

（3）计划部门与 ERP 其他部门的关系。

计划部门和 ERP 其他部门的基本关系简单描述如下：

计划部门协助销售部门制定销售预测、销售计划后，将产品销售计划、订货和交货情况汇总通知计划部门，形成销售部门总的销售计划。

计划部门根据销售计划和库存产品信息，作产品供求分析，根据产品需求和生产能力制定生产计划，下达生产订单到生产部门。

计划部门根据生产对原材料的需求和库存原材料的情况，作物料供求分析，生产部门根据生产安排到库存部门领料生产，计划部门则制定原材料采购计划给采购部门。

库存部门按计划发料给生产部门，安排产品入库和采购物料入库。

2.1.2 奶制品生产企业 ERP 计划管理系统开发

（1）奶制品生产企业 ERP 计划管理系统功能分析。

该子系统主要为计划管理员设计使用。我们知道，企业一切的生产都是以销售为目的。分析计划管理员的需求以及该子系统与整个系统与其他子系统的关系。第一，计划管理员需要与销售部门联系，根据销售部门以往的销售情况、对未来产品销售的预期等一系列销售因素，一起制订可行的销售计划，因此需要有制订销售计划的功能；第二，计划管理员需要从库存部门那里获取产品的库存信息，结合销售计划，做出准确的产品供求分析，因此需要有产品供求分析的功能；第三，根据产品的供求分析的结果以及生产部门实际的生产能力、生产预期等一系列其他生产因素来制订合理的生产计划，因此需要有制订生产计划的功能；第四，计划管理员要根据从库存部门哪里获取的物料库存信息，结合各种物料的价格、销售情况等物料因素来进行比较符合实际情况的物料供求分析，因此需要有物料供求分析的功能；第五，计划管理员需要和采购部门联系，根据其以往的采购来源、采购方式等一系列采购因素结合生产计划制定最佳的原材料采购计划，因此需要有制定原材料采购计划的功能。

　　我们可以通过用例图，来清晰地描述该子系统所需要具备的基本功能，以及该子系统与其他子系统之间的联系，如图 2-1 所示。

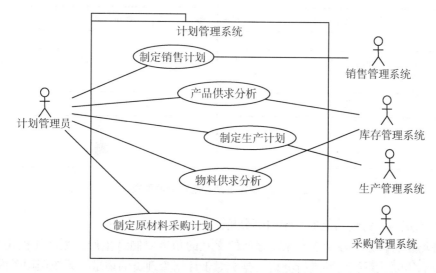

图 2-1　计划管理系统用例图

　　（2）制订生产计划功能的业务场景分析。

　　作为奶制品生产企业 ERP 计划管理系统的其中一个功能模块，我们对制订生产计划功能进行具体的业务场景分析。第一，计划管理员会通过计划管理系统，查看所有已经制定好销售计划的产品列表，根据生产任务的紧急情况、各产品的生产进度等一系列实际的情况，选择某一产品或某一些产品制订生产计划，计划管理员从计划管理系统中的产品列表中选择某一产品，点击其销售计划以查看具体的销售计划；第二，点击库存信息以查看该产品具体的库存信息；第三，计划管理员可以点击选中的已有销售计划的产品的生成生产计划，计划管理系统会根据销售计划和默认的其他参数的设置生成基本的生产计划并显示该生成计划页面；第四，计划管理员可以根据特殊的情况修改生成的生产计划，也可以不修改，点击确认即完成了生产计划的制定，此时计划管理系统会根据生产计划和设置的生产订单的模板自动生成生产订单；第五，计划管理员点击下单，计划管理系统就会根据默认的发送方式将生产订单发送给生产部门。默认的发送方式可以修改，可以直接发给生产管理系统，也可以发送短信的形式，同样支持发送邮件的形式。选择哪种发送形式只要在系统配置文件里面配置。

　　我们可以通过活动图，来简洁明了地描述该制定生产计划功能的业务场景，计划管理员与计划管理系统的交互，如图 2 - 2 所示。

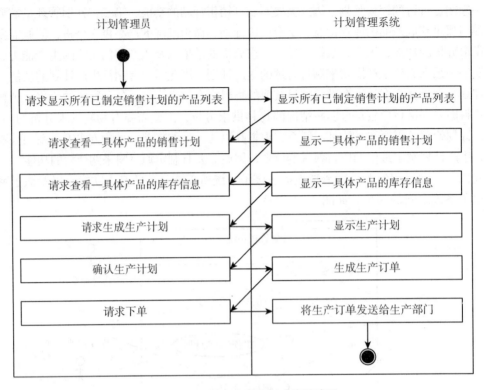

图 2 - 2   制定生产计划功能活动图

（3）制定生产计划功能的系统内部分析。

业务场景分析是站在用户与系统之间的交互的角度对制订生产计划功能模块的分析，现在，我们需要从系统内部进行分析。分析对于计划管理员的请求，系统调用了内部的哪些服务，这些服务又是哪些对象提供的，如何调用内部的服务来响应请求。

我们可以通过系统操作约定来进行详细、具体的分析，如表 2 - 1 所示。

表 2 - 1   系统操作约定

"计划管理员制定生产计划"用例的基本用例叙述

事件流描述（处理过程交互的描述）

	参与者操作		系统响应	系统操作约定	
1	当计划管理员就一已有销售计划的产品准备制订生产计划时用例开始。			系统	其他对象
2	计划管理员请求系统提供查看一具体产品的销售计划服务。	3	系统提供查看一具体产品的销售计划服务。	系统请求产品销售计划管理提供查看一具体产品的销售计划服务。	产品销售计划管理提供查看一具体产品的销售计划服务。

续表

	参与者操作		系统响应	系统操作约定	
4	计划管理员请求系统提供查看一具体产品的库存服务。	5	系统提供查看一具体产品的库存服务。	系统请求库存信息管理提供查看一具体产品的库存服务。	库存信息管理提供查看一具体产品的库存服务。
6	计划管理员请求系统提供生成生产计划服务。	7	系统提供生成生产计划服务。	系统请求生成生产计划控制器提供生成生产计划服务。产生生产计划新对象。	生产计划控制器提供生成生产计划服务。
8	计划管理员请求确认生产计划。	9	系统提供生成生产订单服务。	系统请求生成生产订单控制器提供生成生产订单服务。产生生产订单新对象。	生成生产订单控制器提供生成生产订单服务。
10	计划管理员请求下单。	11	系统提供下单服务。	系统请求下单控制器提供下单服务。	下单控制器提供下单服务。
12	用例结束				

（4）制订生产计划功能的对象消息时序分析。

根据制订生产计划功能的系统内部分析，我们已经非常明确系统内部都有哪些对象提供服务。为了更加直观地显示、反映计划管理员的请求在系统内部的传递时序，各对象之间的消息传递、对象调用，我们可以对制订生产计划功能进行对象消息时序分析。

无疑，对象消息序列图可以很好地满足我们的分析需求，如图 2 - 3 所示。

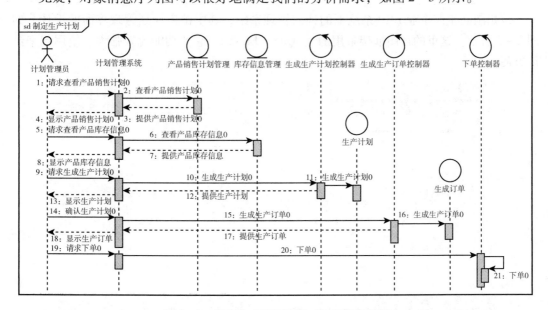

图 2 - 3　制定生产计划功能对象消息序列图

（5）类图设计。

经过前面详细的需求分析之后，我们可以画出分析类的类图，即此时的类并不是设计类，不考虑具体使用何种实现语言和选用的具体框架。我们把对象消息序列图的对象抽象成一个个类，将它们之间的消息传递、调用等，以类的方法的形式映射到类中，就可以得到我们所需要的分析类。然后将类与类之间的关系用相应的箭头表示出来。这里的类图是不完整的，限于篇幅，考虑到要把完整的类图画出来是非常庞大的。因此只画了制定生产计划功能涉及的类的类图，如图 2 – 4 所示。但是完整的类图的设计其实也是一样的方法。

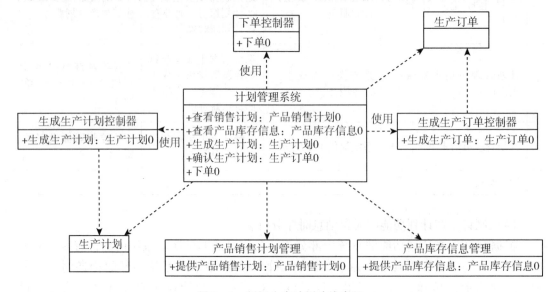

图 2 – 4　制订生产计划功能类图

（6）视图设计。

该奶制品生产企业 ERP 系统下的计划管理系统，其中销售计划管理界面的设计，如图 2 – 5 所示。这里的视图框架采用的是 jQuery EasyUI，它的功能比较强大、使用起来灵活方便。

	产品编码	产品名称	标准名称	规格	产品类型	销售计划
1	A99002301	原味酸奶		180g/杯	液体乳类-酸牛奶	销售计划
2	A99003012	草莓酸奶		180g/杯	液体乳类-酸牛奶	销售计划

图 2 – 5　销售计划管理界面

2.2 采购管理系统开发

2.2.1 基本概念

采购主要是为企业的生产和管理提供所需要的各种物料的过程，这些物料包括产品生产的原材料和各种耗材。

采购管理就是对采购业务过程进行组织、控制和实施的管理过程。

采购管理系统是根据工业企业和商品流通企业采购业务管理和采购成本核算的实际需要，对采购订单、采购到货处理以及入库状况进行全程管理，为采购部门和财务部门提供准确及时的信息，并辅助管理决策。

2.2.2 基本理论

企业采购管理工作主要由采购部门完成，有些企业的采购、计划和仓库组成一个部门，称为 MC 部或 PMC 部，即物料控制（Material Control）和计划物料控制（Plan Material Control）。

——采购管理的作用

任何生产企业要向市场提供产品或服务都离不开原材料或消耗品的采购。一个企业的采购部门如果具有完善的采购管理系统，它不但可以保证生产资料的准时供给，而且能够尽可能地降低物料采购的成本，减少资金积压。

——采购基本业务流程

采购基本流程如图 2-6 所示。

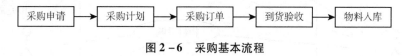

图 2-6　采购基本流程

主要的采购管理工作包括：建立供应商基本信息；确定供应商；核准档案记录，下达采购订单；采购订单跟踪；到货验收；采购订单完成，费用结算等。

——采购部门与 ERP 其他部门的关系

采购部门主要是完成生产物资的采购工作，与计划部门、生产部门、财务部门和库存部门有密切的联系。库存、采购以及计划部门根据生产计划和物料需求计划制定采购计划，采购部门下达采购订单，并形成用款计划交给财务部，根据采购订单发出采购订单（合同），供应商按计划来料，库存部门根据订单（采购计划）接收物料，安排检验，合格后办理入库业务，入库单等单据交财务部门作账务处理。

2.2.3 奶制品生产企业 ERP 采购管理系统开发

（1）奶制品生产企业 ERP 采购管理系统功能分析。

该子系统主要为物料采购管理员使用。采购涉及与市场上的供应商打交道，物料采购管理员需要基于"Q. C. D. S"原则，即供应商的质量因素、价格因素、成交条件、服务因素选择合适的供应商，除此之外，还要考虑到企业的合作战略，以及与一些已经合作的供应商建立的长期合作关系等因素，此时就要和客户关系管理部门一起交流、沟通，因此，该系统需要有建立供应商基本关系的功能；物料采购的的工作是由计划管理系统发送的原材料采购计划推动，由物料管理员申请物料特定的物料采购发起，这里需要物料管理员填写采购申请单，得到相关领导的审核批准，该系统需要有管理采购申请单的功能，对采购申请、采购申请单的增改查等进行管理；采购申请单得到相关领导批准以后，就可以开始进行物料采购，物料采购的详细内容会在下面的物料采购功能的业务场景分析中详细介绍，该系统要有物料采购的功能，而且这是该系统的核心功能；物料采购的采购订单发送以后，要对采购订单进行及时的跟踪，以保证在预定的时间内完成采购任务，该系统需要有采购订单跟踪的功能；在供应商将物料送达到企业后，要对物料进行验收，以保证物料的正确、物料的质量和数量，该系统需要有到货验收功能；最后，在完成物料的验收之后，配合库存部门进行物料的入库，进行一些记录的更新，如采购订单的状态的更新等。我们依然使用用例图来描述该系统所包含的功能模块，如图2－7所示。

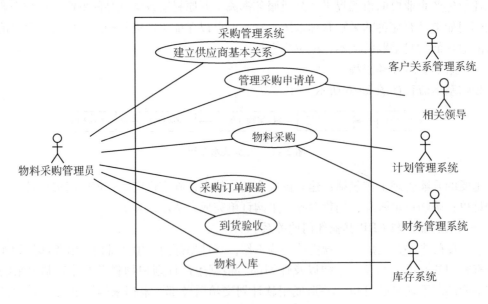

图 2－7　采购管理系统用例图

（2）物料采购功能的业务场景分析。

作为奶制品生产企业 ERP 采购管理系统的其中一个功能模块，我们对物料采购功能进行具体的业务场景分析。首先，物料采购管理员通过物料采购管理系统进入到采购申请单列表界面，在这个界面可以增加新的采购申请单，也可以对还未提交的采购申请单进行修改、删除等，物料采购管理员点击新增按钮后，物料采购管理系统就会显示采购申请单的填写模板；其次，填写物料采购申请单并提交，采购管理系统就会跳到显示所有的采购申请单列表页面，这里会显示采购申请单的状态，即是否已经审核通过，审核通过的采购申请单，物料采购管理员就可以点击相应的采购申请单的下单按钮进行下单；再次点击下单按钮后，采购管理系统就会显示采购订单的填写模板，一些固定的数据会默认自动填充，物料采购管理员只要填写一些比较特殊的数据；填写采购订单并确定后，采购管理系统就会显示所有的采购订单列表，并在后台将填写的采购订单自动发送至财务部门核算；最后物料采购管理员只能对已经财务部门核算过的采购订单进行下单，点击核算过的采购订单的下单按钮，物料采购管理系统就会给供应商发送采购订单。

我们同样通过活动图来描述此些业务场景，如图 2-8 所示。

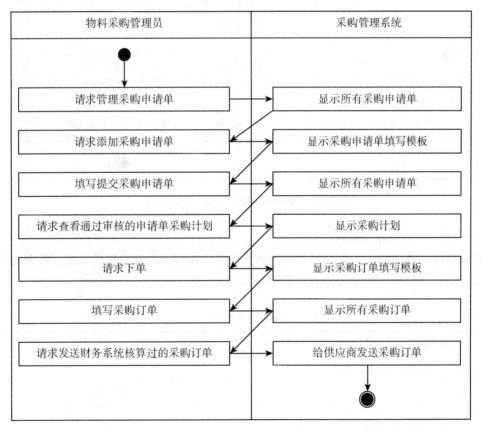

图 2-8　物料采购功能活动图

我们还可以对活动图进行分模块，分模块可以将完成该项活动任务的动作进行划分，如图 2-9 所示。

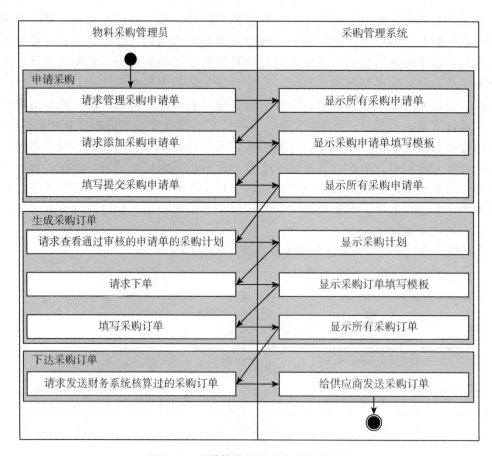

图 2 – 9   分模块的物料采购功能活动图

（3）物料采购功能的系统内部分析。

我们通过系统操作约定来对其系统内部如何响应物料采购管理员的请求，都调用了哪些对象，进行详细具体的分析，如表 2 – 2 所示。

表 2 – 2   系统操作约定

"物料采购管理员采购物料"用例的基本用例叙述

事件流描述（处理过程交互的描述）

参与者操作		系统响应	系统操作约定	
1	当物料采购管理员就一审核通过的采购申请单准备采购时用例开始。		系统	其他对象
2	物料采购管理员请求系统提供生成采购订单服务	3	系统提供生成采购订单服务	系统请求生成采购订单过程提供生成采购订单服务。产生采购订单新对象。	生成采购订单过程提供生成采购订单服务。产生采购订单新对象。

续表

	参与者操作		系统响应	系统操作约定	
4	物料采购管理员请求下单	5	系统提供下单服务	系统请求下单控制器提供下单服务。	下单控制器提供下单服务。
6	用例结束				

（4）物料采购功能的对象消息时序分析。

现在，我们对物料采购管理员与物料采购管理系统的交互，他们之间的消息传递、系统内部的对象调用进行分析，使用对象消息序列图为工具，如图 2 - 10 所示。

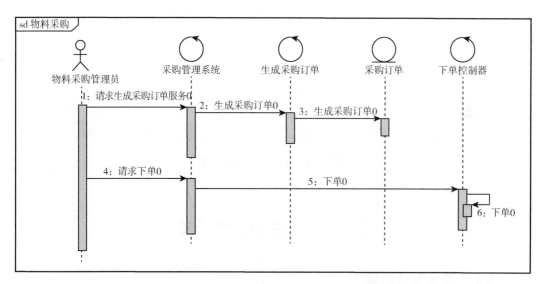

图 2 - 10　物料采购功能对象消息序列图

（5）类图设计。

这里是针对物料采购功能设计的类图，采购管理系统类提供物料采购管理员可以调用的方法：生成采购申请单、下单、生成采购订单这些行为。这些方法通过调用生成采购订单类、下单控制器类去实现，生成采购订单类又通过调用采购订单完成其生成采购订单的方法，如图 2 - 11 所示。

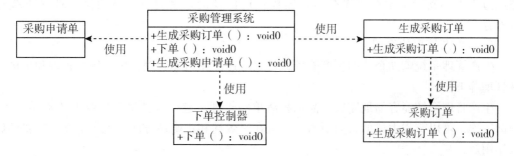

图 2 - 11　物料采购功能类图

（6）视图设计。

该奶制品生产企业 ERP 系统下的采购管理系统，其中物料进货维护界面的设计，如图 2 –21 所示。可以查看进货物料的详细信息，同时可以对这些信息进行维护。

图 2 – 12　物料进货维护界面

2.3　生产管理系统开发

2.3.1　基本理论概述

企业的生产任务主要是由企业的生产车间来完成，其余部分如生产技术部门、质量部门、设备管理部门、动力部门等都是为生产服务的部门。生产管理是企业生产的重要工作。生产计划制定后，计划部门给生产部门下达生产订单，物料部门提供生产所需的物料，然后就进入车间生产阶段。车间作业主要是根据物料需求计划以及生产工艺流程来制定的。车间管理人员根据产品物料清单（BOM）填写领料单安排领取物料，制造过程中不断产生生产进度报告，监控生产活动的全部过程，直至生产产品下线进入库存。

（1）生产管理的作用。

生产管理系统辅助企业的生产管理人员完成产品物料单管理、生产领料管理和生产产品管理等工作。

生产管理系统能容易地完成产品物料清单的管理，进行各种生产作业中的资料录入、查询工作，可以节省大量的人力财力，而且在时效性和正确性方面对生产工作有重要的影响作用。

生产部门根据生产订单及时领取物料，组织生产并将产品及时入库，能够保证企业产品能高效率地生产和保证销售产品的供应。

（2）生产管理的基本业务。

生产业务的主要过程，包括下达生产订单、生产领取物料、组织生产和生产产品下线入库。

（3）生产部门与 ERP 其他部门的关系。

生产部门和 ERP 其他部门的基本关系简单描述如下：

销售部门制定销售预测、销售计划和客户订单后，将产品销售计划、订货和交货情况汇总通知计划部门或生产部门做成生产计划。

计划部门根据销售计划和库存产品信息等制定生产计划，给生产部门下达生产订单。

生产部门根据生产需要安排到库存部门领料生产，产品生产完工后按订单进行入库处理。

仓库部门按计划发料给生产部门，生产完成后安排产品入库。

2.3.2　奶制品生产企业 ERP 生产管理系统开发

（1）奶制品生产企业 ERP 生产管理系统功能分析。

该子系统主要为生产管理员使用。其由计划管理系统发出的生产计划形成的生产订单发起生产管理系统的整个活动。因此，首先，该子系统需要有生产订单管理的功能，可以查看所有的生产订单，以及这些生产订单的状态，详细信息等；其次，生产部门处于生产一线，需要进行各种生产作业中的资料录入、查询等工作，所以该子系统需要有物料清单管理功能，更方便、高效地处理这些工作；生产部门要根据生产计划和物料清单从库存部门领取物料后才能进行生产，因此，该子系统还需要有领取物料的功能，记录领取物料的时间、数量、属于哪一生产计划等详细信息；在之后的生产过程中，为了能够按时、按质完成生产任务，需要实时地监督生产进度，因此，该子系统需要有生成生产进度报告的功能；待产品生产任务完成时，需要将该生产任务的状态改为完成状态，并将生产完成的产品入库，因此，该子系统需要有产品下线入库的功能，可以非常方便的进行这些数据的记录、管理等。

我们用例图来描述该系统所包含的功能模块，如图 2－13 所示。

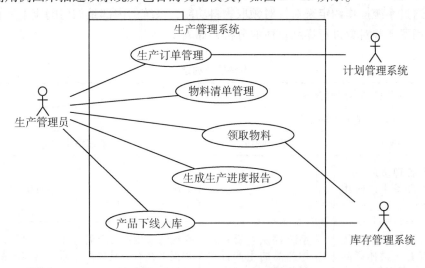

图 2－13　生产管理系统用例图

（2）领取物料功能的业务场景分析。

作为奶制品生产企业 ERP 生产管理系统的其中一个功能模块，我们对领取物料功能进行具体的业务场景分析。首先，通过生产管理系统查看从计划管理系统下发过来的所有生产订单的列表；然后点击需要开始进行生产的生产订单查看其详细信息，通过查找生产订单上的产品的物料清单来填写相应的领料单；最后通过向库存部门发送领料单来向库存部门领料。

我们通过活动图，来描述该业务场景，如图 2-14 所示。

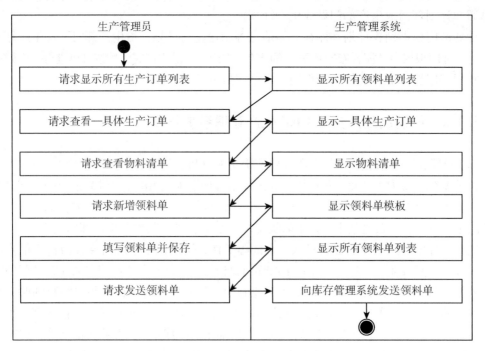

图 2-14　领取物料功能活动图

（3）领取物料功能的系统内部分析。

我们通过系统操作约定来对针对领取物料功能，系统的内部是如何响应生产管理员的请求，调用了哪些对象进行详细具体的分析，如表 2-3 所示。

表 2-3　　　　　　　　　　　　　系统操作约定

"领取物料"用例的基本用例叙述

事件流描述（处理过程交互的描述）

	参与者操作		系统响应	系统操作约定	
1	当生产管理员就一生产订单准备生产时用例开始。			系统	其他对象
2	生产管理员请求系统提供查看一具体产品的生产订单服务。	3	系统提供查看一具体产品的生产订单服务。	系统请求生产订单管理提供查看一具体产品的生产订单服务。	生产订单管理提供查看一具体产品的生产订单服务。

续表

	参与者操作		系统响应		系统操作约定	系统操作约定
4	生产管理员请求系统提供查看一具体产品的物料清单服务。	5	系统提供查看一具体产品的物料清单服务。	系统请求物料清单管理提供查看一具体产品的物料清单服务。	物料清单管理提供查看一具体产品的物料清单服务。
6	生产管理员请求新增领料单。	7	系统显示领料单模板。	系统请求领料单管理显示领料单模板。	领料单管理显示领料单模板。
8	生产管理员填写领料单并保存。	9	系统显示所有领料单列表。	系统请求领料单管理显示所有领料单列表。	领料单管理显示所有领料单列表。
10	生产管理员请求发送领料单。	11	系统提供向库存管理系统发送领料单服务。	系统请求发送领料单控制器提供向库存管理系统发送领料单服务。	发送领料单控制器提供向库存管理系统发送领料单服务。
12	用例结束				

（4）领取物料功能的对象消息时序分析。

我们已经分析出对于领取物料功能，该生产管理子系统内部所调用的对象以及对象调用的过程，现在，我们用对象消息序列图进行更加清晰地描述，如图 2-15 所示。

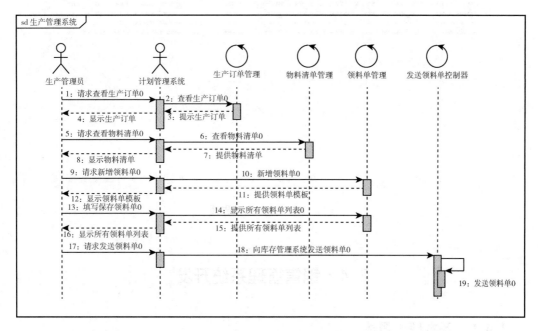

图 2-15　领取物料功能对象消息序列图

（5）类图设计。

这里是针对领取物料功能设计的类图，生产管理系统提供查看生产订单的方法来响应生产管理员查看生产订单的请求，而系统的查看生产订单的方法是通过调用生产订单管理类的提供生产订单方法来实现的，生产管理系统的其他几个方法也是类似的。如图 2 - 16 所示。

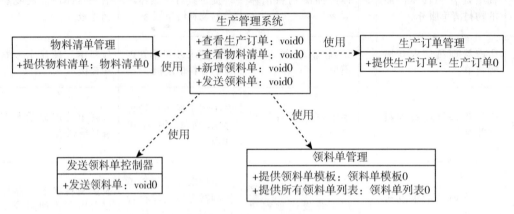

图 2 - 16　领取物料功能类图

（6）视图设计。

该奶制品生产企业 ERP 系统下的生产管理系统，其中产品生产维护界面的设计，如图 2 - 17 所示。可以查看产品生产的规格、产品生产的批次、保质期等详细信息。

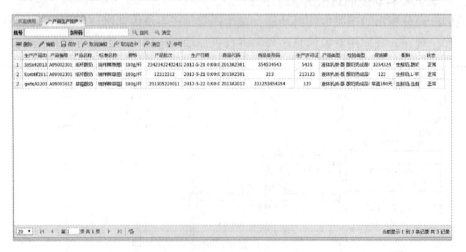

图 2 - 17　生产维护界面

2.4　销售管理系统开发

2.4.1　基本理论概述

自动化的全面销售管理系统能够强化营销网络，全面整合销售信息资源，自动实现对销售及市场状况的分析，并能最大限度地发挥其销售能力，提高业务透明度，缩短销售周期；获得销售管理所需的准确及时的基础数据，实现对销售过程的监控，并能更为及时地对渠道伙伴提供销售支持；及时把握库存，确保及时供货，同时降低库存；巩固老客户，发现问题客户，及时进行客户关怀，从而进一步改善客户关系，快速提供决策依据。

（1）销售管理的作用。

销售管理系统辅助企业的销售人员完成客户资料管理、销售产品管理、销售客户订单管理以及预测管理等一系列销售管理事务，是一个多环节、连续步骤的系统，通过它可以及时了解到销售过程中每个环节的准确情况和数据信息，从而提高企业市场工作的效率。

（2）销售管理的基本业务。

销售业务的核心就是从客户那里取得客户订单，然后从库存提取产品，送货，最后从客户处收回产品销售收入，统计销售业务情况。

（3）销售部门与 ERP 其他部门的关系。

销售部门和 ERP 其他部门的基本关系描述如下：

销售部门计划制定销售预测、销售计划和客户订单后，将产品销售计划、订货和交货情况汇总通知计划部门以便制订生产计划。

仓库部门按销售订单给客户送货。

财务部门根据仓库的出/入库单据、出货发票做账；客户收到货物和结算发票后付款给企业的财务部门。

销售部门记录有关的售前、售中、售后等销售全过程的服务情况。

2.4.2　奶制品生产企业 ERP 销售管理系统开发

（1）奶制品生产企业 ERP 销售管理系统功能分析。

该子系统主要为销售管理员使用。销售部门是直接面对客户、与客户打交道最多的部门，销售管理员需要非常熟悉他们的客户才能从最合适的客户那里取得利润较高的客户订单，因此，该销售管理子系统需要有客户资料管理的功能，新增新的客户的资料和维护已有的老客户的资料；其次，销售管理员还要根据之前的销售历史数据、目前产品的销售情况、产品的销售环境及政府政策等来做销售预测，因此该子系统还需要有预测管理的功能，提供分析的数据和分析的工具，辅助销售管理员做出较为准确的销售预测；此外，该子系统还需要有销售产品管理的功能，帮助销售管理员记录产品的销售信息，包括产品的销售状态，如待销售、已售出、退货等；还有，该子系统需要有销售客户订单管理的功能，处理客户的下单、下单后客户订单的管理等信息；最后，该子系统还需要有产品销售的功能，帮助销售管理员依据客户订单下单到库存部门，可以是自动化的流程，也可以根据实际需要由销售管理员填写一些必要的数据。

我们用用例图来描述该系统所包含的功能模块，如图 2－18 所示。

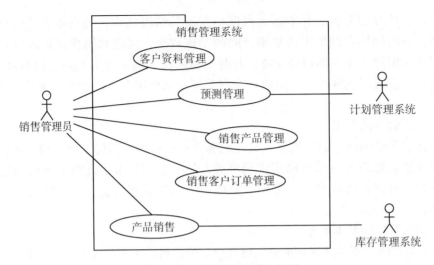

图 2 - 18   销售管理系统用例图

（2）产品销售功能的业务场景分析。

作为奶制品生产企业 ERP 生产管理系统的其中一个功能模块，我们对领取物料功能进行具体的业务场景分析。首先，销售管理员通过销售管理系统查看客户订单列表，点击一具体的新增的客户订单的发货按钮，就可以将新增的客户订单下发至库存管理系统，下发的过程中有可能会因为网络阻塞超时而下发失败，此时系统会自动记录失败的次数并再次尝试下发订单，若进行了三次尝试还是网络阻塞超时，就将下发的状态及原因发送给销售管理员，其中尝试的次数是可以配置的，若是其他原因导致的下发失败，或者直接下发成功，同样将下发状态及信息发送给销售管理员。这里的发送方式可以是短信、邮件、其他或者多种方式结合。

我们通过活动图，来描述该业务场景。如图 2 - 19 所示。

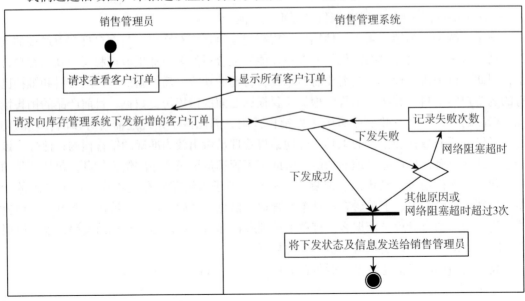

图 2 - 19   产品销售功能活动图

（3）产品销售功能的系统内部分析。

我们通过系统操作约定来对针对产品销售功能，系统的内部是如何响应销售管理员的请求，调用了哪些对象进行详细具体的分析，如表 2 - 4 所示。

表 2 - 4 系统操作约定

"销售管理员产品销售"用例的基本用例叙述

事件流描述（处理过程交互的描述）

	参与者操作		系统响应	系统操作约定	
1	当销售管理员就一待下单的销售客户订单准备下单时用例开始。			系统	其他对象
2	销售管理员请求系统提供显示所有客户订单的服务	3	系统提供显示所有客户订单的服务	系统请求客户订单管理提供显示所有客户订单的服务。	订单管理提供显示所有客户订单的服务。
4	销售管理员请求系统提供向库存销售管理系统下发客户订单的服务	5	系统提供向库存销售管理系统下发客户订单的服务	系统请求客户订单下发控制器提供向库存销售管理系统下发客户订单的服务。	客户订单下发控制器提供向库存销售管理系统下发客户订单的服务。
6	用例结束				

（4）产品销售功能的对象消息时序分析。

我们已经分析出对于产品销售功能，该销售管理子系统内部所调用的对象以及对象调用的过程，现在，我们用对象消息序列图进行更加清晰地描述，如图 2 - 20 所示。

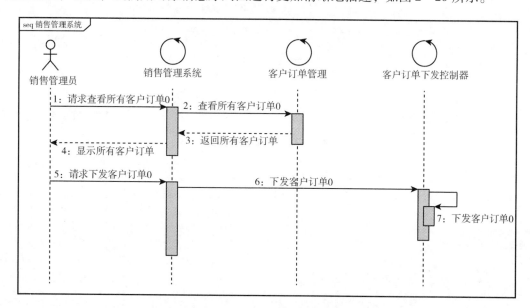

图 2 - 20 产品销售功能对象消息序列图

（5）类图设计。

这里是针对产品销售功能设计的类图，销售管理系统提供获取所有客户订单和下发客户订单的方法来响应销售管理员查看所有客户订单和下发客户订单的请求，销售管理系统内部则调用客户订单管理类、客户订单下发控制器类来实现这些方法。客户订单管理类依赖客户订单类来装载数据，如图 2 - 21 所示。

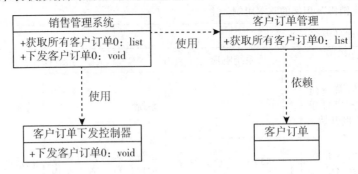

图 2 - 21　产品销售功能类图

（6）视图设计。

该奶制品生产企业 ERP 系统下的销售管理系统，其中订单管理界面的设计，如图 2 - 22 所示。

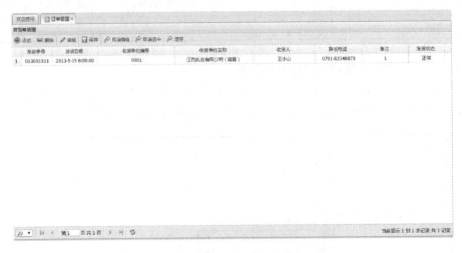

图 2 - 22　订单管理界面

习题及参考答案

习题 1

1. 名词解释：MRP、MRP-Ⅱ、ERP

MRP 即 Material Requirements Planning，是物料需求计划；MRP Ⅱ 即 Manufacturing Resource Planning，是制造资源计划；ERP 即 Enterprise Resource Planning，企业资源计划，是计算机技术与企业管理技术结合的杰作。ERP 是由美国著名的计算机技术咨询和评估集团 Garter Group Inc. 提出的一整套企业管理系统体系标准，其实质是在 MRP Ⅱ（Manufacturing Resources Planning，"制造资源计划"）基础上进一步发展而成的面向供应链（Supply Chain）的管理思想，是整合了企业管理理念、业务流程、基础数据、人力物力、计算机硬件和软件于一体的企业资源管理系统。ERP 的发展经历了 MRP、MRP－Ⅱ到 ERP 几个阶段。

2. 简述 ERP 的发展历程

ERP 这一观念最初是由美国的 Gartner Group 公司在 20 世纪 90 年代初期提出的，并就其功能标准给出了界定。ERP 的发展经历了从 MRP、MRP Ⅱ 到 ERP 的历程。

早期的 MRP 是基于物料库存计划管理的生产管理系统。MRP 系统的目标是：围绕所要生产的产品，应当在正确的时间、地点、按照规定的数量得到真正需要的物料；通过按照各种物料真正需要的时间来确定订货与生产日期，以避免造成库存积压。

20 世纪 70 年代，MRP 经过发展形成了闭环的 MRP 生产计划与控制系统。MRP 基本原理是将企业产品中的各种物料分为独立物料和相关物料，并按时间段确定不同时期的物料需求；基于产品结构的物料需求组织生产，根据产品完工日期和产品结构规定生产计划；从而解决库存物料订货与组织生产问题。MRP 以物料为中心的组织生产模式体现了为顾客服务、按需定产的宗旨，计划统一且可行，并且借助计算机系统实现了对生产的闭环控制，比较经济和集约化。

20 世纪 70 年代末和 80 年代初，物料需求计划 MRP 经过发展和扩充逐步形成了制造资源计划 MRP Ⅱ 的生产管理方式。在 MRP Ⅱ 中，一切制造资源，包括人工、物料、设备、能源、市场、资金、技术、空间、时间等，都被考虑进来。MRP Ⅱ 的基本思想是：基于企业经营目标制定生产计划，围绕物料转化组织制造资源，实现按需要按时进行生产。MRP Ⅱ 主要技术环节涉及：经营规划、销售与运作计划、生产计划、物料清单与物料需求计划、能力需求计划、车间作业管理、物料管理（库存管理与采购管理）、产品成本管理、财务管理等。从一定意义上讲，MRP Ⅱ 系统实现了物流、信息流与资金流在企业管理方面的集成。由于 MRP Ⅱ 系统能为企业生产经营提供一个完整而详尽的计划，可使企业内各部门的活动协调一致，形成一个整体，它能提高企业的整体效率和效益。

20 世纪 90 年代以来，MRP Ⅱ经过进一步发展完善，形成了目前的企业资源计划 ERP 系统。与 MRP Ⅱ相比，ERP 除了包括和加强了 MRP Ⅱ各种功能之外，更加面向全球市场，功能更为强大，所管理的企业资源更多，支持各种生产方式，管理覆盖面更宽，并涉及了企业供应链管理，从企业全局角度进行经营与生产计划，是制造企业的综合的集成经营系统。ERP 所采用的计算机技术也更加先进，形成了集成化的企业管理软件系统。

3. ERP 能给企业带来什么？

使用一个 ERP 系统，平均可以为企业带来的经济效益如下：

库存效益：库存下降 30% ~ 50%。这是人们说得最多的效益。因为它可使一般用户的库存投资减少 1.4 ~ 1.5 倍，库存周转率提高 50%。

市场效益：延期交货减少 80%。当库存减少并稳定的时侯，用户服务的水平提高了，使使用 ERP/MRP Ⅱ企业的准时交货率平均提高 55%，误期率平均降低 35%，这就使销售部门的信誉大大提高，也提高了市场竞争力。

采购效益：采购提前期缩短 50%。采购人员有了及时准确的生产计划信息，就能集中精力进行价值分析，货源选择，研究谈判策略，了解生产问题，缩短了采购时间和节省了采购费用。

生产效益：停工待料减少 60%。由于零件需求的透明度提高，计划也作了改进，能够做到及时与准确，零件也能以更合理的速度准时到达，因此，生产线上的停工待料现象将会大大减少。

成本效益：制造成本降低 12%。由于库存费用下降，劳力的节约，采购费用节省等一系列人、财、物的效应，必然会引起生产成本的降低。

管理效益：公司管理水平提高，管理人员减少 10%，生产能力提高 10% ~ 15%，这可以为公司带来长期的管理效益。

我国企业应用 ERP 所带来的主要效益方面包括：减少库存占用资金、缩短主生产计划编制时间、缩短采购计划编制时间、提高产品按期完工率和缩短交货期、缩短生产准备时间、减少废品率、提高产品市场占有率、缩短新产品报价时间等。此外，ERP 给企业管理观念与管理模式现代化带来的影响更是十分深远。不少企业通过实施 ERP，使其管理思想、体制、方法、手段、制度、信息等方面都取得了长足的进步。

4. ERP 在中国的历史以及现状？

ERP 在我国的发展过程，大致可划分为三个阶段：

第一阶段：启动阶段

这一阶段主要是整个 20 世纪 80 年代，其主要特点是立足于 MRP – Ⅱ的引进、实施以及部分应用阶段，其应用范围局限在传统的机械制造业内（多为机床制造、汽车制造等行业）。由于受多种障碍的制约，应用的效果有限的。

第二阶段：成长阶段

这一阶段大致是 1990 ~ 1996 年，其主要特征是 MRP – Ⅱ/ERP 在中国的应用与推广取得了较好的成绩，从实践上否定了以往的观念。该阶段唱主角的大多还是外国软件。

第三阶段：成熟阶段

这个阶段是从 1997 年开始至今，其主要特点是 ERP 的引入并成为主角；应用范围也从制造业扩展到第二、第三产业；并且由于不断的实践探索，应用效果也得到了显著提高，因而进入了ERP应用的"成熟阶段"。

企业在实施ERP项目时存在着"穿新鞋走老路"的现象。多数企业未能把业务流程的优化重组与实施ERP有效地结合起来，造成了只是用计算机代替了原有的手工操作的情况，造成了ERP的功能难以全面发挥。

国内ERP市场尚不成熟，厂商行为难以规范。例如个别公司为了达到自己的销售目的，不管其产品是否适合卖方的实情，不负责任地达成合同，导致了后面的实施工作无法进行和效果不佳的结局。

但是，不管怎么说，目前我国的宏观环境正在日益完善，今后企业的兴衰存亡将更多地取决于企业自身的竞争能力。在这种形势下，我们相信在"成熟阶段"，中国将有越来越多的企业会认同ERP并使用它，实现科技与管理双轮并进，企业的管理水平和经济效益将会大为提高。

5. 谈谈你对ERP的认识。

（略）

习题 2

1. 论述一般生产型企业的主要业务。

一般生产型企业被分成一个一个的业务单元，企业的业务单元主要有：生产、计划、采购、销售、库存、财务等。每个业务单元都有自己的目标和任务。

2. 论述牛奶厂的基本业务。

奶制品生产企业是专门从事奶制品生产的企业组织，它的日常业务就是从物料的供应商处采购来原材料，经过对原材料的生产加工，生产出产品——奶制品，然后将奶制品销售出去，从而实现利润。

3. 简单介绍奶制品厂ERP的各个功能模块。

企业是由人组成的团体，他们有共同的目标，有人、财、物、设备、技术等资源，日常业务的核心就是实现目标。我们将企业看成一个整体，各个职能部门是这个整体的一部分，如果整个企业由一套完整的管理信息系统ERP来管理，那么各个部门就是这个信息系统的一个子系统，各个子系统间的资料信息可以通过中央数据处理系统来达到各个部门共享。这样，就可以大大提高企业的整体信息化程度。通过各个部门之间信息畅通的交流，业务流程能大大提高自动化程度，使企业的运行就像一个整体一样有条不紊。

因此，整个奶制品生产企业ERP系统可以划分出以下功能模块：计划管理系统（计划部门使用）、采购管理系统（采购部门使用）、库存管理系统（仓库部门使用）、生产管理系统（车间部门使用）、质检监测系统（质检部门使用）、销售管理系统（销售部门使用）、财务管理系统（财务部门使用）、人力资源管理系统（人事部门使用）和客户关系管理系统（主要由销售部门使用）。

另外，为了保证整个ERP系统的正常、安全运行，系统还提供了专门的用户登录、用户管理和食品安全追溯系统模块。整个系统的功能模块图如图所示。

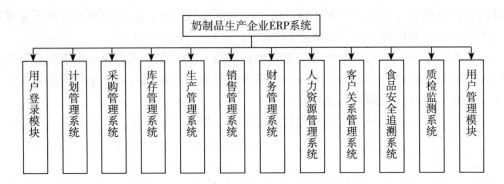

简单介绍一下奶制品生产厂 ERP 的各个功能模块：

计划管理系统是企业生产活动的重要部门，主要是协助计划管理人员进行各个部门的清单管理、协调生产和库存制定物料采购计划、计划产品维护和制造订单管理等。企业内的一切活动都是以计划部门发出的各种计划为行动依据的。计划管理是 ERP 企业信息化管理的核心功能模块。

采购管理系统协助采购管理人员、采购人员完成企业生产所需要的物料的采购工作。通过充分了解生产物料需求和物料供应商的基本信息，协助计划部门制定合理的采购计划，和物料供应商签订采购订单，跟踪监督采购订单的完成，直到采购物料进入库存。采购管理系统有利于更好地了解供应商、提高物料的采购效率、降低采购成本。

库存管理系统辅助企业的仓库管理人员对库存物品的入库、出库、移动和盘点等操作进行全面的控制和管理，以达到降低库存成本、减少资金占用，避免物料积压或短缺现象，保证生产经营活动顺利进行的目的。库存管理子系统从不同角度来管理库存物品的数量、库存成本和资金占用情况，以便管理人员可以及时了解和控制库存业务各方面的准确情况和数据。用户可以根据自己企业的实际情况对库存物料进行多种方式的查询等。

生产管理系统是企业管理的重要组成部分，系统通过生产订单分配、生产原料发放、生产结果接收等管理方式对企业的车间生产作业进行管理。在企业的生产过程中，生产管理者可以根据生产计划制定生产计划分配单，再根据所需要的生产原料制定领料单进行原料发放，同时系统也可以根据主生产计划自动生成生产定单和领料单，进行原料发放和生产。

销售管理系统协助销售管理人员、销售人员随时收集用户需求信息，跟踪每一项客户合同的执行过程，掌握发货情况、回款情况和售后服务情况，为用户提供优质服务。定期进行分类销售统计和查询，内容包括客户资料管理、销售产品管理、销售预测管理和客户订单管理等。

财务管理系统协助财务管理和财务人员提供符合国家财务制度的账务管理系统，满足企业对资金管理的需求，与进、销、存信息集成处理，提高会计工作的正确性和及时性，通过对资金使用的及时监控来实现对企业生产经营活动的综合管理。包括对应收、应付、资金管理、成本核算和总账业务和报表进行管理。

人力资源管理系统是协助企业人事部门对企业人员的基本资料、工资和培训教育等的管理。以往的 ERP 系统基本上都是以生产制造及销售过程（供应链）为中心的。因此，长期以来一直把与制造资源有关的资源作为企业的核心资源来进行管理。但近年来，企业内部的人力资源，开始越来越受到企业的关注，被视为企业的资源之本。在这种情况下，人力资源管理，作为一个独立的模块，被加入到了 ERP 的系统中来，和 ERP 中的财务、生产系统组成了一个高效的、具有高度集成性的企业资源系统。它与传统方式下的人事管理有着根本的不同。

客户关系管理系统协助销售管理和其他管理人员对企业客户资料、客户信誉等方面对客户进行管理。它能建立一个客户信息档案，对其进行分类管理，进而对其进行针对性的客户服务，以达到最高效率的保留老客户、争取新客户。

食品安全追溯系统通过信息技术还原产品生产全过程和应用历史轨迹、以及发生场所、销售渠道的能力，以发现食品链的最终端，实现全流程各个环节的可追踪性与可追溯性。

质检检测系统则是进行产品质量检测的保障，根据制定的产品质量标准，进行产品的抽样加测，保证产品的合格和规范。

4. 简单介绍配置数据源的过程。

略。

习题 3

1. 采购管理的作用是什么？

任何生产企业要向市场提供产品或服务都离不开原材料或消耗品的采购。一个企业的采购部门如果具有完善的采购管理，它不但可以保证生产资料准时的供给，而且能够尽可能的降低物料采购的成本，减少资金积压。如果物料采购不及时，生产就会被耽误，产品就不能准时生产出来。采购管理系统帮助采购人员控制并完成采购物料从采购申请、采购计划、采购订单以及到货接收的全部过程，可有效地监控采购计划的实施及供应商交货履约情况，从而辅助采购人员选择最佳的供应商和制定正确的采购策略，确保采购工作高质量、高效率及低成本地进行，使企业具有最佳的原材料供应状态。

2. 采购管理的基本业务流程是什么？

采购业务流程首先是库存部门、采购部门和计划部门制定采购计划，采购部门填制采购申请表，当采购申请得到批准后，可以开始做采购的准备工作。这个准备工作包括得到供应商的情况，如哪个供应商报价多少、各个供应商的信用如何、提供的物料质量、交货的进度等。然后就可以根据这些情况和选定的供应商签订一份合同，即采购订单。根据采购订单的内容，对供应商发来的货物进行数量上的点收和质量上的验收。如果验收合格，采购的物品就可以正式入库，如果不合格则应该进行退货处理。

3. 简述采购管理系统和 ERP 其他系统的关系。

采购部门是企业物料的入口部门，是物资流通的主要部门，与各个部门都有密切的关系。采购部门主要是完成生产物资的采购工作，与计划部门、生产部门、财务部门、和库存部门有密切的联系。库存、采购以及计划部门根据生产计划和物料需求计划制定采购计划，采购部门下达采购订单，并形成用款计划交财务，根据采购订单发出采购订单（合同），供应商按计划来料，库存部门根据订单（采购计划）接收物料，安排检验，合格后办理入库业务，入库单等单据交财务部门作账务处理。

4. ERP 采购管理系统包括的功能模块有些什么?

采购部门负责全厂原材料的采购工作,涉及的基本数据信息是计划采购物料数据、采购员数据、供应商数据信息等。涉及的基本功能模块有采购物料管理、采购员管理、采购订单管理、采购进货、退货、供应商管理和采购系统维护。

习题 4

1. 库存管理的作用是什么?

库存管理的目的是对企业的库存的监控和管理,库存管理系统的主要设计作用有:对生产作业的物料领用进行管理,编制领料单,并按凭单发料;对仓库的日常库存操作,如入库,出库,调拨等业务处理进行管理,并编制有关出、入单据,同时凭单记录库存账目;按物料的盘点周期进行盘点和清查工作,编制盘点表,报给财务部门,审批后按实盘量调整库存。

2. 库存管理的基本业务流程是什么?

一般生产型企业的库存业务主要有:

(1) 产品物料出入库以及移动管理,如日常的生产领料,生成物料出库单据;物料采购入库,生成物料入库单据;销售提取产品,生成产品出库单据;生产出的产品入库,生成产品入库单据;物料库位移动,改变仓库,货位的库存数量,登记物品数量账目。

(2) 库存物料定期盘点

库存物料盘点调整物料存量做到账务相符。根据物料的盘点周期对每一种库存物料做盘点,并根据实盘数量调整物料库存数量。盘点结果产生盘点报表,经过财务审核确认产生库存数量账调整。

3. 简述库存管理系统和 ERP 其他系统的关系。

采购部门根据采购计划和供应商签订采购订单,采购货物到达后,经过检验合格后,进入仓库,仓库部门执行物料入库操作,入库的相关单据交财务部门。生产部门根据生产计划向库存部门领取物料,进行生产,库存部门执行物料出库操作,生产部门生产的产品入库时,库存部门执行产品入库操作,将相关的单据交财务部门进行核算。销售部门根据和客户签订的客户订单,向库存部门领取产品,库存部门执行产品出库操作,相关单据交财务部门核算。

4. ERP 库存管理系统包括的功能模块有些什么?

库存管理的基本功能模块包括:库位管理、物料库存管理、产品库存管理、库存移动管理和库存调整管理等。

习题 5

1. 销售管理的作用是什么?

销售管理系统辅助企业的销售人员完成客户资料管理、销售产品管理、销售客户订单管理以及预测管理等一系列销售管理事务,是一个多环节、连续步骤的系统,通过它可以及时了解到销售过程中每个环节的准确情况和数据信息,从而提高企业市场工作的效率。

销售管理系统能容易地完成各种销售作业中的资料录入、查询、统计等工作，可以节省大量的人力财力，而且在时效性和正确性方面对销售工作有重要的影响作用。

2. 销售管理的基本业务流程是什么？

销售管理的基本业务包括建立客户基本资料信息；管理销售产品信息；销售预测管理；客户订单管理；销售查询管理；销售统计及决策支持管理等。以上的各种业务是相互关联的。

3. 简述销售管理系统和 ERP 其他系统的关系。

销售部门和 ERP 其他部门的基本关系描述如下：销售部门和计划制定销售预测、销售计划和客户订单后，将产品销售计划、订货和交货情况汇总通知计划部门以便制订生产计划。

仓库部门按销售订单给客户送货；财务部门根据仓库的出入库单据、出货发票做账；客户收到货物和结算发票后付款给企业的财务部门。销售部门记录有关的售前、售中、售后等销售全过程的服务情况。

4. ERP 销售管理系统包括的功能模块有些什么？

销售系统的主要功能模块包括客户管理、销售人员管理、销售产品管理、销售预测管理、销售订单管理和查询与统计等。

5. 理解各个销售统计的原理。

销售计划完成统计查询是对销售部门销售制定的销售计划在一定时间内的完成情况进行查询和统计，就是在这段时间里完成的销售计划占总的销售计划的比例。

按时间查询统计销售订单是将销售订单以时间为准则进行统计，可以是周、月或年，本系统给出了按月份统计订单情况，其他按周和年统计可以由读者自己按照月统计的方式进行处理。

按销售人员查询统计销售订单主要是以销售人员为统计的基础，分为两个部分：第一个部分是选择特定的一个销售人员，选择一个时间，统计该销售人员签订的订单的时间分布，如销售人员 $x2$ 各个月的销售订单情况用曲线直观的显示出来，以分析该销售人员销售业绩的走向。第二个部分是所有销售人员的销售分布比较图，最多的那个销售人员为100，其他的销售人员和他相对的比较数。在图表中用柱状图显示出来。

按销售客户查询统计销售订单主要是以销售客户为统计的基础，分为两个部分，第一个部分是选择特定的一个销售客户，选择一个时间，统计该销售客户和销售人员签订的订单的时间分布，如销售客户 $c1$ 他的各个月的销售订单情况用曲线直观的显示出来。第二个部分是所有销售客户的销售分布比较图，最多的那个销售客户为100，其他的销售客户和他相对的比较数。在图表中用柱状图显示出来。

习题 6

1. 计划管理的作用是什么？

工厂内的一切活动都是以计划部门所发出的各种计划单据为行动依据的。计划管理的主要作用主要体现在对各个职能部门的协调管理方面。

计划部门根据销售部门的销售预测计划和销售的历史记录等，协同销售部门制定销售计划，并从产品库存中了解产品情况，根据产品情况，计划产品生产。

生产部门主要负责产品的生产，生产的依据是生产订单，生产部门接受计划部门的生产订单。

库存部门是企业物资流通的中心环节，库存部门根据计划部门生产订单等给生产部门提供生产资料。

同时，计划部门根据生产订单对生产资料的需求和库存原材料的情况，制定物料采购计划给采购部门，以保证物料的足够供应以满足生产。

从上面我们可以看出，计划部门是协调企业活动的重要部门。

2. 计划管理的基本业务流程是什么？

具体的计划管理的基本业务包括建立并维护产品供销平衡，和销售部门根据客户销售预测情况制定销售计划；协调生产部门，制定生产计划，下达生产订单；根据生产计划和库存物料情况，维护原材料的供求平衡，及时协调库存部门和采购部门，制定采购计划；对其他计划作业的管理，如生产能力等；基本查询管理。以上的各种业务是相互关联的。

3. 简述计划管理系统和 ERP 其他系统的关系。

计划部门和 ERP 其他部门的基本关系简单描述如下：计划部门协助销售部门制定销售预测、销售计划后，将产品销售计划、订货和交货情况汇总通知计划部门，形成销售部门总的销售计划。计划部门根据销售计划和库存产品信息，作产品供求分析，根据产品需求和生产能力制定生产计划，下达生产订单到生产部门。计划部门根据生产对原材料的需求和库存原材料的情况，作物料供求分析，生产部门根据生产安排到库存部门领料生产，计划部门则制定原材料采购计划采购部门。库存部门按计划发料给生产部门，安排产品入库和采购物料的入库。

4. ERP 计划管理系统包括的功能模块有些什么？

计划管理包括三个部份：销售计划管理、生产计划管理和物料采购计划管理等。

5. 试论述产品需求和物料需求计算的系统实现过程。

产品需求的系统实现过程：

（1）判断是周/月/年需求平衡分析；

（2）获取分析周期的开始时间；

（3）获取当前库存要求保持的数量 Tbaochi；

（4）计算库存现有的数量 Tcun；

（5）计算已经签订了订单但是还没有发送货物的数量 Tsong；

（6）计算在这个周期计划销售的数量 Txiao；

（7）计算库存能提供的数量 Ttigong = Tcun − Tbaochi；

（8）计算计划生产的数量 Tjihuashengchan = Tsong + Txiao − Ttigong。

物料需求的系统实现过程：

（1）计算从开始时间到整个这个时间区间的产品生产计划。

（2）根据产品的生产计划可以知道要生产些什么产品和生产多少。

（3）然后可以计算出生产这些产品总共需要各种物料的数量。

（4）计算目前物料库存中各种物料的库存量是多少，和库存保持的数量要求是多少，可以计算出这种物料目前库存能提供多少。

（5）再计算需要采购的石墨数量是多少。

各种物料，通过这种过程就可以计算出各自需要采购的计划数量。

习题 7

1. 生产管理的作用是什么？

生产管理系统辅助企业的生产管理人员完成产品物料单管理、生产领料管理和生产产品管理等工作。生产管理系统能容易地完成产品物料清单的管理，进行各种生产作业中的资料录入、查询工作，可以节省大量的人力财力，而且在时效性和正确性方面对生产工作有重要的影响作用。生产部门根据生产订单及时领取物料，组织生产并将产品及时入库，能够保证企业产品能高效率的生产和保证销售产品的供应。

2. 生产管理的基本业务流程是什么？

生产管理的基本业务包括建立并维护产品物料清单基本资料信息；根据生产订单制定领料计划；生产领料管理；对生产产品的管理，包括产品下线和产品入库；基本查询管理。以上的各种业务是相互关联的。

3. 简述生产管理系统和 ERP 其他系统的关系。

生产部门和 ERP 其他部门的基本关系简单描述如下：销售部门制定销售预测、销售计划和客户订单后，将产品销售计划、订货和交货情况汇总通知计划部门或生产部门做成生产计划。计划部门根据销售计划和库存产品信息等制定生产计划，给生产部门下达生产订单。生产部门根据生产需要安排到库存部门领料生产，产品生产完工后按订单进行入库处理；仓库部门按计划发料给生产部门，生产完成后安排产品入库。

4. ERP 生产管理系统包括的功能模块有些什么？

生产管理系统基本功能模块包括产品物料清单管理、生产订单管理、生产领料管理和生产产品管理 4 个主要的部分。

习题 8

1. 财务管理的作用是什么？

财务管理系统能容易地完成各种会计作业中的资料录入、查询、统计等工作，可以节省大量的人力财力，而且在时效性和正确性方面对财务工作有重要的影响作用。

2. 会计的定义是什么？

会计的意思是核算，发生经济业务总是会涉及资金的进出，会计就是对此进行计算，再把这些结果提供给使用者。所以说会计就像一张写满了信息的纸，通过它，你可以了解到赚了多少钱、亏了多少钱等。从表面上看，会计工作是记账和编制报表，但其基本目的是为了给使用者提供信息和理论依据。当然，这就要求会计信息非常准确，所以会计工作必须对业务数据进行分类、计算、汇总把重要的留下。作为企业经营者，看到加工后的会计信息会把握企业资金状况等，对企业未来的发展有一个大方向。

3. 会计前提和原则是什么？

前提之一就是主体要明确，就是说到底给谁记账。公司是公司，个人是个人，经济责任一定要划分清楚，公司的钱不能装进自己的腰包里，个人也不能花公司的钱办自己的事，只有等到公司分了红，钱算自己的时候才可以的。

前提之二就是会计主体是持续经营的，这样，投出的钱赚回来，债务才能还清，最后才能有钱赚。

前提之三会计的第三个前提就是会计分期。企业为了编制报表，并定期给使用者提供信息，就把连续的经营划分为好多段。一般分为年、季、月。

前提之四是货币计量。不同的物品有不同的计量单位。

会计的原则中最重要的就是权责发生制，就是说本月我们卖出的产品，虽然对方下个月才付款，但我们仍要把她确认为本月收入。同理，对于费用，不论是否有现金支付，都要按其影响各个会计期的情况，确认其归属。也就是说，只要经济业务发生在本期，就要记入本期，故权责发生制又叫应计制或应收应付制。

配比原则需要以权责发生制作为基础，把一项业务的收入与费用轧差，就可以看出赚了多少钱。所谓轧差就是两项数字做差。

历史成本原则我们在上面已经讲过，即资产的买入价。

第四个是支出的两个划分。即收益性支出和资本性支出。比方说你买了一台电脑，这个电脑不会在本会计期就报废，而是会用较长的时间，这个支出是为了本期和以后而花的，就叫作资本性支出。在比方说，公司原材料不够了，买进原材料，这项支出是为了取得本期收入而花的钱就叫做收益性支出。资本性支出应计入资产负债表，记做资产。而收益性支出直接记到损益表里，以反映当期的经营成果。

4. 会计的六大要素是什么？

（1）资产。

资产就是企业所拥有或者控制的，能以货币计量的经济资源。例如，现金、银行存款等活钱；还有原材料、产成品、半成品、固定资产等东西；而专利权、商标权等摸不着的也是资产，投资也属于资产。资产需要能够控制，租用别人的东西，不能算做自己的资产，而租给别人的东西，虽不在自己手里，但仍算做自己的资产。资产必须能够用货币进行计量而且必须是经济资源。所谓经济资源就是能赚钱的东西，像报废的机器就不应记作资产。

（2）负债。

负债是企业承担的能以货币计量，需要以后用资产或劳务偿付的债务。它又分流动负债和长期负债。流动负债一般指时间较短的，一般在一年内或者比一年长但是在一个营业周期内偿还的债务，比这个长的就是长期负债。如短期借款属于流动负债，期限为几年的银行贷款就是长期负债了。只有目前和过去的业务才会形成当前的债务。对于预期要发生的业务所产生的债务，不能作为会计上的债务。负债是将来要支付的经济责任，即使现在没有货币也要作为负债。比如，借款的利息一般半年支付一次，但每月都要记账，把应付利息作为一项负债处理。负债必须可以估价并且是在以后用现金或其他资产或劳务来偿付的确实的债务，需要有凭有据。

（3）所有者权益。

所有者权益是企业投资人对企业净资产的所有权，是企业全部资产减去全部负债后的余额。资金来源有两部分：一部分是股东投的钱，即所有者权益；另一部分是借来的钱，也就是债权人的钱。由于借款是一定要还的，当企业经营不好或亏本时，减少的钱是所有者权益，也就是说，亏只能亏股东的。当然，当企业盈利是，所有者权益也会增大，所以所有者权益并不一定等于股东初始的投资额，而是随企业经营好坏而增减。所有者权益不同于负债，所有者权益表明企业归谁所有，不用偿还。负债表明企业欠谁的钱，是要还的。所有者权益不需要付利息但可参加分红，负债则需要付利息但不可参加分红。在企业破产清算时，要先还负债，有剩余才会偿还给投资者。

（4）收入。

收入是企业业务中产生的收益，是企业卖出产品，提供劳务所发生的和将发生的现金流入，或债务的清偿。收入要能用货币计量，且有据可查，必须与相关费用匹配。收入会导致企业资产增加，扣除相关费用后的净额可导致所有者权益增加，故收入是企业经营成果的重要组成部分，是反映企业经济效益好坏的一项基本指标。

（5）费用。

费用是企业在生产过程中发生的各项耗费。可以理解为成本。包括为取得营业收入而花的所有可以用钱来衡量的人、财、物的耗费。费用一般包括料、工、费。料指物料；工指人工，可以理解为人工花的工资；费指各项管理费用，（可以理解为管理人员工资）、财务费用（支付利息）、销售费用（如广告费）。费用与收入要匹配，即凡是取得收入都要付出代价，若费用增长而收入不变，所有者权益就会减少。

（6）利润。

收入减费用就是利润，要是费用比收入还大，那就是亏损。

5. 论述借贷记账法。

借贷记账法是复式记账法的一种。它是以"借"、"贷"为记账符号，以"资产＝负债＋所有者权益"的会计等式为理论依据，以"有借必有贷，借贷必相等"为记账规则的一种科学复式记账法。

第一，代表账户中两个固定的部位。一切账户，均需设置两个部位记录某一具体经济事项数量上的增减变化（来龙去脉），账户的左方一律称为借方，账户的右方一律称为贷方。

第二，具有一定的确切的深刻的经济含义。"贷"字表示资金运动的"起点"（出发点），即表示会计主体所拥有的资金（某一具体财产物资的货币表现）的"来龙"（资金从哪里来）；"借"字表示资金运动的"驻点"（即短暂停留点，因资金运动在理论上没有终点），即表示会计主体所拥有的资金的"去脉"（资金的用途、去向或存在形态）。这是由资金运动的内在本质决定的。会计既然要全面反映与揭示会计主体的资金运动，在记账方法上就必须体现资金运动的本质要求。

6. 财务管理的基本业务流程是什么？

生产企业的财务管理涉及企业采购、生产、库存和销售的各个部门。采购部门根据采购执行计划下达采购定单，财务管理要监督采购合同的执行过程。供应商根据采购定单和合同送货，采购部门根据采购定单和合同验收货物，签收收货单交财务。货物入库时，仓库开出入库单交财务部门，并按照协议与供应商结算。生产部门统计生产、物料耗费和生产产品报给财务部门，财务部门根据各个部门岗位的工资卡片结算人工成本和工人的工资，并根据人工成本和物料成本等进行生产成本核算。销售部门销售产品，由库存部门开出货物单交财务部门，销售发票和有关的销售费用单据交财务部门，财务部门根据有关原始凭证记入相应科目，所有科目汇入总账，进行利润和费用的结算。

7. 简述财务管理系统和 ERP 其他系统的关系。

ERP 各个系统将各自相关的数据单据传到财务系统，由财务系统负责计算、统计和其他相关的处理工作。采购部门向财务部门传递采购相关单据，如采购订单、采购发票、采购收货单、采购费用单据等。采购发票和采购收货单录入后可以自动生成应付账款、物料采购账和原材料账等。销售部门向财务系统传送客户订单、销售发票、合同出货、销售费用等，这些形成应收账款账、销售收入账和销售成本账等。库存部门定期向财务部门提交出入库存单据、盘点数据，主要形成物料、半成品、成品的数量账和金额账。生产部门给财务系统传递生产产品、工时等数据，主要用于成本核算等。

8. ERP 财务管理系统包括的功能模块有些什么？

ERP 财务系统根据实际情况，我们将财务的主要工作划分成这么几个功能模块：基础设置、应收账管理、应付账管理、资金管理、成本管理和总账报表管理六个部分。

习题 9

1. 人力资源管理的作用是什么？

现代企业管理常常提到"以人为本"，人力资源已经成为企业最重要的资源。把人力资源管理好，是提高企业竞争力的前提。21 世纪竞争是人才的竞争。人力资源管理的重要性为开发企业 ERP 人力资源管理系统提供了广阔的市场前景。人力资源管理在不同的企业是不完全相同的，它常常受企业文化、市场环境等因素的影响。

2. 人力资源管理的基本业务是什么？

ERP 系统人力资源管理的基本业务包括基本设置、员工档案管理、工资管理、招聘及培训管理和综合查询管理。

3. ERP 人力资源管理系统包括的功能模块有些什么？

ERP 人力资源管理系统包括的功能模块有基本设置、员工档案管理、工资管理、招聘及培训管理和综合查询管理。

习题 10

1. 客户关系管理的作用是什么？

企业在实现商业流程的自动化和优化的同时，意识到关注客户，就是关注企业的成长。但由于企业中的营销和客户服务/支持部门都是作为独立的实体来工作的。部门界限的存在使这些不同的业务功能往往很难以协调一致的方式将注意力集中在客户身上。CRM 则正是着眼于企业的这一需求应运而生的。在如今竞争激烈的商业环境中，越来越多的商家开始通过实施客户关系管理（CRM）来赢得更多的客户并且提高客户的忠诚度。传统的数据库营销是静态的，经营需要好几个月时间才能对一次市场营销战役的结果做出一个分析计表格，许多重要的商业机遇经常在此期间失去。CRM 软件建立在多个营销战役交叉的基础上，能够对客户的活动及时做出反应，因而能够更好地抓住各种商业机遇。

2. 客户关系管理的基本业务是什么？

一般的客户关系管理包括的内容主要有：客户和联系人的基本信息管理、潜在客户管理、活动管理、客户服务与支持以及营销管理和合作伙伴管理等。

3. ERP 客户关系管理系统包括的功能模块有些什么？

ERP 客户关系管理主要包括整合客户资料信息、潜在客户管理、活动管理和客户服务管理功能模块。

习题 11

1. 结合生活中的具体商业企业，说明你对商业企业的理解？

商业企业也称为零售业，是从事商品交易的行业。同工业企业相比，商业企业最明显的特点是不从事商品的生产，商业企业主要进行销售，它是联系生产企业和顾客的一个纽带。

通常意义上所说的商业企业业态包括连锁超市、大卖场、百货店、便利店和 shopping mall（销品茂）几种。

2. 请说明进货流程需要哪些部门参与，需要注意哪些问题？

新品进货要求：

（1）采购部门与供应商接洽、谈判。这时候，供应商会提供商品资料信息和价格信息，一般都需要填写书面的商品资料，商品资料的格式为商业企业按照管理要求确定。

（2）在初步谈判结束后，商业企业会进行可行性研究分析和市场预测，决定是否引进商品。在不少企业，通常对于商品是否引进的做出权是通过品管部来决定。品管部的职能主要是对商品的引进淘汰进行统一管理，也管理对商品的促销等。

（3）一旦确定引进商品，则根据供应商所提供的资料，由信息部录入商品资料，如果是新引进的供应商，则同时需增加供应商资料。财务部作相应的账务处理，它包括对供应商收取进场费、压库金额等。

（4）至此，商品引进工作结束。采购部根据具体情况对商品进货，进货是从订货单开始，其流程同成熟商品的进货。成熟商品的进货在下面将详细论述。

需要注意的是，在对商品管理比较成熟的商业企业，往往会根据不同的商品品类确定商品的品种数，保持引进商品与淘汰商品的平衡。根据商品的生命周期，对商品在不同的生命周期进行管理，对于刚引进的商品来说，往往会设定一个观察期，在观察期内根据商品的销售情况确定该商品是继续经营还是淘汰。

商品的淘汰和引进是采购的一项重要工作。如何保证商品引进合理和不断淘汰商品是商业企业不断研究的重要课题之一。为了有效的利用企业资源，达到经营效益的最大化，商业企业对商品的品类管理越来越细。

3. 请描述出几个商品资料的重要字段？

商品资料中的重要字段的含义以及对业务流程的影响分别做以描述：

（1）商品代码。商品代码就是对每个商品分配一个号码，用来在业务操作中区分不同的商品。在实际管理中，商品编码规则有下面几种：①8 位码，前两位是商品的大类，后面 5 位是流水码，最后是校验位。流水码的编码规则是按照商品的大类依次流水生成。这种编码的优点是在单据录入中比较简单，并且可以根据商品的代码确定商品的类别。②13 位码。就是企业把商品的国际码作为商品的代码。这种编码的优点是商品的国际码是唯一的，但是由于商品代码太长，又没有规律，给以后的操作带来困难。相比较来说，第一种方法比较可取一些。

（2）商品类别。对商品进行类别划分，有助于对商品按照它的类别进行管理；也有助于对商品按照类别进行分析，比如，分析不同商品类别的销售情况，从而调整销售策略。对商品进行类别划分，在很多情况下把商品的类别和人员结合起来，不同的类别由不同的人员管理，便于考核，例如，台湾企业所盛行的处、科、大、中、小五个级别的分类方法就是如此。对商品的类别划分是分为层次的，一般分为大、中、小、细类等几个层次，下一级的类别包含于上一级的类别中。为了加强对商品品类的管理，商业企业往往将商品的淘汰和引进同商品的类别结合起来，这样有利于优化商品的类别结构，比如，规定某一个类别的最多商品数，如果这个类别下的商品超出，则必须淘汰该类别的商品。

（3）营销方式。商品的营销方式是一个与商品结算相关的概念。通常，商品的营销方式可分为经销、代销、联销。不同的营销方式对账款的计算方法也有所不同。在 ERP 系统中，如果商品是经销商品，则商品的所有权在进货的时候就归商业企业所有，在商品进货的时候就对供应商产生应付账款。如果商品是代销商品，则根据商品的代销价在销售的时候产生账款。例如，某商品的代销价是 10 元，如果销售了 10 个商品，则会对供应商形成 100 元的账款。联销商品也是在销售的时候形成账款，但不同的是，联销商品的账款是根据商品的联效率来计算的，而不管商品的其他价格是多少。例如，某商品的联效率是 70%，那么无论销售了多少该商品，则每销售 100 元钱，就要向供应商产生 70 元的账款。

商品价格。商品的常用价格包括售价、核算进价、会员价、促销价、量贩价等。售价是商品在前台销售时的销售价格，核算进价是商品根据移动加权计算出来的价格，移动加权算法在第七节论述。会员价是商店会员在购物时候所享受的价格，一般比售价低一些。促销价格是对正在促销商品所采用的价格。量贩价的含义是，当购买商品达到一定数量后所享受的价格，例如，某商品的售价 10 元，量贩价为 10~20 个 9 元，20~50 个 8 元，那么如果某顾客购买 40 个，则每个商品 8 元，量贩价格的目的是为了鼓励多购买商品。

4. 描述商品的批发流程？

批发流程是针对经常性的、大宗商品消费客户的销售业务活动。批发能够带来销售的大幅提高，同时可以培养稳定的客户群。所以大多数企业都成立专门的批发业务部门，虽然名称各不相同，但业务内容大体一致。批发业务通常由总部来做，当门店规模较大时，也可以进行批发业务。总的来说，批发业务是批发洽谈开始，经过财务处理，批发提货，最后，商品库存减少。

步骤：

（1）批发部门与客户洽谈业务，确定批发商品种类和数量，并开具批发单。批发部将批发单打印三份，分别交客户，财务一份，保留一份存根。

（2）客户到财务交款。通常，客户可以分为现金客户和应收账客户。现金客户是直接缴纳现金购买商品，应收账客户是直接提货，在一定的时间到财务结算。

（3）客户到仓库提货，完成批发流程。

从数据流的角度来看，批发作业对数据的影响是：

（1）批发单审核后，系统中待提商品数增加。

（2）如果是应收款客户，在财务复合批发单，则该客户的应收款增加。

客户在仓库提货，生成提货单，则直接导致商品的库存减少。

5. 分别说明售价核算和移动加权成本核算中库存金额的计算方法？

在核算售价体系下，对库存的金额的计算是根据商品的库存数量和商品的售价的乘积来计算，在整个进销存中库存金额的计算如下：

库存金额＝库存数量＊核算售价。

进货：对库存金额的影响应是：进货数＊核算售价。

出货：对库存金额的影响应是：库存数量＊核算售价（注意这里时核算售价而不是实际售价）。

调整：对库存金额的影响应是：调整数＊核算售价。

由于我们引入了核算售价的概念，因此当核算售价发生调整的时候，也会对库存产生影响。首先分析核算售价发生调整的动作，在这个动作发生的前后，库存数量不应发生变化，库存金额则由于价格的变化而变化，这个变化的量称之为调价差异，计算公式如下。

$$调价差异＝（新核算售价－原核算售价）＊当前库存数$$

通过分析，对数量进销存公式进行修改，得到金额的进销存公式。

$$期末库存额＝期初库存额＋本期进货核算售价额－本期进货退货核算售价额$$
$$－本期出货核算售价额＋本期出货退货核算售价额$$
$$＋本期调整核算售价额＋本期调价差异$$

到此为止，售价核算体系下的库存问题得到了解决。

在售价核算体系下，对毛利的计算一般是以月为单位计算的，计算公式为：

$$毛利＝实际出货额－实际进货额$$

在商业企业中，ERP 系统对移动加全平均价核算体系给予了很多支持，所以，大多数上也企业普遍采用这种核算体系。移动加权平均价核算，有时又被称之为"动态库存价核算"和"滚乘制"，是一种进价核算。其对于库存的计算采用了移动加权平均的方法得到所谓的移动加权平均价作为商品在某个指定时刻的库存价。具体说，当进货发生的时候，按照下面的公式计算库存价：

$$新库存价＝\frac{原库存价×原库存数＋本次进货价×本次进货数}{原库存数＋本次进货数}$$

从公式中可以看出，所谓的"权"在这里指的是数量，也就是说以数量为权对成本价进行平均。而上面的公式又是一个关于库存价的迭代公式。

由于公式中含有除法的运算，可能产生误差，因此系统实现时常常采用下面的公式，其与上面的公式是等价的：

$$新库存额＝原库存额＋本次进货额$$

当系统发生出货的时候，应保持库存价不变，按照当时的库存价乘出货数量得到应减少的库存成本额，而此金额同时也是出货成本，实际出货额减去出货成本得到本张出货单的毛利。

6. 说明供应商结算的流程

对供应商的结算，根据商品营销方式的不同而不同。在上文中我们知道，商品的营销方式分为经销、代销、联销三种，它们的结算方式不同。对于 ERP 系统来说，三种营销方式的商品的结算流程是一样的，不一样的是对于供应商账款的计算方式。在管理上的要求如下：

（1）账款的发生。ERP 系统自动判断账款的发生，判断的依据是根据商品的营销方式，如果是经销商品，如果有进货，财务复核进货单，形成对供应商的账款，如果是代销商品和联销商品，销售的时候形成对供应商的账款，账款的金额根据销售数量和代销价或联销率来确定。

（2）供应商在一定的时间内到财务部对账，并确定结算的金额。供应商到财务部结算的时间一般有财务部来确定，大多数商业企业规定在每月的固定时间到财务部结算。

（3）对账后，需要有采购部对结算情况进行确认。

采购部门确认后，供应商可以开出发票，财务部根据发票填写结算请款单，总经理签字确认后，有财务部做供应商结算单，结算完成。

第二篇

ERP 应用实验技能训练与培养

第 **3** 章

SAP ERP 基本知识点及操作指导

3.1 SAP ERP 基本知识点

3.1.1 SAP 简介

SAP 是一家通过业务工程成功地集成信息技术的公司，SAP（System，Applications，and Products in Data Processing，数据处理的系统、应用和产品）。SAP 公司是 ERP 思想的倡导者，成立于 1972 年，总部设在德国南部的 Walldorf。SAP 的主打产品 R/3 是用于分布式客户机/服务器环境的标准 ERP 软件，主要功能模块包括：销售和分销、物料管理、生产计划、质量管理、工厂维修、人力资源、工业方案、办公室和通信、项目系统、资产管理、控制、财务会计。R/3 支持的生产经营类型是：按订单生产、批量生产、合同生产、离散型、复杂设计生产、按库存生产、流程型，其用户主要分布在航空航天、汽车、化工、消费品、电器设备、电子、食品饮料等行业。

SAP R/3 的功能涵盖了企业管理业务的各个方面，这些功能模块服务于各个不同的企业管理领域。在每个管理领域，R/3 又提供进一步细分的单一功能子模块，如财务会计模块包括总账、应收账、应付账、财务控制、金融投资、报表合并、基金管理等子模块。SAP 所提供的是一个有效的标准而又全面的 ERP 软件，同时软件模块化结构保证了数据单独处理的特殊方案需求。

目前，SAP 在 120 多个国家和地区拥有 17500 多家客户、44500 多个系统安装点、1000 万名最终用户，世界"500 强"80% 以上的公司都在使用 SAP 的管理方案。SAP 在全球多家证券交易所上市，包括法兰克福证交所和纽约证交所。SAP 在 20 世纪 80 年代开始同中国企业合作，于 1995 年正式成立中国分公司，并设立了北京、上海、广州分公司。尽管企业对大数据的了解尚处于初级阶段，但是根据 2014 年 IDC 预测，大数据全球市场规模将快速增长，IDC 预计未来五年 SAP 全球大数据与分析方案生态圈的收入将高达 2200 亿美元，其中亚太地区 480 亿美元、欧洲—中东—非洲 70 亿美元、美国 102 亿美元。SAP 在中国已有众多用户，其中既包括中国石化、中化、红塔、海尔、联想、COSCO、长虹、一汽一大众、上海通用、上海浦发行、国贸中心、李宁、乐百氏、麦德龙、万科、康佳、浙江电力、上海三菱、小天鹅、大唐电信、宗申摩托、华凌空调等大型企业和集团，也包括宝岛眼镜、青岛狮王、兆维晓通、杭州解放路百货等中小型企业。在消费品行业有广东乐百氏集团、广东宝洁有限公司、广东美晨集团有限公司等。

　　SAP R/3 系统概述。SAP R/3 是一个基于客户/服务器结构和开放系统的、集成的企业资源计划系统。其功能覆盖企业的财务、后勤（工程设计、采购、库存、生产销售和质量等）和人力资源管理、SAP 业务工作流系统以及互联网应用链接功能等各个方面。

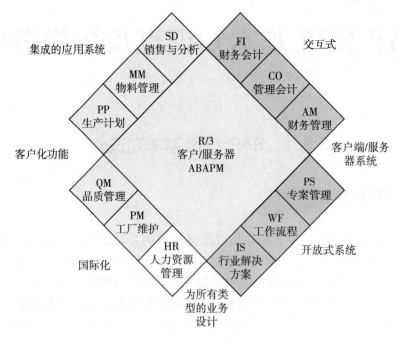

SAP R/3 功能

　　R/3 应用软件采模组化结构。它们既可以单独使用，也可以与其他解决方案相结合。就流程导向的角度而言，各应用软件间的整合程度越高，它们带来的好处就越多。

　　FI 财务会计。集中公司有关会计的所有资料，提供完整的文献和全面的资讯，同时作为企业实行控制和规划的最新基础。

　　TR 财务管理。是一个高效率财务管理完整解决方案，确保公司在世界范围的周转，对财务资产结构实行盈利化组合，并限制风险。

　　CO 管理会计。是公司管理系统中规划与控制工具的完整体系，具有统一的报表系统，协调公司内部处理业务的内容和过程。

　　EC 企业控制。根据特制的管理资讯，连续监控公司的成功因素和业绩指标。

　　IM 投资管理。提供投资手段和专案，从规划到结算的综合性管理和处理，包括投资前分析和折旧模拟。

　　PP 生产计划。提供各种制造类型的全面处理：从重复性生产、订制生产、订装生产，加工制造、批量及订存生产直至过程生产，具有扩展 MPR Ⅱ 的功能。另外，还可以选择连接 PDC、制程控制系统、CAD 和 PDM。

　　MM 物料管理。以工作流程为导向的处理功能对所有采购处理最佳化，可自动评估供应商，透过精确的库存和仓储管理降低采购和仓储成本，并与发票核查相整合。

　　PM 工厂维护。提供对定期维护、检查、耗损维护与服务管理的规划、控制和处理，以确保各操作性系统的可用性。

QM 品质管理。监控、输入和管理整个供应链与品质保证相关的各类处理、协调检查处理、启动校正措施以及与实验室资讯系统整合。

PS 专案管理。协调和控制专案的各个阶段，直接与采购及控制合作，从报价、设计到批准以及资源管理与结算。

SD 销售与分销。积极支援销售和分销活动，具有出色的定价、订单快速处理、按时交货，交互式多层次可变配置功能，并直接与盈利分析和生产计划模组连接。

HR 人力资源管理。采用涵盖所有人员管理任务和帮助简化与加速处理的整合式应用程式，为公司提供人力资源规划和管理解决方案。

开放式资讯仓储。包括智能资讯系统，此系统把来自 R/3 应用程式和外部来源的数据归纳成为主管人员资讯，不仅支援使用者部门决策和控制，同时也支援对成功具有关键作用的高阶控制和监控。

R/3—定制化策略资讯管理。保持竞争领先地位依赖于公司建立有效并尽可能以客户为导向的企业流程结构的能力。这就需要具备最有效支援今后企业流程的资讯处理系统。

R/3 系统并非只是软件，它是一种策略性解决方案。

R/3 系统——企业流程的思维与行动。

公司必须运用动态战略对瞬息万变的挑战作出反应，迅速适应客户新需求和市场新商机的能力，是赢得竞争胜利的决定性因素。此种适应力需要一个功能强大、开放式的基础结构，它可针对目前的企业流程提供最佳化支援，并能灵活适应变化与发展。R/3 系统就是应付这些挑战的最佳解答，它是主从式架构上最普遍的标准商业应用软件。

SAP R/3 系统具备以下功能和主要特点：

功能性：R/3 以模块化的形式提供了一整套业务措施，其中的模块囊括了全部所需要的业务功能，并把用户与技术性应用软件相连而形成一个总括的系统，用于公司或企业战略上和运用上的管理。

集成化：R/3 把逻辑上联的部分连接在一起，重复工作和多余数据被完全取消，规程被优化，集成化的业务处理取代了传统的人工操作。

灵活性：R/3 系统中方便的裁剪方法使之具有灵活的适应性，从而能满足各种用户的需要和特定行业的要求。R/3 还配备有适当的界面来集成用户自己的软件或外来的软件。

开放性：R/3 的体系结构符合国际公认的标准，使客户得以突破专用硬件平台及专用系统技术的局限。同时，SAP 提供的开放性接口，可以方便地将第三方软件产品有效地集成到 R/3 系统中来。

用户友好：图标与图形符号简化了人机交互时的操作。统一设计的用户界面确保了工作人员能够运用同样熟悉的技术从事不同的工作。

模块化：R/3 的模块结构使用户既可以一个一个选用新的实用程序，也可以完全转入一个新的组织结构体系。

可靠：作为用户的商业伙伴 SAP 始终不断地为集成化软件的质量设立越来越多的国际标准。

低成本高效益：信息处理是取得竞争优势的要点之一。当竞争加剧时，企业必须更加努力地获取其市场占有量，这就要使用高度集成化的数据处理软件，而 R/3 正是这种软件的优秀典范。

国际适用：R/3 支持多种语言，而且是为跨国界操作而设计的。R/3 可以灵活地适应各国的货币及税务要求。

服务：在 R/3 系统实施过程中，用户将得到 SAP 技术专家的全面支持与服务，包括组织结构方面与技术方面的咨询，项目计划与实施方面的协助，以及培训课程。

3.1.2　SAP R/3 生产计划和控制

由于不断增长的市场压力、高度国际化和持续加强的客户化趋势，今天许许多多的公司正不断抛开传统的作业方式，更加向客户为中心和柔性生产方式过渡。

PP 应用模块可以满足业务流程在不断改变且发展的制造商们的运营要求。对以下三个领域，它均能提供理想的解决方案，即生产计划、生产执行和生产控制。

3.1.2.1　R/3 生产计划系统主要特征及模型

1. 主要特征

R/3 PP 生产计划系统是一个综合性的企业资源计划系统，包括制造执行系统的全部功能。它完整地集成各种应用领域的所有业务功能，支持客户订单快速处理。可以用 R/3 业务模型的组织实体同任何现有企业组织结构对应起来。R/3 支持跨越多个公司的事务处理，以及同一企业各组织实体之间的分销需求计划。

2. 制造资源管理模型

R/3 PP 生产计划系统是一个联机处理的制造资源计划系统，同所有 R/3 应用程序完全集成。R/3 PP 完全支持 APICS 的 MRP Ⅱ 模型。R/3 同传统的 MRP Ⅱ 系统不同，它不仅集成了财务和后勤的计划和执行功能，而且将企业的利润控制贯穿于整个供应链，完成了供应链到价值链的升华。此外，R/3 PP 还提供制造执行系统（MES）的所有功能。同时，R/3 还具有强大的面向客户并充分集成各种销售业务的功能。

在所有 R/3 事务处理中，用户可享受到集成的好处。

R/3 将销售订单的需求量转换至主计划。新的客户需求量立即显示在主计划员面前。这是保证按时发货的最快途径。

所有存货消耗量及货物入库事务处理同步地过账到总账科目。

车间订单确认及倒冲发料联机过账到所有总账的有关科目。生产成本中心及时从生产作业活动得到贷方金额。分配到生产成本采集点的成本是同步发生的。任何时候你都可以联机得到与生产有关的最新成本信息。

如果你是一个订货生产类型的制造商，你可以连续监控所有与订单有关的成本。你甚至可以用 R/3 对比冻结成本、实际/目标成本和所有发生的成本。当你向客户发货并开具发票时，你会立即知道你的利润有多少。

由于 R/3 集成所有的业务流程，它是一个业务流程重组的极好工具。R/3 将帮助你克服支离破碎的业务流程，并优化贯穿设计、销售、生产、分配和成本核算的工作流程。

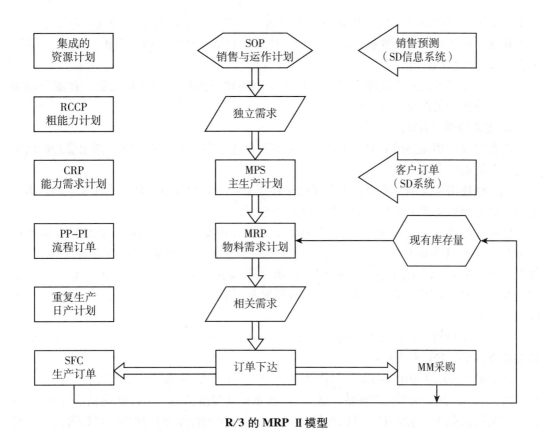

R/3 的 MRP Ⅱ 模型

3.1.2.2　系统具备的主要功能

★ 制订销售计划

★ 编制主生产计划

★ 生成物料需求计划

★ 市场预测

★ 生产资源计划

★ 能力计划

★ 生产活动控制

★ 工厂数据采集

下面分别简要阐述各模块功能的实施：

1. SOP 销售及运作计划模块

销售和运作计划（SOP）是一个通用的计划和预测工具，可以用它来使公司的经营现代化，优化公司的业务。

SOP 的集成功能对公司的各项活动一目了然。可以汇总不同的内部和外部的数据，作为设置现实经营目标的依据。这提供了现实检查的机会：我的业务策略是否反映我的经营能力和市场需求？这样，用 SOP，就可以采取有针对性的计划。

SOP 的延展性使它适用于对任何逻辑数据进行高级的或详细的计划。弹性计划层次可以从几乎所有组织单位（如销售组织、物料组、生产工厂、产品组）的角度甚至整个企业的角度创建和查看你的数据。由于充分支持集中规划，SOP 适用于销售、生产、采购、库存管理等中长期计划。

使用的计划表是电子表格，因此可以大范围地进行跟踪先前计划数据、预测市场需求、运行分析、条件模拟等各种操作。

2. 需求管理（DM）

需求管理的功能是用来确定成品与重要部件的需求数量与交货日期。需求管理的结果就是所谓的需求大纲。

为了创建需求大纲，必须首先定义用于计划某一产品的计划策略。此计划策略代表了用于计划与制造或者采购产品的不同的生产方法。

使用这些策略，可以决定是否仅由销售订单来触发生产（定制）或者不由销售订单来触发生产（为库存生产）。或者，可能使需求大纲中既有销售订单也有库存订单。如果生产时间比标准的市场交货时间长，那么可以在任何销售订单存在之前生产成品或至少生产某些部件。在这种情况下，销售数量是预先计划好的（例如，在销售预测的指导下）。

可以以计划的独立需求形式创建需求大纲。需求管理使用计划的独立需求而客户需求是在销售订单管理中创建的。

计划策略表示计划生产数量与日期的业务过程。在 SAP 系统中可以使用广泛的生产计划策略，范围从纯订货型生产到备货型生产。根据所选择的策略，可以使用销售订单和/或销售预测值来创建需求大纲。可以选择把库存水平移至装配水平以便由新接销售订单来触发最终装配。否则，也可以专门为装配执行需求管理。

例如，你可以把计划策略组合起来，这意味着你可以为成品选择策略"带最终装配的计划"，但是你仍然可以选择不同的策略，如在此成品的 BOM 中关于一个重要部件的"在装配层的计划"。

在系统定制中列出了可用于一个物料的计划策略，并且通过策略组此计划策略被分配给物料主记录中的物料，可以为每一种策略定义包含重要控制参数的需求类型。

如前面所提到的，在 SAP 标准系统中可以使用完整范围的策略，在下列部分中对这些策略给出了详细的描述：

★ 备货型生产（10/11）

★ 按销售与库存订单以批量生产（30）

★ 最终装配计划（40）

★ 没有最终装配的计划（50）

★ 带有计划物料的计划（60）

★ 在装配级计划（70）/在虚拟装配级计划（59）

★ 订货型生产（20）

★ 具有配置的订货型生产（25）

★ 物料变式的订货型生产（3.0C：可库存的类型）（26）

★ 无最终装配的计划物料变式（3.0C：可库存类型）（55）

★ 使用计划物料变式（65）

★ 特性计划（56/89）

★ 计划变式（54）

3. 主生产计划（MPS）

主计划和物料需求计划的目的是定制可用能力和收货以适合需求数量。为了确保物料的可用量，不同的缓冲时间和安全库存被输入，这不可避免地导致了高库存水平。因此尤其对于有价值的物料会出现高仓储成本。

为了减少这些高仓储成本并同时增加计划稳定性，成品计划和主部件应该很好地协调，因为这些产品的主计划对整个生产流程影响很大。相关零部件的计划依赖于成品的计划结果和主部件，尽管成品代表所有将被计划物料的一小部分。在成品级的频繁更改可引起完整计划运行的不稳定。记住这些事实，MRP 控制者经常计划高安全库存水平和缓冲时间以保证物料可用量而不管计划的难度。

因而，使用附加注意来单独计划成品和重要的部件是有意义的。这些物料可以作为主计划项目在 SAP 系统中被标识，它可以被计划并通过使用一系列特殊工具最终被调整。对这些"主计划项目"的计划导致库存水平的减少并同时提高交货性能和使服务水平更为可靠。

综上所述，R/3 主计划模块的主要特征为：

★ R/3 主计划模块包括需求管理、生产计划管理及主生产计划（MPS）

★ 需求管理与销售与运作计划（SOP）及销售与分销的计划功能完全集成

★ 可以根据生产率或根据详细工艺路线进行集成的能力计划

★ MPS 可以在任何计划层进行也可以在多个层次进行

★ 在最终产品或物料层可以选择不同的计划策略，如按冲销预测或订货生产编制计划

★ 订单报告（多层）在所有的生产层次显示作业计划问题

★ R/3 支持多地区分销资源计划（DRP）

4. 物料需求计划（MRP）

物料需求计划的主要功能是保证物料的可用量，即它被用于为内部目的以及销售和分销而采购或生产需求数量。这个过程包含库存监控，特别是用于采购和生产的订货建议。

在这个过程中，系统试图达到一方面服务层次最优化但同时在另一方面成本和资金占用最小化之间的平衡。

MRP 控制者负责所有作业：指定类型、数量和需求时间，他也必须计算何时为订货建议创建多少数量以满足这些需求。为了计算数量需要知道库存、库存预留和库存订单的所有信息，为了计算日期也需要知道提前期和采购时间的信息。为了计算订货建议，MRP 控制者必须为每个物料定义适当的 MRP 过程和批量过程。

供应链开始于销售、分销和需求管理。在销售和分销中，包含实际客户需求的销售订单直接从市场获得。在需求管理中，通过销售预测销售被提前计划。用此信息创建的计划独立需求（即对成品、部件、可贸易的货物和替代零部件的需求）触发物料需求计划。为了满足这些需求，必须计算重订货数量和日期以及对应的采购元素。在计划运行中此采购元素是计划订单，或对于外部采购，是请购单。这两个采购元素是内部计划元素，它可以在任何时候被更改、重计划或删除。

如果一个物料是自制的，系统通过展开 BOM 来计算相关需求，或生产成品或部件所需的组件数量。如果存在物料短缺，在每个 BOM 层创建计划订单以满足需求。

一旦系统完成计算数量和日期，这些计划元素、采购元素就被转换成准确的采购元素：它们被转换成自制的生产订单和外部采购的采购订单。

自制物料的订单处理通过生产订单控制。生产订单包含它自己的排产过程、能力计划和状态管理。通过单个生产订单来执行成本会计。

外部采购的物料触发采购过程。在这种情况下，必须选择合适的供应商，或必须提出草案协议。

通过生产或外部采购而可用的数量被放置在库存中并通过库存管理进行管理。

物料需求计划的目的是确保正确的物料能及时和在所需的数量上是可用的。在 R/3 系统中计划运行有两个主要目的：保证物料的可用量并同时避免过量的库存。

为了确定物料短缺的情况并在计划运行中创建合适的采购元素——这意味 MRP 控制者必须在物料的例程监控中花较少的时间。为此，系统创建时应注意以通知 MRP 控制者关键部分和例外情况，以便其能迅速地再处理自动计划运行的结果。

以下功能对物料需求计划是可用的：

★ 总计划和单项计划

★ 净改变计划和再生计划

★ 物料计划过程（MRP 和基于消耗的计划）

★ 批量确定过程

★ 处理订货建议的易使用功能

★ 具有计划订单的装配订单

★ 覆盖范围（日供应）

★ 不连续的零部件

★ 使用替代和代用零部件

★ 直接采购和直接生产（汇总订单）

★ 评估计划结果的易使用功能

★ 例外消息和计划调整检查

★ 能力计划

★ 可用量检查和拖欠订单处理

★ 单层和多层溯源

★ 销售订单的单项计划

★ 计划可配套产品

★ 基于事件的 MRP

★ 多工厂/地点计划

5. 生产计划及生产活动控制

SAP 系统中的生产订单。

生产订单是 PP 生产计划系统的重要部分，PP 系统是 SAP 后勤系统的完全集成的组件，它由下列组件集成而成：

★ 销售和分销（SD）

★ 物料管理（MM）

★ 成本控制（CO）

生产计划和控制中的生产订单：

在一个公司内，内部作业通过订单被处理。

一个生产订单指定何种物料将被生产，在何处被生产，使用什么作业并且用于什么日期。它并指定在生产过程中需要什么资源，以及订单成本如何被结算。

来自前面计划层（MRP）的计划订单或内部请求一存在，生产作业控制就把特定订单的数据（如日期和数量）加入已存在的信息中。

生产订单被用于：

★ 控制和监控工厂中的生产

★ 作为成本会计的成本控制指令

6. 能力需求计划

利用 R/3 系统，在工作中心中使用能力类别定义可用能力。当在人力计划和发展中计划人力时可以计划到单独的人。根据定义的工作中心的不同，也可以定义下列能力类别：

★ 在工厂车间中的一台单独机器

★ 操作一条生产线的一组人

★ 在工厂维护中的一个维护工作中心

★ 项目系统中的工程师组

订单是能力计划的核心。订单产生需求因此产生它们被处理的资源的负载。在 SAP 系统中订单被创建为：

★ 物料需求计划中的计划订单

★ 工厂车间控制中的生产订单

★ 工厂维护中的工厂维护订单

★ 项目系统中的网络

订单提供排产的基本数据，订单中的工序中的标准值和数量形成了排产和计算能力需求的基础。

通过 R/3 系统能力评估，你可以：

★ 确定可用能力

★ 确定能力需求

★ 把可用能力和能力需求比较

你可以通过 R/3 能力均衡来调整工作中心中的不足和过载能力，以及实现：

★ 最佳的机器和生产线的实行

★ 合适资源的选择

7. CAPP 标准值计算

关于 CAPP 标准值计算是生产计划系统（PP）的一部分，CAPP 是属于生产计划（PP）的主数据——包括物料主档、物料清单、工艺路线和工作中心。

工艺路线：

CAPP（Computer Aided Process Planning）标准值计算为工作计划确定工艺路线中的标

准值而提供了机器的支持。这些标准值是利用执行工序的工作中心所允许的加工方法或工艺来计算的。

标准值：

在 SAP 系统中，这些标准值用于下列公式中：

★ 计划

★ 能力计划

★ 成本核算

计划：

在计划中，利用一个工艺路线中的一个工序中的标准值和数量来确定此工序的执行日期。

能力计划：

在能力计划，利用一个工序中的标准值和数量来确定执行此工序的能力需求。这些需求再和工作中心所定义的可用能力进行比较。

成本核算：

成本核算计算当物料在本公司进行加工时所发生的成本。成本核算提供了下列各方面的基本信息：

★ 定价和定价政策

★ 估价

★ 成本控制

★ 获利能力分析

工艺路线中的工序是通过成本中心和在工作中心中所维护的作业类型来与成本会计相联系的。如果工作中心指明了执行工序，那么就可以为保存在此工作中心的作业类型而输入标准值。

在产品成本核算期间，内部作业的估价是在为此作业类型所计划的比率的基础上进行的。作业类型决定了标准值如何被估价。

3.1.3　SAP R/3 物料管理

优化采购流程和供应链管道。R/3 系统的物料管理应用模块不仅包含了用于简化需求计划、采购、存货管理、货仓管理及发票校验这些业务流程所必需的所有功能，而且对标准工作程序进行了高度自动化。所有的物料管理应用模块功能都相互紧密集成并与 R/3 的其他功能也整合在一起。这意味着物料管理的用户和其他供应链及财务管理的用户总能得到最新的信息。系统能为你做所有的常规的工作，你可省下时间去做更重要的事情。

节省采购时间和成本。以消耗为基础的物料资源计划根据再订购水平或预测数据可以提出最新的请购建议。其他供应链应用模块，如销售和分销、设备维护、生产计划或项目系统也能要求通过外部来采购物料或服务。个别部门还可手工输入请购单。

系统把这些请购单传递给采购模块，将它们转换成采购订单。采购员可以任意应用各种高级工具，从特殊的采购主数据维护和询价请求到报价及大纲协议。例如，你可以在采购过程中自动比较价格，将供应商的选择自动化或自动输入采购订单。供应商评估功能可以按照你所设定的选择条件找出你最满意的供应商。你也可以在采购文档被进一步处理之前对他们选择应用下达和批准程序。采购活动可由被授权职员利用电子签名批准。你可以将采购订单或预测交货日程表通过硬拷贝或电子手段（如 EDI）发给供应商。采购订单历史可以帮助你监控订单的状态并跟踪已收到的交货或发票。

3.1.3.1　R/3 物料管理系统主要特征及模型

物料管理模块覆盖了一个集成的供应链中（物料需求计划、采购、库存和库房管理）所有的有关物料管理的任务。

采购为计划提供重要的交货情况和市场供应情况，并且控制采购物料从请购到收货、检验、入库的详细流程，当货物接收时，相关的采购单进行自动检查。通过对供应商的谈判和报价的管理和比较，对价格实行控制，以取得最佳的效益，对供应商和采购部门的绩效评估可以协助采购部门确定采购环节中尚待完善的地方，同时采购应和应付账款、收货和成本核算部门之间建立有意义的信息通信，以保证企业的某一环节所提供的信息能在其他所有有关的环节中反映出来。通过建立和维护采购订单方式，来实现采购合同跟踪，安排供应商交货进度和评价采购活动绩效等需求目标。从而，提高采购活动的效率，降低采购成本。

库存管理系统负责现有库存的管理，直到它们被消耗。其基本目标就是要能帮助企业维护准确的库存数。它应能支持各种物品库存状况、库存变化历史以及发展趋势的联机查询，并能从多层次去查看库存状况。此外，此管理系统能提供基本的库存分析报告，帮助评价库存管理的绩效。

库房管理系统保证了库房商品最优的库存吞吐量。不同的盘库方法都可用于库存的清点，范围可以从样品库存到连续库存。

3.1.3.2　此系统具备的主要功能

★ 产生物料需求计划

★ 采购申请及维护

★ 货物的移动

★ 发票校对

★ 库存管理

★ 库房管理

★ 库房结构定义

★ 库房转移处理

★ 库房级的库存支持

★ 供应商评价

★ 与应用相关的分类

★ 采购信息系统维护

以下分别简要阐述各模块功能的实施：

1. 采购

SAPR/3 物料管理系统提供了强大和完善的采购模块功能，实现从确定采购需求，选择供应商，下采购订单，采购订单的跟踪及催货，收货及发票校对，付款等一系列涉及整个采购周期的所有活动。

在物料管理系统中，可以为库存进行采购，也可以为直接消耗进行采购，同时可以选择不同的采购形式，MM（物料管理）模块支持三种基本采购形式：

（1）使用一次性采购订单；

（2）使用具有后续发出核准订单的长期合同；

（3）使用长期计划协议和供货计划表。

在系统中建立和维护与采购有关的物料和供应商数据，从而加强对采购的控制及优化系统中的采购程序。

这些主数据包括物料主数据、供应商主数据、采购信息记录、货源清单及配额的分配。

物料主数据包括企业向外采购或内部生产的物料的详细信息。计量单位和物料描述是存储在物料主记录中的数据的实例。SAP 后勤部分的其他模块也可以访问物料数据。

供应商主数据是关于外部供应商的信息。典型的内容有：供应商名称、供应商使用的货币和供应商编号（存储在 SAP 系统中作为账户编号）。

采购信息记录建立了物料和供应商之间的联系，因而方便了选择报价的处理。例如，信息记录给出了用于从供应商订货的计量单位，并标注在一段时间内影响物料的供应商价格方面的变化。

货源清单规定了物料可能的供应来源。显示了可以从某一给定的供应商处订货物料的时间段。

配额分配是根据配额，规定在一定期间内物料总需求在特定的供应商之间如何进行分配。根据配额分配主数据的设定，系统可以自动完成采购任务在不同供应商之间的分配，从而简化手工分配任务。

此外，物料管理系统中的采购功能可以实现不同的采购需求方式，包括外协件的采购、寄存货物的采购、转厂的采购等，还可以实现电子化的采购审批程序，代替传统的手工化纸张审批程序，节省人力、物力及财力。

同时还可以通过报价单申请及报价单的录入来完成询价及报价的全过程。

2. 发票校对

发票校验是物料管理（MM）系统的一部分。它提供物料管理部分和财务会计、成本控制和资产管理部分的连接。

系统自动校验通过硬拷贝货 EDI 方式收到的发票，如果参照采购订单输入供应商发票的话，系统就会自动生成它所期望收到的发票，如果出现了不允许的差异，如交货期、交货数量或协定的价格，那么这张发票会自动封锁而不能付款。

估计收货结算（ERS）功能可以完全不需要供应商发票，根据采购订单的收货入账记录，系统会周期性的自动生成发票。

发票校验软件还提供一种比标准程序快得多的特殊方法输入供应商发票。

物料管理模块的发票校验为以下目的服务：

（1）它完成物料采购的全过程——物料采购从采购申请开始，接下来是采购和收货，并以收到发票而结束。

（2）它允许处理不基于物料采购的发票（如服务费、其他花费、过程费用等）。

（3）它允许处理贷项凭证，既可以是发票的取消，也可以是打折扣。

发票校验既不是对支付进行处理，也不是对发票进行分析。这些需要处理的信息被传递到其他部门。

发票校验的任务包括：

（1）输入接收到的发票和贷项凭证。

（2）检查发票的内容，价格和计算的准确性。

（3）执行一个发票的账目记账。

（4）更新 SAP 系统内的一些数据，如未结算项目和物料价格。

（5）检查那些因为与采购订单出入太大而被冻结的发票。

SAP 系统的高度集成允许这些任务能够平稳和高效地进行。

3. 供应商评价

供应商评估功能能尽量优化采购操作，能简化选择货源过程、不断跟踪和考察现有的供应关系。

使用 R/3 供应商评估系统能保证更大的客观性，尽量减少个人的主观印象影响，因为所有供货商是以同一标准评估并由系统评分。

评分系统：

★ 分值为 1～100 分。供货商的表现用 4 个主要标准度量

★ 全面的评分使采购人员了解供货商的表现并给供货商一个全面评价

主要评估标准：

标准系统中的主要评估标准为：价格、质量、交货、服务。

如果需要，最多可以定义 99 个评估标准。用户可以平衡每个标准在综合评估中的影响。

子标准：

每个主要标准可以分为几个子标准，以便进行更详细的评估。

标准系统提供 5 个子标准，一般能满足评估目的。另外，用户可以定义最多 20 个自己的子标准。

给子标准评分：

给子标准评分可有不同方法：

★ 自动计算

★ 半自动计算

★ 手工输入

"自动计算"指分数根据系统中已有的数据确定。"半自动计算"指采购人员输入重要物料的分值，然后系统计算更高层的分数。"手工计算"指用户针对某个全局子标准输入某供货商的分数。

采购经理可以决定何时以更详细的基础评估，何时进行简单的处理以节省时间和费用。

分析：

可以输出供货商评估结果。例如，用户可以生成按照全面分数排列的最佳供货商排列表，或提供某种物料供货商的排列表。

历史变化：

评估的变化以日志形式记录，评估记录可以打印出来。

供货商评估的任务：

★ 供货商评估功能使供货商按照同一标准排序，能自动和手工进行

★ 此项功能通过合理和简化地挑选合适的供货商来优化采购过程

4. 库存管理

库存管理（IM）是 MM 物料管理模块的一部分，并完全与整个后勤系统结成一体。SAP 库存管理系统允许：

★ 按数量和价值管理你的库存

★ 计划，输入和检查货物移动

★ 进行实地盘存

基于物料需求计划确定的需求，物料从外部或内部采购。交货作为收货输入库存管理中。物料直到提交给客户（销售 & 分销）或用于内部（如生产）才被保存（并在库存管理中进行管理）。

在所有的业务期间，库存管理访问主数据（如物料主记录数据）和所有后勤部分共享的业务数据（如采购数据）。

与物料管理（MM）的结合

作为物料管理的一个组成部分，库存管理直接与物料需求计划，采购和发票校验相联系。

库存管理形成物料需求计划的基础，此计划不仅考虑了实际库存，而且考虑了计划的移动（需求、收货）。

当物料从供应商处订购时，库存管理将交货记录为参考采购订单的收货。供应商发票在以后通过发票校验进行处理。在这里，采购订单和收货凭证中的数量和价值被检查，以确保它们在发票中是一致的。

与生产计划（PP）的结合

库存管理与生产计划模块紧密相连：

★ 库存管理负责生产订单所需部分的待运

★ 在库存管理中记录仓库对产成品的接收

与销售 & 分销（SD）的结合

一旦输入一个销售订单，可以初始化现有库存的动态可用性检查。在创建交货时，即将提交的数量被标记为"计划交货"，在记录发货时这个数量从总库存中减掉。创建销售订单库存也是可能的。

与质量管理（QM）的结合

在货物移动中，系统确定物料是否应进行检查操作。如果需要的话，在质量管理系统中为此移动初始化相应的活动。

与工厂维护（PM）的结合

库存管理与工厂维护有如下联系：

★ 可以记录参考设备 BOMs 的货物移动

★ 可以提取一部分维护订单

★ 当序列号管理有效时，对每个货物移动输入独立的序列号。序列号在工厂维护系统中进行管理

与后勤信息系统（LIS）的结合

利用库存控制部分，后勤信息系统提供了一个收集、压缩和评估库存管理数据的工具。

R/3 系统包含不同的模块。这些模块的完整结合允许公司不同的部门共享和维护同样的信息。顺利的物料流动需要这个过程的所有参加者之间有充分的交流。库存管理与 R/3 系统完整的结合以及和其他 R/3 模块的交流确保了所要求的信息流动，这些 R/3 模块包括以下内容：

★ 财务会计（FI）

按数量和价值进行的库存管理不仅每个收货或发货更新物料主记录中的库存值，而且更新财务会计中相应的科目。其通过自动的科目分配来完成，系统通过这个科目分配程序确定与给定货物移动相关的科目。

★ 控制（CO）

在物料消耗（例如，当物料为不同的科目分配对象如订单或成本中心发出时）的例子中与成本会计系统的接口被激活（作为控制参考）。

当收货直接分配给成本中心或订单时，成本会计也包含其中。

★ 资产会计（AM）

如果资产的物料从外部采购或从仓库或存储中提取，相应的货物移动分配给资产科目。在这一过程中行项目在资产会计中被创建。

★ 项目系统（PS）

物料可以为项目保留和提取。创建项目库存是可能的。

5. 库房管理

SAP 的仓库管理系统（WM）为进行以下工作提供了灵活、有效和自动的支持：

★ 定义和管理仓库中的存储区和仓位

★ 处理所有的记账和事务，如收货、发货和一般的转储等

★ 对库存的变动情况进行监测

★ 按仓位进行存储

★ 确保在存储管理系统中的记账与仓库中的实际库存情况一致

★ 与材料管理系统、产品计划系统、质量管理系统和销售与分销系统的集成

利用 WM 系统，可以对公司中复杂的库存结构进行管理。这种结构可包括不同的仓库中的区域（即存储类型），如在高架位闲置的存储、可用存储、冻结存储和固定的仓位提取区域等，以及生产供应、发货和收货区域等。利用 WM 系统，可以同时对具有随机组织结构和具有固定仓位的仓库进行管理。

WM 支持对所有相关货物移动的处理，包括由存储系统（IM）激发的收货和发货，

由销售和分销（SD）系统激发的供货，以及发生在仓库内的移动，如内部的库存转储。

在仓库管理系统中，可以根据转储需求生成转储订单。转储订单可激发并控制仓库中货物的实际移动。

WM 系统利用它在存储方面的功能，可以保证账面存储情况和仓库中的库存情况在任何时候保持一致。由于 SAP 系统是高度集成的，因此在存储管理系统和仓库管理系统之间并不需要单独的界面程序。

存储单位管理：仓库管理（WM）中的存储单位（SU）管理提供了在仓库中对物料流的存储单位进行优化管理和控制的功能相关。

3.1.4 SAP R/3 销售与分销

SAP R/3 销售与分销系统具备所有用来简化和自动化销售作业的功能和信息，从而使用户集中精力和时间做重要的事情——不断扩展经营业务。

改进销售计划和管理

销售支持部件提供使用方便的工具来管理潜在客户探访、询价、报价、市场推广、竞争者及他们的产品信息。销售和市场推广人员在任何时候都可以访问这些数据以进行销售活动或直接给客户寄递资料。不仅可以利用销售支持功能更有效地进行销售流程和提高对现有客户的服务水平，还可以用来识别新客户来源。

订单输入缺省时，界面友好且可以减少错误输入

SAP R/3 系统的订单输入是高度自动化的。在销售订单中价格是自动算出来的。为确定相应的预设定价、附加费和折扣，系统根据单价清单和客户协议来进行这些计算，或者根据产品、产品组或产品成本来决定一个总金额。R/3 系统的价格计算功能是非常灵活的，它既可以管理最复杂的结构，也可以维护由销售交易和促销活动数据得来的价格信息。

SAP R/3 SD 系统还可以进行动态信用额度检查。检查范围包括信用、财务和销售数据，以核实客户的信用额度。当销售订单不能通过此检查时，可以设置系统自动提醒有关的信用管理或销售人员。

可用性检查对销售人员是一件非常重要的日常工作。从系统角度讲，它涉及大量的复杂计算。SAP R/3 SD 应用系统非常重要的强势之一是可自动进行这种销售人员时刻都要进行的可用性检查。当实际操作时，通过同物料管理和生产计划应用模块一道工作，系统会自动核实在客户要求的交货日期是否有足够的存货来满足客户的订单要求。当不能满足客户初始要求的交货日期时，系统会立即确定将来的某日可能会有足够的存货，从而可马上承诺客户新的交货日期。还可对多个存货地点的存货可用性进行评估。在客户对某种产品要求特定数量的情况下，可以利用销售和分销应用模块中的按订单生产功能。

所有这些都意味着销售机构能够利用时刻更新的信息进行销售订单决策，从而迅速且有效地完成有关的业务流程。

R/3 销售和分销系统主要特征及系统模型

SAP R/3 销售与分销（SD）强调用世界一流的方法服务于全世界用户。销售与分销

（SD）是一种处理过程驱动的应用，全面集成于 R/3 系统中。

1. 销售与分销（SD）主要特征

（1）多语种、多货币处理。

多企业、多语种、多种货币的销售订单处理功能，使用户能用一种语言、输入一个指令便可进行一次国际业务。应用 R/3 销售与分销（SD）与其他国家的伙伴进行交易时，可以自动转换成其他国家语言和货币。通过确定国界，每一个伙伴收到的业务内容是用相应的本地语言和货币来表述的，这将有助于服务全球市场。

（2）微调技术。

微调技术能使销售与分销（SD）适应企业功能的需要。通过微调订单类型，可以很快地调整系统以满足不断变化的业务需求，使销售额不会出现大的滑坡。20 世纪 90 年代商业过程的不断变化属于正常情况，销售与分销（SD）将能使你在不断提高的基础上，而不是在初始运行的基础上重组你的商业过程。

（3）定价灵活性。

R/3 销售与分销（SD）的定价灵活性和完备性很强，以至于 1995 年 1 月由 Benchmarking Partners of Cambridge Mass 对其进行评价时，叙述这一能力"是世界级的，甚至可以支持最富挑战性的行业"。既可以利用有关规则来定价，也可以存储最复杂的定价情况。R/3 销售与分销（SD）使用户服务代表从复杂的定价工作中解脱出来，更致力于本职工作：销售和服务。随着 SD 定价的深入，你将在竞争中越来越主动。

（4）订单状况和顾客服务查询。

订单状况/顾客服务查询可以很方便地从系统中获得有关订单情况的大量信息。通过系统甚至可以用图表表示订单的进度。公司的客户服务人员在客户问询之前便可以回答有关订单状况等问题。

（5）优化的订单输入。

在日常订单处理中，简单的一屏信息就足够了。输入客户名、产品、数量。其他都由主数据来处理。基于有效性和信贷核对，只需单击一下鼠标，订单便被登记入库。

（6）按客户产品号码的订单输入。

R/3 订单输入允许利用客户的产品号码（而非自己的产品号码）进入一个客户订单。一旦在一个客户材料信息记录中存储了自己的产品号码和客户的产品号码，就可以简单地记录此客户的号码，系统将参照自己的产品号码，在订单输入中节省时间和劳力。

（7）大量的订单输入。

大量的订单输入功能允许你像处理一份简单文件那样记录最大的销售订单，与此同时，在那个订单内，你也可以快速地定位到一个客户部件号码或一种专用产品号码，进行登记工作。

（8）项目独立。

R/3SD 可以像处理一份单独的订单那样在一份销售订单中处理每一个项目，因此其具有最大的灵活性来处理订单信息和保持客户满意。

（9）折扣处理。

SD 中的折扣处理给了多样选择，包括基于产品、产品组、客户及购买群体的折扣。此功能主要设计用于客户包装货物行业，一般遵循折扣原则。使 SD 在开票中的不便减到最小，使员工去做其他更有意义的工作。

（10）EDI。

EDI（Electronic Data Interchange）是销售中的一个关键部分。你的业务需要应尽可能地以最快捷的方式进行传递——如电子数据。使用 EDI 意味着电子传输的数据立即可以为用户所获得，并可以应用于 R/3 SD 系统中。SD 中的 EDI 接口将确保销售运作具有最快的速度和集成功能。EDI 甚至可以激活一个工作流过程。例如，由于无效的产品号，或者因信用持有，或者因其他判断标准等而激活一个销售订单的工作流事件。

（11）销售信息系统。

R/3 的销售信息系统收集、合并和使用销售与分销活动中任何类型的数据。借助研究实时数据并将它与计划值比较，使现场销售活动更趋于及早决断，随后采取行动解决问题或充分利用开发机遇。你可以迅速从 SD 大量数据中筛选出最重要的信息，并且准确地加工出任务所需要的信息。

（12）相互参照能力。

系统中相互参照功能基于不同的准则，如客户的产品号、通用产品代码（UPC）或失效产品等，来确定合适的产品号码。同时还可以依照基于包装代码选择原则的清单来确定合适的产品。例如，一个客户可能不提供将插入任何产品包装中的随赠产品，那么在系统找到这种替代品之前，这些包装代码将不列在选择的清单中。

（13）可用性检查。

在完成订单输入之前，可用性检查主要是核对是否具有足够数量产品以满足新订单需求。如果没有足够产品能很快发货，那么可用性检查将实时确定何时可获得所需的数量。可以规定是否系统基于可用的约定（ATP）数量来进行检查，或者它是否按照计划来进行检查。系统还考虑补货的提前期。甚至可以检查多个工厂的可用性。所有这些都有助于组织机构对潜在的交货瓶颈的最新信息，做出销售订单的决策，并且在改善客户满意程度的同时，按计划完成商业过程。

（14）与物料管理和财务会计的集成。

与物料管理系统集成后，当生成一份销售订单包括第三方项目时，此系统自动在采购功能中生成采购申请。这些采购产品可能被直接送到客户处，或被送到仓库，以便与订单上其他产品一并装运。一旦分配销售部门和工厂时，便开始了与财务会计系统（R/3FI）的集成。在一个公司代码内，保留若干个销售部门可能会十分有效，一个单一工厂可以被分配若干个销售部门。当进行这些分配时，便生成了 R/3 系统中自动财务数据的移动和连接。这就决定了 R/3SD 具有"世界级"声誉的系统集成。

（15）批量控制。

SD 中的批量控制功能在销售订单上能分配单个批量，或者等到在确认批量之前装运处理时。SD 将进一步通过检查以确保批量细目能满足客户的清单需求。SD 还通过检查以确保满足截止日期以及客户的任何其他需求。

（16）服务管理。

SD 中的服务包含一整套客户服务功能，包括呼叫管理、担保管理和服务合同处理等。它还包含出租或采购设备的维护和修理合同，并记录全过程，确保即时的服务响应和准确无误的开票。

（17）退货、信贷和借贷处理。

SD 中的退货、信贷和借贷处理功能主要处理由客户归还的物品。意见收集功能包括不管有无优先销售交易的参考，均免费传送有关退货、信贷和借贷备忘录。此系统将通过处理交货和开票冻结来帮助获得精确、有效的交易过程，以备另一部门需要查阅这些交易过程时使用。

（18）信贷限额检查。

R/3SD 在信贷检查方面赋予极大的灵活性。你可以在销售周期中的任何时间内，可以从订单收货到交货，利用信贷限额检查功能。你还可以在集中或分解的运作过程或任何过程之间建立信贷检查。对于一位已知客户，你可以定义一个总的限额和/或对一个信贷控制范围定义特定限额。你还可以在限额超出时确定系统的响应。

（19）产品结构。

可配置的产品是另一个具有极大灵活性的领域。当你在销售订单上输入一个可配置的产品时，R/3SD 便自动调用可配置编辑器，你可以很容易地从预定义配置选项中进行选择。你可以定义独立的选项或生成具有多种配置层次的物料系列。你甚至可以对配置的产品中的关键部件实施可用性检查。

（20）外贸。

不断变化的外贸规定和关税对任何一个国际性组织都面临着艰苦的挑战。这些约束将影响你的整个供应链，从原材料到产成品、库存和财务会计。R/3SD 的外贸功能可以使你有效地完成这些需求，包括支持 EDI 接口用于外贸信息，出口许可证的灵活管理，对当局的自动申报，以及最惠国条约的陈述。R/3SD 将确保国境界限不再是你的组织机构发展的障碍。

（21）装运和运输。

R/3 中装运和运输管理使 SD 与 R/3 系统中物料管理和财务会计模块紧密结合在一起。因此，不论你在系统何处，当前装运信息可以控制在你的手中。该装运模块除了对灵活的装运出口提供了综合支持外，还提供了对外贸处理过程、装运截止日期的监控、装运的灵活处理的综合支持，以及对运送、包装和装卸的综合支持。

2. 系统具备的主要功能：

★ 销售支持；

★ 询价；

★ 报价；

★ 订货；

★ 销售/交货期管理；

★ 运输；

★ 发票处理；

★ 销售信息系统维护。

下面分别简要阐述各模块功能的实施：

（1）销售支持（CAS）。

R/3 销售支持部件可帮助你的销售和市场部门在对现有的客户提供支持的同时发展新

的业务。销售支持将提供一个环境，使所有的销售人员，包括现场销售人员和办事处的职员，都能提供和存取有关客户、潜在客户、竞争对手及其产品、联系人等方面的有价值信息。销售支持部件的功能是既作为有关销售和分销的各方面信息的源，又作为获取业务的起动力。

使用 R/3 销售支持中的工具在销售支持环境中，不但可以创建直接邮寄去发展新的业务，而且能巩固已有的客户群。在已存入系统的销售信息的基础上，可以创建有关客户和潜在客户的地址清单，这些地址清单是直接邮寄攻势的目标。有关客户、潜在客户、竞争者以及其产品和销售物料方面的背景信息是作为主数据来存储的。

R/3SD 的销售支持要素为客户服务和销售及市场人员的商业活动提供了工具和处理手段。SD 模块中的这一部分紧密地与 SD 的销售、发货和开票功能连接在一起，用以提供日常商业事务的附加的必要手段。销售支持使售前功能得以简化和自动化，使人们摆脱了重要但很繁重的日常工作。

售前支持将帮助提供对现有客户的服务，而这些客户也将有助于新的商业发展。使用 SD 中的销售支持，结合现场销售人员和其他职员能有助于掌握有价值的信息；这些信息将涉及客户、销售项目、竞争对手和他们的产品以及合同。销售支持具有作为 SD 的信息资源和作为一种获取新的商业动力的功能。

销售支持功能将使现场销售人员的工作纳入组织的信息流中。SD 能快速地利用由销售人员收集来的市场信息，这些信息将为销售处的办事人员所用。通过 R/3SD 可获取的通信媒体包括：

★ 使用笔记本电脑或其他工作站与 R/3SD 连接。

★ 使用移动电话系统和笔记本电脑与 R/3SD 连接。

★ 使用 R/3 系统的部件 R/Mail 进行信息传送。

★ 通过电信服务实现连接，诸如 EDI 或传真。

★ 打印的文件。

（2）销售信息系统（SIS）。

SD 的最重要工具之一就是销售信息系统。这个实时数据的共用库能方便地提供客户一种更高档次的服务，给用户一个竞争的优势。精确的、实时的数据也意味着用户商业活动在效益上将有显著的提高。在 SD 中所有的销售、发货和开票处理提供的信息将通过中央 R/3SD 销售信息系统输入销售支持中。这将包括销售的一览表和销售订单的统计资料。

销售信息系统能提供广泛的功能用于制定有关销售信息的报表。这些报表能协助制定销售和商贸策略以及分析计划的结果。例如，通过销售处和销售组可以制定出一个有关收到的订单的详细报表。还能够为专项客户着手准备一份有关全部公开销售活动的清单，而且能检查各个销售订单的历史。

（3）销售。

R/3SD 中销售功能的突出特点为：

★ SD 的订单输入和配置能力被一家独立的咨询公司评为"最佳等级"。

★ SD 的定价能力也被一家独立的咨询公司评为"世界级"。

★ 在最大限度地扩大成功的机会中，与其他 R/3 系统模块集成 SD 销售功能，将使每一销售作业阶段的数据输入工作量减至最少。

★ 先进的信贷管理能力可使销售风险减至最小。

★ 精细的定价可以保持工作的灵活性和竞争性。

任何大组织的销售部门都要开展广泛的销售活动，而每一项活动都包含了大量自身的各种变化因素。这些活动从处理报价申请（RFQS）、报价单和销售订单到定价、信贷和产品可用，这项工作中任何一步稍有疏忽都可能造成订单的丧失，甚至损害与良好客户的关系。

最好的情形是，前面提到的所有的活动，甚至更多的活动都进展平稳：一个过程和下一个过程可以衔接起来，数据输入减至最少而误差则被消除。在销售中，可以通过 R/3SD 来实现这些过程。在增加更多的 SD 的能力以前，分析人员称 R/3SD 具有"杰出"的订单输入结构和定价功能，现在 SD 功能齐全，可为所用。

R/3SD 的销售处理可以提供：

★ 询价、报价和销售订单的处理和监控；

★ 广泛的拷贝功能可以将在订单输入中的误差和重复劳动减至最少；

★ 客户定义的凭证类型用于所有销售订单；

★ 可用性检查（ATP）；

★ 交货计划；

★ 发货点和路线确定；

★ 包括本国和外国货币税金确定在内的定价；

★ 客户信贷检查。

不论销售简单还是复杂，SD 均能满足需求。SD 能轻易地支持大多数事务和作业。即使需求相当复杂，也能很容易地将此系统为你所用。R/3SD 与 R/3 系统的其他部分全面集成，其中包括财务会计、生产计划、服务管理、项目管理、物料管理和质量管理。这使 SD 事务可以实时工作。

（4）询价及报价。

询价和报价文件是作为关键的售前作业的指南性文件，并且还提供业务信息的资料库。当客户需要有关产品和服务的信息时，可以使用系统中的询价功能。这些文件提供有关未来客户的重要信息。当销售开始时，可以快速地从询价或报价文件中取出信息并容易地输入销售的文件中。同时，SD 还包括了许多用于管理和监控这些文件的功能，可分析销售之前的文件用来衡量市场的动向，分析丧失销售的原因，以及建立用于计划和战略的基础。

SD 提供了用于查阅系统中询价和报价的分析工具。应用选择准则，你可以获得感兴趣的信息。

（5）订货。

R/3SD 可以处理不同的销售订单，这主要取决于特殊需求。在一个屏幕上输入带有许多项目的销售订单，或利用一份扩展的订单视图来设置一项复杂的订单时，系统能适应用户的需求。

R/3SD 提供了加速订单输入过程的几种工具：

★ 复制功能；

★ 产品建议；

★ 面向客户的订单管理。

（6）发货。

装运是供应链中的基本环节。装运部门的主要任务是确保对用户服务和保障分销资源计划（DRP）。装运成本是后勤成本的主要部分。所以靠 SAP 提供的灵活装运处理，可提高总的成本效益且变得更有竞争能力。

在 SD 的装运处理中，有关正常交货过程的所有决策都可事先作出：

★ 跟踪与用户的总协议；

★ 跟踪对物料的具体要求；

★ 对每一订单规定条件。

这样做使装运过程合理化，使之几乎自动完成。只在需要做出决定的某种环境下才去干预它。

装运活动包括：

★ 通过创建交货来开始装运过程；

★ 计划并监督装运过程每步工作的工作量；

★ 监控产品可用性，处理延期订单；

★ 分拣；

★ 包装；

★ 为运输计划提供目前的准确信息；

★ 打印并传递装运凭证；

★ 保障外贸要求；

★ 货物离开场地时更新信息；

★ 监督交货过程直到用户收到货物为止。

（7）运输。

运输是供应链中的一个基本要素。为确保装运按计划准时发放到客户所在地，有效的运输计划是必需的。运输成本在决定一个产品价格时起相当大的作用。为保持产品的价格有竞争性，使运输成本保持最小非常重要。运输的有效计划和处理能使这些成本降低。销售、分销系统的新运输要素的目标是为运输提供以下基本功能：

★ 运输计划和处理；

★ 运费计算；

★ 运费结算；

★ 客户运费计算；

★ 同时开出客户运费发票；

★ 服务机构选择功能。

目前，运输功能在运输计划和处理境内、境外装运领域能够满足用户的需求。用户可以控制和监控整个运输处理，这个运输处理是从计划步骤直到从装运点（境外装运）或卖主地点（境内装运）分配货物到他们到达的客户地点（境外装运）或工厂（境内装运）。也可以根据自己的需要提出完成运费计算和结算的功能，而且可以选择服务机构。

（8）发票处理。

出具发票是销售和分销中的最后的活动。它支持以下功能：

★ 发出：

——根据货物和服务而发出的发票；

——根据相应的请求而发出的借项和贷项凭单；

——形式发票。

★ 取消出具发票事务。

★ 回扣的发出。

★ 传递过账数据到财务会计（FI）。

在 SAPR/3 系统中，以上所列的功能采用关于出具发票凭证执行。这些出具发票凭证覆盖了一般日常业务和特殊情形下的业务两方面的要求。

像 SAPR/3 系统中的销售订单处理的所有部分一样，出具发票集成在机构结构中。因此，出具发票事务可以指派给某一特定的销售机构、分销渠道和产品组。

（9）信贷管理。

SAP R/3 系统提供了强有力的信贷管理环境。通过集成，来自财务会计（FI）和销售与分销（SD）的最新信息能有效减少信贷风险，尽快解决信贷扣留（由于信贷原因而引起的凭证冻结），加快订单处理。信贷管理包括下列特点：

根据信贷管理的需要，可规定基于判据多样性的自动化信贷检查。还可规定在销售和分销循环的那些临界点，应执行这些检查。

关键性的信贷状况，可通过内部电子邮件自动通知有关信贷管理人员。

信贷代表应处在这样的位置上，他能快速而准确地审查客户的信贷状况，并根据信贷政策决定是否延长信贷。

（10）可用性检查。

按时交货对客户是至关重要的，它甚至会影响客户决定是否购买产品或相关服务。因此，R/3 SD 在订单输入时能自动地确定交付的进度。交货计划包括所有在货物发出前肯定要发生的活动。交货计划可以确定产品的可用日期和装载的日期。当输入客户要求的交货日期时，SD 能计算出装运活动的日期。系统可以确定出什么时候产品必须获得，什么时候进行分拣、装载，以及制订运输的计划，用以满足客户要求的交货日期。

运输计划要考虑到运送的时间和用于装运所需的运输提前期，甚至要涉及外国运输机械的情况。R/3SD 也考虑了工作日历。例如，在确定运输日期时，要考虑到货运代理商和其他的合伙人。

就交货和运输计划而言，此系统将确定运输时间、装货时间、分拣和包装的时间，以及运输的提前期。SD 将交货处理基于若干交货截止日期而确定的事项，包括物料的有效日期、运输的计划日期、装载日期、发货日期和交货日期。

交货计划和可用性检查是相互依赖的。此系统利用要求的交货日期和客户的地点信息来确定货物在什么时候必须获得。如果货物不能满足所要求的交货日期的话，SD 就用顺排计划表来寻找最早可以获得货物的日期，并计算出货物能送到客户手里的实际日期。

由于在组织中，销售、生产和发送状态是在不断地变化，SD 在输入销售订单时便进行一次可用性检查，以确保满足客户的需求。在发货过程中，可用性是自动重复检查的。

SD 中的可用性检查可以确定是否产品能够获得，并确保按客户要求的交货日期交货。这项功能还提供有关库存水平，识别交货瓶颈，改善即时的业务处理，向 MRP 转送需求，以及改善客户服务。有两种形式的可用性检查：

★ 基于 ATP 数量的检查：SD 根据仓库的库存量、计划供应量和需求量来计算可用性。
★ 按计划来检查。

SD 仅基于计划项目来计算可用性，而不是根据订单的数量来计算。

SD 的可用性检查是灵活性的，而且可以包括许多不同的因素。可以规定什么样的检查因素可被用于每项事务中。

这些因素包括：

★ 安全库存；
★ 质量检查中的库存；
★ 运输中的库存；
★ 采购订单；
★ 计划订单；
★ 采购申请；
★ 生产订单；
★ 预留；
★ 相关需求；
★ 计划需求；
★ 销售需求；
★ 交货需求。

SD 通过使用你在主数据中所定义的那些时间，基于 ATP 数量的可用性检查还可考虑补货提前期，这个时间是订单或生产所需产品所要求的时间。

SD 可用性检查还容许确定是否在别的工厂中，可获得一些或全部所需产品。

在需求的传送中，销售环节将通知物料需求计划有关需要发送的货物数量，可以应用 R/3SD 可用性检查来做这件事。R/3 的集成性表明 SD、MM 和 PP 的应用能自动地交换实时的需求数据，需求将按单个的或汇总的需求被记录。物料管理和生产计划功能将应用来自销售的需求信息，以确定是否需要立刻开始生产，或者是否要首先采购零部件。

如果因信贷限额超标而使发货的销售订单被冻结时，需求传送也可能被冻结。这种冻结将取决于商业事务的类型。一旦冻结被手工撤销后，需求信息就可以传送。如果后来作了更改，此系统能自动更新需求的发送。

如果交货计划和可用性检查确定货物不能按要求的日期交货时，此系统将能根据客户接受部分交货的方案作出不同程度的反应：

★ R/3 系统确定货物的数量，如果有，将按客户要求的交货日期交货。
★ 系统确定整个交货的最早日期。
★ 系统确定什么货物可以按客户要求的交送日期进行交货和必要的部分交货，直到完成整个订单数量。

由于缺乏货物可用性，订单项目按客户要求的交货日期不能得到确认时，订单项目可以应用延迟订单处理功能来加以更新。此系统可以重复检查可用性并显示目前的状况。如果所有项目现在都能交货，就可以处理销售订单了。同时还可以使用更新功能，通过手工调整重新分配短缺产品，以满足最紧急的客户订单。

3.1.5　SAP R/3 财务会计

一个有效的、现代的财务会计系统必须满足内部的和法定的会计面的要求。法定会计必须能够按有关规定向股东、债权人、劳工组织以及社会公众披露并提供所需的信息，而有效的公司管理会计必须包括控制和转移的功能。

1. 系统主要特征

（1）适用性。

SAPR/3 系统对会计信息的公开性依据有关各国会计法规进行了相应的定义，同时也适用于国际性的企业。R/3 的财会子系统符合 40 多个主要工业国其中包括中华人民共和国的会计法规的有关规定，在此，SAP 公司保证其软件系统符合国际性应用的要求。

（2）集成性。

SAP R/3 系统的集成性确保了会计信息能够满足自动更新的要求。当用户在后勤模块处理业务时，如物料的收到和发运，这些业务所引起的财务上的变动将立即自动地记入会计系统。SAP R/3 系统充分考虑了关于公司和财税方面的法规。

此外，SAPR/3 系统为其用户提供了电子化处理同业务伙伴之间的数据交换的功能，如与客户、供应商、银行、保险公司以及其他信贷机构的业务往来。获取信息是任何业务往来的重要组成部分。

明晰的参考数据和各种协议保证了自动处理功能，即便用户没有完整的信息也不妨碍业务，如处理付款。一般讲，只有一些例外情况才需要手工处理。

SAP R/3 的工作流功能包括：

定义周期性业务处理任务；

将这些周期性业务指定到相应的业务部门；

保证用户要求的期限。

关于各类凭证的原则：

在 SAPR/3 系统中发生的所有业务都将依据凭证的有关规定记账。这种规定将保证从资产负债表到每一张凭证的审计线索。在用户完成记账之后，可以立即看到凭证本身，科目的余额以及相关科目的清单。用户也可以立即对资产负债表和损益表进行分析，当然，这一切都是清晰准确地显示在您的计算机屏幕上。

文档系统：

完整的文档系统也是综合的与集成的控制系统的基本要素。只有对所有的业务进行全面的确认才能保证对企业的决策层和经营层的监测。财会子系统确保用户的控制部门能实时地提供相关信息。

2. 系统具备的主要功能

★ 总分类账管理；

★ 应付账管理；

★ 应收账管理；

★ 财务控制；

★ 法定合并；

★ 现金管理。

下面分别简要阐述各模块功能的实施：

（1）总分类账。

总分类账会计的中心任务是提供一个关于外部会计和所涉及科目的全面图景。在一个与公司其他所有经营部门高度结合为一体的软件系统中记录所有业务往来（基本记账以及内部会计结算），从而保证了会计数据总是完整的和准确的。

① 会计科目表：

总分类账会计核算所使用的会计科目表既可以用于单个的公司，也可以运用于整个集团公司。如果 SAP 的系统必须同时满足跨国公司和特定国家的法规的要求，用户可以分别定义会计科目表，保证财会方面的功能。SAP 提供的样板会计科目表可以使用户方便地实现这方面的功能。当然，用户也可以重新创建一个（或多个）会计科目表。如下属分厂是非独立核算单位，总公司是唯一独立法人，则用"单个的公司，一套会计科目"可以较好满足需求。

② 货币：

为了满足许多国家对货币的法规的要求，SAP 系统允许用户同时用多达三种货币作为记账和结算的本位币。所有的业务处理均能以记本位币、集团公司货币以及客户自定义的硬通货记入账本。某公司可以人民币作为本位币，其他所有外币均可记账和结算，用户可自定义多种兑换率。

R/3 系统提供了自动处理有关外币评估、信息分类以及应收应付账款到期处理的功能。这些将对用户的月末和年终结算有很大帮助。

③ 资产负债表/损益表：

SAP R/3 财会子系统可以根据不同的类型，提供满足各种不同需要的财务报表，用户可根据需要用 REPORTPAINTER/REPORTWRITER/SAPSCRIP 等工具得到完全符合中国国内格式的财务报表。其中常用的有：

★ 科目余额清单；

★ 各种费用明细表；

★ 损益表；

★ 结算日期的资产负债表；

★ 年度财务报表。

系统甚至允许用户向外界如银行和新闻界提供适当的关于企业运作状况的信息。在后勤各子系统发生的与财务相关的业务也会实时地更新有关记录。在后勤子系统记录的业务处理会自动地记入财会系统，也能记入管理会计系统。这就保证了在后勤子系统发生的诸如收到货物和销售产品这样一些业务，能够同时反映到财会系统中，有效地保证了数据的一致性。

④ 明细分类账：

除了能够将后勤子系统与财会子系统集成之外，在财会子系统内，总分类账同样能够与明细分类账紧密连接。所有与明细分类账中借方和贷方科目（包括固定资产模块）有关的业务，均会同时反映到总分类账和财务报表上。因此，明细分类账与总分类账之间总是一致的。

⑤ 业务领域：

R3 系统可提供每个业务领域的仅供内部考核用的类似于资产负债表/损益表的报表。可将所有资产负债表科目，如固定资产、应收/应付、存货等科目，以及所有损益表科目直接赋给相应的业务领域；但对银行，资本和税只能手工赋给相应的业务领域。这也是基于业务领域的资产负债表/损益表只用于内部管理，不能产生法定财务和税务报表的原因。

（2）应付账款。

R/3 财会子系统的应付账款模块对所有供应商的财会数据进行管理。它是与采购模块集成的一个不可分割的部分：为每个供应商记录交货和发票。在 FI 组件中这些凭证的相关记账依照这些业务自动执行。同样，应付账款组件把发票的数据提供给现金管理和预测组件以优化周转计划。

收付程序结算未兑现的应付。此程序以打印形式和电子形式（软盘上的数据媒介交换和数据传送）支持所有标准收付方式（支票、转账等）。此程序还包括各个国家的特有收付方式。

如果有必要，可以对未兑现的应付账催款（例如，贷项清单的支付）。催款程序支持此功能。

按照所涉及的业务（应付款定金），在不同的总分类账被更新的同时，应付账款中的记账被记录在总分类账中。为能够监测未清项目，系统提供了到期日预测和其他的标准报表。

同时可以对余额确认，对账单以及与供应商的其他信函格式进行格式化以满足要求。为了能够在应付账款上记录业务，系统可以产生余额清单、日记账、余额审记索引和其他内部评估。

系统提供了供应商主记录、记账凭证、跨公司代码业务、处理凭证、供应商账户余额和未清/已清行项目、收付通知书、结算未清项目、定金、应付汇票、保证金、收付程序、支票管理、预制凭证等功能。

（3）应收账款。

应收账款模块是在 SAPR/3 财会子系统中对客户账户进行监测与控制的模块。

在此模块中，账户分析、示警报告、逾期清单以及灵活的催款功能，都使用户可以方便地处理客户未清项。而信函功能能适合任何企业的要求，可以用于付款通知书、对账单和账户清单。

在收款时，用户既可以用简便的直接输入方式，也可以使用自动数据传输方式。

同销售与分销模块、现金管理模块以及在损益表中的客户特定的功能之间的接口，为所有业务处理提供了更多的信息。此外，SAP 的信贷管理、流动资金计划以及利润核算功能也能提供实时的和一致化的数据。

系统提供了客户主记录、记账凭证、跨公司代码业务、处理凭证、客户账户余额和未清/已清行项目、结算未清项目、定金、应收汇票、担保、信用管理、预制凭证、催款程序等功能。

（4）财务预算及控制（详见"管理会计"部分）。

R/3 系统提供了高度集成的财务预算及控制体系。

3.1.6　SAP R/3 管理会计

R/3 的控制应用程序提供了一个用于公司控制的高级而复杂的系统，根据用户特定的需求进行组织与修改。所有的管理会计应用程序公用同样的数据源并使用一个标准化的报告系统。此系统包容各个国家的具体要求，这种能力意味着能适合于控制跨国的业务活动。R/3 的管理会计使用户密切地监控所有成本、收入、资源及期限，对计划成本与实际成本进行全面的比较。管理会计数据被完全集成到 R/3 的后勤、销售和财务会计的业务活动中。

3.1.6.1　系统具备的主要功能

★ 成本中心会计管理；

★ 基于业务活动的成本核算；

★ 订单和项目会计管理；

★ 产品成本核算；

★ 获利能力分析；

★ 利润中心会计；

★ 公司管理。

下面分别简要阐述各模块功能的实施：

1. 成本中心会计

R/3 成本中心会计核算帮助用户确定在企业的何处将生成何种成本，并将成本分配给产生此成本的部门。此类型的记录和分配不仅能够进行成本控制，它也能作为其他管理会计核算部门（如成本对象控制）作准备。

2. 基于业务活动的成本核算（CO-ABC）

基于作业的成本核算是一种测定业务过程和成本对象的成本和完成量的方法。ABC 根据业务处理过程中使用资源的情况来分配成本。业务处理过程中发生的成本根据这些过程的使用情况来分配到成本对象中（如产品、服务、顾客、订单等）。

ABC 成本驱动器和业务处理过程之间的偶然关系。

订单和项目会计管理。在管理过程中必须单独监控的大量投资支出测算可以内部订单或项目的方式来表示。SAP 订单和项目系统的功能可用于各种投资支出测算，这些功能包括：

资源与成本计划功能：可与用户的材料管理与生产能力计划系统全面集成。

广泛的选项功能：用于监控实际成本、计划成本、原价及次级成本。

未清项目管理功能：用于管理采购订单、采购需求、材料及资金储备。

SAP R/3 系统内部订单模块中，其重点是成本分析和结算。CO 订单的首要目标为下列各项：

成本控制：

收取成本；

成本结构的确定；

计划/实际成本的比较以及变量的显示。

制定决策工具：

备选的成本核算；

成本分析（报表列、行项目、每月/每季指标、未清项、数量和值）。

向目标对象的作业分配和结算：

订单；

项目；

成本中心；

网络（操作）；

资产；

获利能力段；

客户订单；

总账科目；

成本对象。

项目系统（PS）可使用户控制广泛的项目层次结构。它可与网络相连，也可向每个项目要素，分摊预算、成本、期限和能力。

3. 产品成本核算（CO-PC）

R/3 生产成本管理会计支持下列成本会计核算程序：

一般附加费；

统计标准成本核算；

基于边际成本的灵活的标准成本核算。

此外，此系统也为无形产品和服务生产中的生产成本管理会计提供一个简单的成本评估程序。

R/3 系统管理会计模块的生产成本核算程序考虑不同的企业类型和成本会计核算程序。

在 R/3 系统中，生产成本管理会计与其后勤模块紧密地连接。例如，在销售订单相关的生产中，SD 模块中的销售订单也用做成本对象，在成本对象中，成本和销售收入进行比较。物料单和源于数量结构的 PP 模块中的工作程序用于生产成本核算。基于包含在 MM 物料主记录中的价格用于评估物料构成。基于成本中心会计核算中的预计作业价格用于评估服务。数量及价值流也被集成以便后勤模块中的每次数量移动也能通过实时的成本核算影响相关成本对象中的实际成本。

4. 利润中心会计（EC-PCA）

利润中心会计支持面向销售的销售成本会计方法和基于期间会计方法的分析。

利润中心会计的主要目的是确定利润中心的经营利润。R/3 可按期间会计方法和销售成本会计方法反映利润。此外，通过把资产负债表行项转入利润中心会计，还可以按利润中心显示其他关键指标（投资收益率、流动资产、现金流量等）。

这可以为管理层提供重要的、战略性的计划信息，并提供可靠的数据以支持对公司未来至关重要的投资决策过程。

3.1.6.2　建立产品成本计划管理体系

1. SAP 基本概念

成本核算是计划产品成本及为原材料设定价格的工具。它用于计算每个单位产品制造货物的成本及产品所销售货物成本。

通常，在会计年度或新季度起始期，根据一年一度的制造厂成本中心预算，及相应的生产计划和制造件的 BOM 来计算核算成品的标准成本。SAP 系统提供了以下成本核算变式：

（1）标准成本估算。

在会计年度或新季度起始期，创建一个标准成本估算。此标准成本估算将对整个会计年度或季度都有效。它通过价格控制标识"S"（标准）为制造件在本期间内确定一个标准价格。在计划期内成本估算的结果将一直保存，并不受价格波动或更改的影响。

（2）已修改的标准成本估算。

在计划期间，如果基本成本核算数据已经更改，如 BOM 或 ROUTING 数据有变化，那么创建一个修改的标准成本估算，与标准成本估算比较，以查看生产中的变更是如何影响成本的。但是，标准成本估算仍是费用收入控制和计算变式的基础。可以将已修改的标准成本估算的结果作为计划价格传输到物料主记录中。此计划价格在产品成本核算中可用来评估物料。

（3）当期成本估算。

在某一决定情况下，建立一个当期成本估算，例如，必须在内部生产和外部采购中选择的情况，可以在任何时间创建一个当期成本估算并利用当期价格评估当期数量结构，可以将当期成本估算结果作为计划价格传输至物料主记录中。此计划价格在产品成本核算中可用于评估物料。

（4）存货成本估算。

为评估税收资产负债表及商业资产负债表库存物料，可以在编制资产负债表前进行存货成本核算。

物料库存在年终结账时依据最低值原则被缺省。这种方法利用确认损失原则尽可能保守地估算现存库存。估算价格在物料管理（MM）模块中以下列方式被计算：

①　依据当期市场价格确定最低值；

②　依据变动率确定最低值；

③　依据保险范围确定最低值。

如果当期市场价格高于采购价格，就可得到预期利润。但是，如果它被实际确认，则此利润仅在资产负债表中被反映。物料继续通过采购价格评估。如果当期市场价格低于采购价格，资产负债表中必须包括计划损失。物料通过市场价格评估。

对于物料也可以检查变化率和费用范围。如果变化率低或者费用范围广，就调整物料的值，因为已假定在未来不再需要此种物料。可以把存货成本估算的结果作为商业价格或基于税收的价格传输到物料主记录的会计视图中。

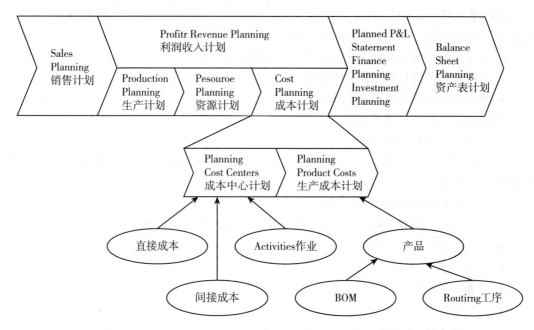

2. 本计划管理体系概要图

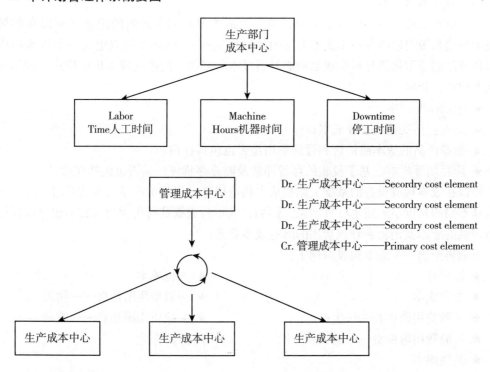

3. 标准成本核算

可以确定在运用某一核算变式核算成本时应为成本核算选择什么数据。成本核算按下述进行：

（1）创建数量结构。

当创建一产品成本估算时，系统通过选取并扩展物料单 BOM 以及工作程序 ROUTING 来创建一数量结构。此数量结构包含以下信息：

★ 为生产该种物料要执行何种操作和子操作；

★ 当执行这些操作时采用什么作业；

★ 执行这些操作需要什么物料成分；

★ 何种操作是外部处理的；

★ 何种物料是外部加工的。

如果在生产计划（PP）中有不同的生产选择，那么一种物料就可能有一个以上的 BOM 和工作程序用于此物料。

（2）为产品成本核算评估数量结构。

基于产品成本控制的客户化设置中的评估日期及评估变式，系统选择下列各项：

★ 外部采购物料的价格；

★ 已完成作业的作业价格；

★ 外部加工操作的价格；

★ 外部加工物料的价格。

（3）分析此成本核算结果并保存成本估算。

（4）成本构成分摊。

一个成本构成是一个成本要素组，或一个成本要素和来源组的组合（可以在物料主记录中使用来源组以细分一个成本要素内的物料成本），例如，可以定义一个成本构成格式以便成品的成本估算显示半成品和原材料成本的来源。借助在成本构成格式中列出的个别成本构成，指定：

★ 包括哪些成本；

★ 是否包括变量或总计成本；

★ 制造产品的成本或销售和管理费用是否也包括在内；

★ 库存估算成本、基于税收的存货评估及商业存货评估是否也包括在内。

可以在成本构成设置的基础上创建成本构成概览。当显示产品成本估算时，成本构成概览从不同的角度显示成本核算结果。例如，成本构成概览所售货物的成本包含被标记为制造产品的成本及销售和管理费用的所有成本要素。

下面再给出一个成本构成的例子：

★ 原材料   ★ 人员成本

★ 生产成本   ★ 一般费用附加费——物料

★ 一般费用附加费——生产   ★ 一般费用附加费——管理

★ 一般费用附加费——销售和分配   ★ 外部作业

★ 其他成本

（5）细目化中的成本核算项目。

按照已在成本估算中计算过的所使用的物料和作业，显示其计划成本。

（6）成本要素细目化中的成本要素。

成本要素细目化按照成本要素分解个别成本核算项目。成本要素按照起因显示成本，如物料成本、人员成本或人工成本。

（7）滚动成本。

根据工作程序 ROUTING 中操作 OPERATIONS 的先后逐一显示相应的计划成本明细。

（8）具体实施步骤的初步假设。

这是 SAP 系统中一个典型的年度成本计划管理体系。

作业类型计划（Activity Type Planning）

根据年度销售计划和分厂的年度生产计划，负责生产成本核算的制造厂明确新年度各个成品和半成品的具体产量计划。同时，根据生产成本构成中人工和管理费用的特点，决定作业类型（Activity），例如，机器的开启时间（Setup Time）、平均人工时间（Labor Time）、平均管理费用时间（Overhead Time）、平均管理费用时间（Machine Time）等，亦可计件计算。再根据工序 Routing 的特点，由财务部门和生产管理部门一起将新年度各个成品和半成品的具体产量计划转化成各个作业类型的计划，例如，生产 10000 台冰箱所需的平均人工时间是多少，平均管理费用时间是多少，平均管理费用时间是多少等，输入 SAP 系统。

初级成本要素的成本中心计划（预算）

制造厂作为生产成本的核算单位，其内部所有部门的成本中心费用均应记入生产成本，制造厂的部门成本中心分为生产支持和生产两大类。各部门的年度预算按初级成本要素一一输入 SAP 系统。生产部门成本中心的每一类预算还需指定作业类型，输入 SAP 系统。

生产成本计划

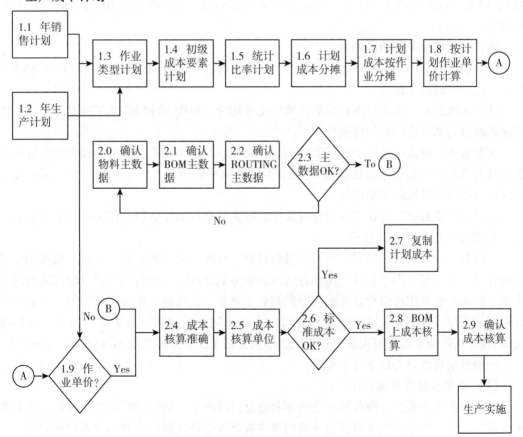

作业类型
期间管理费用的成本中心计划

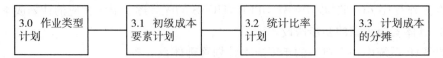

3.0 作业类型计划	3.1 初级成本要素计划	3.2 统计比率计划	3.3 计划成本的分摊

统计比率计划

当成本中心之间进行成本分摊时按某个比率，例如，食堂的费用可按照每个部门成本中心的职工人数这个比率来分摊，输入 SAP 系统。

计划成本分摊

根据公司财务政策，制造厂生产支持成本中心的计划费用应该按一定的比例分摊至生产成本中心，建立 SAP 分摊循环。

计划成本按作业分摊

费用分摊后生产成本中心的费用既包括自己的预算费用（已指定作业类型），又包括来自生产支持成本中心的预算费用（未指定作业类型），将这些预算费用按一定的比例指定相应作业类型的过程就称为按作业分摊。

计划作业单价计算方法

在生产成本中心中，已指定作业类型的计划费用除以 1.3，得到的作业数量（小时数），即得计划作业单价。例如，机器单价为 5 元/小时，人工单价为 10 元/小时。SAP 系统完成。

确认计划作业单价的准确性

确认物料，BOM 和 ROUTING 主数据。保证各物料，BOM 和工序 ROUTING 在 SAP 系统中已建立准确的主数据。

计算标准成本。系统根据各采购件的历史平均价，BOM 结构和工序中的计时/计件生产速率通过卷积计算成品的标准成本。

复制版本。确认所有成品的标准成本后，将相应的整个制造厂各部门成本中心计划保存在新的版本中（以后不能被修改）。至于会计年度中修改成本中心计划以使计划更接近实际，可以在另外的版本中进行。

传至成品主数据。确认成品的标准成本后将其传至成品主数据，作为以后估算基础。

4. 建立一般费用管理体系

一般费用管理的目的是对一般费用进行计划、分配、管理和监督。通过一般费用范围内的计划，可设定有助于管理费用和评估内部业务的标准。一般费用可被分配到适当的成本源。间接一般费用可以很容易地被分配到成本对象，从而被转换成直接费用。在某个会计期间的末尾，分配完成以后将计划（目标）成本同相应的实际成本进行对比。这样确定的目标/实际成本差异可用来分析它们的原因并用于在管理模块范围内进一步管理作业。

一般费用管理分为以下几个范围：

（1）成本和收益要素会计。

成本和收益要素会计说明哪一个成本和收益已经产生。估算的其他费用及附加成本在此处自然增长。此外，成本要素会计被用于带有财务会计（FI）模块的成本会计对账。

（2）成本中心会计。

成本中心会计用于确定成本产生于组织内何处。成本被分配到产生这些成本的组织子范围内及影响这些成本最大的地方，在此范围内有益处的应用是内部作业分配。它使用产生在成本中心的作业来作为成本的追踪因素。

（3）内部订单。

内部订单用做业务费用监控。它是费用管理最详细的运作等级。成本中心的费用管理在一般费用订单的帮助下加以扩展。

（4）基于成本核算的作业。

同侧重责任及功能的成本中心会计相对比，基于成本核算的作业使用侧重程序和交叉功能的观点检验由多个成本中心参与而产生的作业。

R/3CO 模块支持所有标准的成本管理方法。根据公司的要求，可相互平行地在成本会计中应用所有的方法。SAP 系统提供了使用不同方法进行计划和分配所需的所有功能。

以下成本管理办法通常用于一般费用管理：

（1）分摊（Assessment）。

分摊使用以全部成本为基础的计划/实际成本会计。分割为固定和可变部分的费用不在此处产生。根据预先确定的代码，一般费用被转账到成本对象。

（2）一般费用附加费（Overhead Surcharges）。

一般费用附加费类似于分摊（以全部成本为基础，一般费用附加费在分摊中使用计划/实际成本）。分割为固定和可变部分的费用不在此处产生。为了评估生产计划的作业量结构，为工资费用设定预测的按小时计算的比率。其他一般费用作为附加费被分配到成本对象（用 Costing Sheet）。以产品成本核算方法计算的生产成本可用于收益会计中，以全部成本评估已售出的产品（相当于销售成本会计方法）。

（3）标准成本核算（Standard Costing）。

同前述方法对照，标准成本核算将成本中心结构划分为追踪因素和作业类型并使用作业分配。分割为固定和可变部分的费用不在此处产生。已确定的（全部）成本部分用于评估生产计划的作业量结构。以产品成本核算方法计算的生产成本可用于销售收入会计中，用以估价全部成本销售的产品（相当于成本销售会计方法）。

（4）边际成本核算（Marginal Costing）。

与标准成本核算相比较，边际成本核算将费用分为固定和可变部分。通过作业价格计算确定的边际成本率被用于评估生产计划的作业量结构。通过分析性成本计划及其中所确定的可变成本，可在边际成本的基础上实现更加详细的决策，如确定短期价格下限框架内的决策。同时，为了向归纳成本核算提供必要的数据，在成本对象会计中进行平行成本核算是可能的。以产品成本核算方法计算的生产成本可用于销售收入会计中估价全部成本销售的产品（相当于销售成本会计方法）。而且，分割成本固定和可变部分的成本根据边际成本方法能够进行获利性分析中逾额分摊的识别和定标。

3.1.7　SAP R/3 资产管理

R/3 的资产管理系统使用户能电子化地监控固定资产和商品（如零件和原材料）。它与 R/3 的会计系统和后勤系统相集成，提供大量的功能，用以控制并最佳使用公司的资产。

1. 固定资产管理主要特征

在 SAP R/3 财会子系统中的固定资产模块中，加入了许多新功能。它们反映了在固定资产管理领域中的新需求。例如，在生产自动化方面日益增长的需求；质量要求不断提高；越来越复杂的设备和更多的法规方面的要求。

SAP R/3 财会子系统的固定资产管理模块能涵盖所有主要工业国家在法定报表和对资产价值的评估方面的要求。能处理资产的购置、废弃、转移和折旧等业务的输入、计算和处置。除了法定的对资产价值的评估外，用户可以自定义许多折旧和评估的方法。

系统提供了灵活的功能使用户可以对资产进行不同方式的折旧、估算利息以及保险金方面的处理。同样，用户也可以在内部分析时选择不同的指标和顺序来处理报表功能。用户自定义的对资产价值的评估模拟优化了用户的计划处理。这种模拟的功能为用户提供了对资产价值的不同视角，并且能处理计划值和实际的投资。

（1）增加要求。

由于自动化程度的提高，出于外部或内部的会计核算的要求，对固定资产进行计划和监控变得更加重要。除了单纯的会计和资产负债表准备以外，对管理会计和维护监控还有着更多的要求。而且，用户必须能够在国内和国际等级上简单准确地确定较从前更复杂的集团会计要求。

（2）灵活的评估能力。

这些不同的要求都定义在折旧表中。在此用户可以为商业资产负债表、税收要求、管理会计目的、公司策略及其他自由评估表示多种折旧范围中的各种评估方法。用户可以用本币或外币执行这些业务。各国特定的评估计划和折旧代码都包含在系统中。

（3）资产分类。

资产分类支持固定资产的结构和分类。重要的缺省值，如分类标准、折旧代码和使用寿命、净资产评估数据、保险相关数据等都存储在资产类别中。需要编制资产目录时，仅复制此类别即可。即使用户的资产繁多，系统仍可保证对固定资产进行完整清晰的分类。这对于评估可靠性以及资产特定评估来说有着很大的优越性。

类别概念是由个别确认与替换规则定义的。它们在主数据维护或记账过程中允许对输入项的逻辑与组织一致性进行复杂的检查。在集成系统中，此概念更便于采购员或应付账款会计随时创建资产主记录，而无须等候资产会计的确认。

（4）经济单元的表示。

即使在资产分类中，我们也区别实际的资产类型，如在建工程、低值经济单元、租赁资产及有待资本化的资产。对于复杂经济单元的垂直分类，可以有资产组、主资产号码以及资产子号码。当资本化执行于主资产号码时，子号码可用来表示特殊的可交换组件或资产的后续扩大。如果为进行共同的折旧计算而合并数个主记录，则可构建资产组。

（5）资产业务的综合集成。

无论资本化资产的处理顺序如何，集成系统都支持所有的业务，包括：资产购置可以从 R/3 采购模块中生成的采购订单中生成，或由货物发票的收据所产生；根据供应商发票没有采购订单的资产购置；自建资本投资项目或投资订单的资产购置。

这样就可以估算与记账资产会计中资产购置相关的费用。资产的资本化值是由集成的应用程序自动提供的（如应付账款、采购/存货管理、作业订单结算或项目结算）。

同样，对于资产报废，SAP 可以结算与应收账款的集成，这样就可以从销售收入数据中确定销售所带来的损益，然后应收账款将此金额记入损益表中，如果需要，则记入成本会计中。

（6）信息系统。

在资产信息系统中，SAP 为满足法定要求提供了所有必要的评估。在此尤其重要的是资产历史记录表，它可以为资产核算集中提供评估。用户可自由地配置资产历史记录表的行列布局。

另外，R/3 为管理会计、基于成本的替换值数据、折旧和利息提供了综合报表。折旧范围的概念使用户得到任何要求的折旧范围的各项报表，且允许用户生成的资产历史记录。

（7）模拟和资产负债表优化。

R/3 支持使用综合模拟功能对操作结果和操作计划进行优化。这样就可以通过模拟折旧方法中的更改来执行报表。如果模拟的结果是合适的，那么用户可将优化的折旧结果转账到损益表中。

（8）折旧集成。

用户可采用大量更改的程序，将优化的资产负债表和成本会计折旧传送到相应的应用程序（总分类账或管理会计）中，也可自定义传送的频率以及所需的辅助科目设置，如成本会计或账面折旧的成本中心或内部订单。为了准备税收或集团的附加资产负债表，R/3 提供了一项选择，将任意折旧范围的折旧值和资产值转账到并行资产会计系统中。

（9）易于使用。

许多工具简化了系统操作，除了用户友好环境外，还有以下优点：为简化资产记录和增加记账中数据输入的可靠性而个别定义的替换和确认规则；模拟任意资产信息系统报表中折旧的综合功能；将资产会计数据传送到 SAP 系统中的灵活工具；大量处理数据的工具，尤其是执行大量更改和大量报废。

（10）公开性。

不断增加的组织复杂性和国际化要求使用本地系统。因而 SAP 为其开发计划采用了下述要点：

实行集中的总分类账和采购与本地的资产会计核算，或实行集中的资产会计核算与本地采购。将 SAP R/3 系统的财会子系统中的资产会计核算模块与外部系统连接。

2. 投资控制主要特征

随着技术作用的不断提高，集约化投资的周密计划越来越显得重要。为此，SAP 具有的广泛的内部与外部会计功能，可为投资过程从计划到实施提供全面支持。

对于计划阶段来说，R/3 系统可为各种投资规模提供全公司预算。在这一初期阶段，全部预算结果收入折旧预测中。SAP 内部订单软件或 SAP R/3 项目系统应用软件可在运作期间（如外部和内部业务量、定金和一般费用），运行其功能。这样可保证投资份额纳入对总公司和子公司的整体控制之中。R/3 系统具有预制资产负债表的强大功能，以提供行项目结算。这一功能准确地反映出账面折旧、基于税收的折旧以及与成本会计核算有关的特殊投资方面之间的差额。其优点在于通过项目为每笔投资产生的资产，提供原始证明。

此系统具备的主要功能：投资控制、固定资产会计、技术资产会计。

3.1.8　SAP R/3 质量管理

R/3 系统的质量管理（QM）应用模块可以帮助改进产品质量和提高客户满意程度。

符合质量管理标准要求生产优质产品的重要因素。这样的产品可以促进长久的客户/供应商关系，降低费用和提高竞争力。例如，ISO 9000 国际质量标准要求质量管理体系必须贯穿于一个企业的所有业务流程中。

利用 QM 应用模块，在整个供应链中对所有业务流程可以实现优质管理。QM 应用模块与 R/3 系统的其他应用模块是紧密集成在一起的。与孤立的 CAQ 系统相比，在供应链系统中实现 R/3 系统 QM 模块功能可以带来很大的好处。

1. 检验采购品质量

利用 QM 应用模块，采购部门可以获得供应商的最新质量评分，以及用于报价申请和采购订单的相关质量数据。在产品质量非常重要的情况下，QM 应用模块的质量管理功能可以对供应商放行以让其交货。

在 QM 系统中预设的控制数据可以决定哪些物料要被检验，并与待检品存货类型进行入账。这种情形适用于来料检验、产成品检验和各种不同样品检验等场合。这样就保证了只有符合预先定义质量要求的产品才可以被放行以作进一步的业务处理。

2. 全公司范围的质量计划减轻质量监管作业负荷

如果集中组织质量计划活动，可以确保对质量管理特性的质量要求，检验方法和质量指标都可以存档和更新。主数据的集中利用可以保证检验计划活动会是一致且有效的。

3. 在质量检验中记录所有相关的质量数据

在 R/3 系统中，检验作业是通过检验批号和相应检验结果来进行存档的。当记录检验结果时，可以有若干选择。即可以直接在 R/3 系统中输入检验结果；也可以通过将测量设备同 R/3 系统相连来传送检验结果；还可通过将检验指标传递到带标准接口的子系统中，并利用这同一接口检索以获得检验结果。

在某种质量特征的基础上，物料可以用在 QM 系统中定义的批次特征作为搜寻交货批次的一种手段。

4. 质量控制的综合功能

统计作业控制（SPC）功能提供了一种监督、控制和改变作业流程的手段。R/3 系统支持为此目的对质量控制图的应用。

作为中央供应链信息系统的一部分，在不同的管理级别可以利用 QM 质量信息系统来计划、监督、评估和控制质量。

5. 有效管理质量问题的质量通知单

质量通知单提供一种灵活而有效的手段来解决产品和服务的质量问题。可以利用质量通知单来处理对供应商的投诉，内部质量问题报告和客户立案投诉。

可以定义纠错行动（作业），分配作业给负责人员，将处理活动同 SAP 业务工作流模块连接起来以迅速解决问题。通过同 R/3 系统管理会计应用模块的集成，可以很容易地区分处理一个质量通知单过程中所有发生的成本。最后，还可以在互联网上生成质量通知单以容许客户直接介入质量问题管理过程。

6. 质量证书用于产品质量存档

除了伴随货品交运到客户的发货单据之外，可以同时提交一份质量证书以证实交运产品的质量。除了打印出质量证书的硬拷贝方法之外，也可以通过传真直接从系统发送质量证书，或者客户还可以通过互联网来检索到交运货品的质量证书。总之，R/3 系统中的QM 质量管理软件形成了一种计算机集成质量管理系统（CIQ），并为全面质量管理（TQM）的实现打下了一个坚实的基础。

作为中央供应链信息系统的一部分，在不同的管理级别可以利用 QM 质量信息系统来计划、监督、评估和控制质量。

7. 有效管理质量问题的质量通知单

质量通知单提供一种灵活而有效的手段来解决产品和服务的质量问题。可以利用质量通知单来处理对供应商的投诉、内部质量问题报告和客户立案投诉。

可以定义纠错行动（作业），分配作业给负责人员，将处理活动同 SAP 业务工作流模块连接起来以迅速解决问题。通过同 R/3 系统管理会计应用模块的集成，可以很容易地区分处理一个质量通知单过程中所有发生的成本。最后，还可以在互联网上生成质量通知单以容许客户直接介入质量问题管理过程。

3.1.9　SAP R/3 人力资源系统——通向现代企业管理的阶梯

在企业间的商业竞争越来越激烈的今天，如何吸引优秀人才、合理安排人力资源、降低人员成本、提高企业竞争力？

SAP R/3 的人力资源管理系统为企业的人力资源决策提供全方位的解决方案。这些领域包括人力资源规划、时间管理、招聘管理、员工薪资核算、培训计划、差旅管理等，并同 SAP R/3 的财务、物流等系统组成了高效的、具有高度集成性的企业资源系统。目前R/3 的人力资源系统在全球已超过 2000 个客户。它的高度灵活性不但能适应大型企业的要求，对中小型的企业也具有广泛的适应性。针对各国法律的差异性，SAP 研究了各国的人事政策法规，并且参考了当地企业的通行做法，为每一个主要国家推出了适合本地国情的人力资源版本。

1. 人事管理

人力资源系统的雇员主数据具有广泛的适应性，无论是几万员工的跨国公司还是只有几百人的小企业，SAP R/3 都可以将满足各个国家和地区特殊要求的雇员主数据集中存储在一个系统中。用户还可以根据自己的需要增加信息类型，一些重要文件和照片可以通过

SAP 的文档连接扫描进入系统。强大的报表功能，可以按照用户的各种需要，选择不同的报表格式输出。

2. 人力资源规划的辅助决策

在现代企业管理中，为了应付频繁的企业重组及人事变动，企业的管理者可以运用 SAP R/3 的人力资源系统，方便地编制本企业的组织结构和人员结构规划方案，通过各种方案在系统中比较的模拟评估，产生各种方案的结果数据，并通过直观的图形用户界面，为管理者最终决策提供辅助支持，使企业在激烈的市场竞争中立于不败之地。除此之外，人力资源规划还可制定职务模型，包括职位要求、升迁路径和培训计划，根据担任此职位员工的资格和条件，系统会提出针对本员工的一系列培训建议，一旦机构改组或职位变动，系统会提出一系列的职位变动和升迁建议。以上规划一旦被确认，现有结构会方便地被替换。

3. 时间管理

根据本国或当地的日历，灵活安排企业的运作时间以及劳动力的作息时间表；对员工加班、作业轮班、员工假期以及员工作业顶替等作出一套周密的安排；运用远端考勤系统，将员工的实际出勤情况记录到主系统中；与员工薪资、奖金有关的时间数据会在薪资系统和成本核算中作进一步处理。SAP R/3 系统将时间管理作为整体系统中的一个组成部分，而这个系统可以对人力资源管理系统的规划、控制和管理过程提供支持。

4. 人事考勤管理

员工是企业的重要组成部分，合理的管理、有效的安排、公平的报酬是激发员工积极性、形成完美的工作团队、发挥个人最大潜能的前提条件，"人事考勤"管理组件就将提供这样的一个优秀的管理平台。

"人事考勤"管理组件是人力资源系统的主要组成部分。它分为"员工个人资料"和"出勤考核管理"两个部分。

"员工个人资料"主要用以管理员工的一些个人资料。不但可以快速清楚地了解他们现在的基本情况，更可以了解到他们的成长；支持多种职称类别并存，可以更合理地管理公司的员工，激发他们的积极性；引进技术等级的管理方式，可以量化员工的工作能力，更有效地提供员工能力的报表，可以更公平地分配员工的报酬；员工群组的概念，可更有效地完成任务，节省宝贵的时间。

"出勤考核管理"主要用来管理员工日常上下班的考勤状况，并提供日明细和月/年汇总资料。考勤区间的设置可以随意按照公司需要安排公司的考勤时间；各种单据的管理，可以对以往的事情有据可查。

"人事考勤"管理组件的所有数据都有记录输入日志和修改日志，并加以有效期的管理，保证了数据的准确性、有效性和可靠性，可以更准确地作出人事决策。

5. 薪资核算管理

薪资政策是公司发展的战略策略的一个重要组成部分。制定适当的、灵活的薪资政策，可以提高公司在人力资源方面的竞争力，从而提高公司整体的竞争力。"薪资管理"组件将是制定公司薪资政策的一个好帮手。

灵活、高效的薪资系统能根据公司跨地区、跨部门、跨工种的不同薪资结构及处理流程，制定与之相适应的薪资核算方法。与时间管理直接集成，减少了人工介入，消除了接口中存在的问题。自动提供工资的各项扣减、员工贷款等功能。薪资系统还具有强大的回算功能，当薪资核算过程结束以后，员工的有关上一薪资核算期的主数据发生变化，在下一薪资核算期内，回算功能自动触发，进行修正。

"薪资管理"组件是人力资源系统中力求制定适当的、灵活的薪资政策的主要部分。

采用 SAP R/3 系统中先进的 Condition 管理概念，让系统具有最大的灵活性，可轻易地完成对全体或个人薪资的变动，可以适合于公司灵活，多样的薪资系统。大大简化了会计部门的工作。

各种薪资发放的交易（如调薪、发放年终奖等）都提供试算和最后结算的功能，制定相关的可使公司和员工双赢的薪资政策，又保证了历史数据的准确性。

各种薪资类型的数据都附有适用人群和有效时间的限制，使数据更具准确性、可靠性。

严密、灵活的权限控制使薪资数据更具保密性，又避免了因工作人员的变动引起的权限的混乱。

6. 基于 Internet/Intranet 的人力资源解决方案

通讯领域的革命，为商业信息系统的变化起到了催化剂的作用。成熟的 Internet/Intranet 技术使每一位雇员甚至求职者可以加入 SAP R/3 系统中来。在人员招聘方面，企业可以通过 Intermet 向外界发布招聘信息，应聘者可以根据兴趣选择空缺职位，输入必要的应聘者信息。应聘者申请一经成立，申请人就获得一个个人编号和密码。申请者可以追踪求职申请状况，查询应聘的处理过程。

在内部管理方面，Intranet 更加方便了员工交流，他们能够查找其他员工的电话号码、传真号码、房间号码、同事照片和 Intranet 地址。员工可以通过 Intranet 随时查询有关他本人的工时出勤记录、工资情况、差旅申请及费用。通过这种自助式服务，雇员甚至可以修改本人的数据，这就意味着人事部门从繁重的、耗时的工作中解放出来，可以把精力集中到更高层的政策性工作中去。

7. 成功的故事

MARS 是美国著名的以生产即食、方便食品为主的跨国公司，它的 23000 名员工分布在美洲、欧洲和亚洲的 55 家分支机构。此公司原先使用自行开发的人力资源系统，由于功能需求的不断改变和缺乏灵活性，从 1995 年开始，被 SAP R/3 的人力资源系统取代。仅仅用了两个月，MARS 就在它的荷兰 Veghel 分部成功实施了第一个 R/3 人力资源系统。

R/3 的时间管理为行政主管节省了许多时间。在原来的系统中，考勤统计与工资系统不连接。每月，主管需花大量的手工劳动时间在工资系统中登记员工时间信息。有了 R/3 以后，每个员工的各种时间信息在系统中一目了然，并且自动反映到工资计算中去。此外，R/3 的医疗服务、培训计划等都大大提高了工作效率。

MARS 的项目经理 Frans de Kok 这样评价道："运用 SAP，我们能在一个系统中实现人力资源的所有功能。事实证明，在我们涉及的所有国家中使用 SAP R/3 产品，是非常合适的。如果哪个国家的相关法律有所改变，SAP 会迅速作出反应，并为用户提供相关的更新服务。"

3.1.10　SAP 与其他各软件厂商的比较

伴随着中国加入世贸组织（WTO）以及企业信息化的飞速进展，ERP 在中国也进入广泛普及阶段，ERP 不再只是巨型企业的管理装饰，不再只是一个奢华的理论，"旧时王谢堂前燕，飞入寻常百姓家"，应用更加务实、业务范围更加广泛、涉及的业务深度逐渐加强的 ERP 正为广大的中国企业所期盼。

中国的 ERP 市场竞争是激烈的，高端市场有 SAP、Oracle，中低端市场有金蝶、用友等一大批国内的优秀软件企业。下面从几个方面进行比较：

1. 业绩与市场份额

SAP：SAP 来自德国，Oracle 来自美国，SAP 早在 20 世纪 80 年代就开始同中国国营企业进行项目合作，并取得了丰富的成功经验。1994 年年底，SAP 在北京建立了代表机构，1995 年正式成立了中国分公司。SAP 全球业绩处于不断上升状态，2014 年，SAP 软件及软件相关服务收入取得双位数的增长，这是 SAP 大中华区连续第二年取得双位数增长。2014～2015 年，SAP 运营毛利从 30.5% 提升至 35%，SAP 进一步表示，每年运营毛利将按 1% 的速度增长。IDC 预计未来五年 SAP 全球大数据与分析方案生态圈的收入将高达 2200 亿美元，其中亚太地区 480 亿美元、欧洲—中东—非洲 70 亿美元、美国 102 亿美元。

Oracle：1989 年，Oracle 公司正式进入中国市场，成为第一家进入中国的世界软件巨头，1991 年，Oracle 在北京建立了独资公司——北京甲骨文软件系统有限公司。根据 Gartner 在 2014 年 3 月发布的调查报告，Oracle 数据库的市场份额在 2013 年再次占据第一的位置，以 47.4% 超过了随后 4 个厂商的总和。回顾一下，2012 年 Oracle 的占有率为 48.3%，2011 年 Oracle 的占有率是 48.8%，2010 年 Oracle 的占有率是 48.1%。

2. 实施周期有多长

SAP：周期长短取决于企业"一把手"的支持力度、企业本身的管理基础和意识、实施小组成员的水平等，对于企业管理基础较好，实施 SAP 不需要进行业务流程重组的企业，采用 ASAP 方法一般可使项目在 3～6 个月完成。

Oracle：实施周期正变得越来越短。一般来说，采用他们的解决方案会在 3～5 个月内完成，而采用他们的标准化解决方案基本上在 5 天内就能完成。

3. 价格是否合适

SAP：SAP 的 ERP 产品价格虽然比国内 ERP 厂商提供的产品高很多，但它所具有的绝对领先的优势是其他所有 ERP 厂商不能比的。随着 SAP 产品的安装，用户购买初期的成本会越来越小，而且，SAP 的用户在系统正式上线运行后很快就获得效益和回报，如联想集团：库存周转由 72 天降到 22 天、应收账周转天数由 28 天降到 14 天、公司总体费用率由 20% 降到 9%；海尔集团采用了 SAP 物流管理系统和电子采购平台后，第一年的采购成本就节省了 8000 万元。

Oracle 从来没有因为价格失去一份合同，Oracle 会放弃产品价格，但会在后面的服务费用中赚回来。

4. 谁最有竞争力

SAP：SAP 最初是做财务软件的，随着客户的成长以及管理信息化需求，1996 年年初 SAP 中国推出了第一个中国本地化的 SAP R/3 系统。当这些世界性企业开始走向成功时，SAP 的 R3 也走向了成熟。SAP R/3 系统包括财务会计、管理会计、生产计划和控制、项目管理、物料管理、质量管理、工厂维护、销售和分销、服务管理、人力资源管理等模块，具备全面、集成、灵活、开放的特点。经过本地化处理的 R/3 系统包含符合中国财政部门要求的账务系统和报表系统，符合税务管理要求的增值税系统以及完全中国化的人力资源系统等。时至今日，作为中国 ERP 市场的绝对领先者，SAP 中国为近 300 家各行业各规模的企业提供管理方案和专业服务，市场占有率已达到 30%。

目前市场上的各厂商都各有所长，其中 SAP 拥有近 30 多年的丰富的行业和企业管理经验，并且在服务众多国际知名企业的过程中吸收了"最佳业务实践"，能为客户提供最好的企业管理解决方案和服务支持，在国际上得到了最广泛的认可；Oracle 的主要优势是数据库业务，近两年才开始涉及管理软件，它的做法是主要向这些数据库客户推销他们的应用软件。

中国的用友、金蝶等公司通常是从财务软件开始，刚刚涉足 ERP 领域，经验方面还很缺乏，有很长的路要走。不言而喻，SAP 是中国市场上的 ERP 领袖。

Oracle：从产品上看，SAP 是一个基于客户服务体系结构的紧密相连的系统，很庞大。Oracle 的技术推行的是基于 JAVA 模块基础上的整体网络，技术领先 18 个月。尽管 Oracle 11i 的财务组件看起来非常稳定，但是从过去的版本进行升级的企业纷纷报告在生产、采购和订货管理等组件方面由于低质量的代码而出现了很多问题，从而影响了系统的部署。

而中国的用友、金蝶等公司正处于由财务软件向制造业转型期，处于过渡阶段，可以说部分是竞争对手。用友在财务上很不错，但成本核算不行，而浪潮的单件追踪的提法很好，但二次开发力度不够，很多地方不能满足。曾经有人打过比喻，在中国的 ERP 市场上，SAP 和 Oracle 等像是庞大的波音飞机，四班 Fourthshift（来自美国）是桑塔纳轿车，而用友、金蝶还是自行车。至于用什么样的交通工具，由企业根据自己的需要选择。

5. 小结

尽管比较 SAP 和 Oracle 这两大管理软件巨头犹如区分"奔驰"和"宝马"一样困难，然而，仅就两者在中国市场的历史表现而言，Oracle 与 SAP 在外界眼里"技术前卫"与"管理老兵"的印象很难轻易抹去。

SAP 的深厚功底同样具有无可比拟的"内力"——SAP 注重对整个企业内部的精细化管理。正是基于其对管理解决方案的经验，业内流传着一个有趣的故事——SAP 往往首先打动企业管理者的心，而 Oracle 往往首先打动企业 IT 主管的心。

SAP 的产品庞大且复杂，结构紧密。针对国情来说，SAP 软件是好软件，当然亦非灵丹妙药，R/3 系统好比一辆性能优异的定制跑车，要由车手（用户）及维护队伍（SAP 支持中心）合力来参与一场车赛，甚至还需要等规定的道路修理好，但最终成绩如何还要靠车手的技术和经验；国内的某些优秀 ERP 软件则可以成为吉普车或者越野车，可以在泥泞的道路上行驶。因此，一个企业上使用 SAP 软件是与高层领导的支持、参与，各层管理员的热心参与、极力合作分不开的。

【成功案例】

SAP R/3 在石油化工企业 ERP 系统中的应用

中国石油化工股份有限公司荆门分公司于 2004 年实施了企业资源计划（ERP）系统，此系统采用 SAP R/3 平台，实施了财务会计/成本核算（FI/CO）、生产计划（PP）、销售/分销（SD）、物资供应管理（MRO）、采购/库存管理（MM）、设备维护管理（PM）等业务模块，通过 ERP 各功能模块的实施，此公司形成了以财务为核心、以销售为龙头、以生产计划为依据、以物资采购为基础、以设备维修为保障的企业资源管理的基本框架。目前此系统运行平稳，上线单位和上线用户对流程逐渐适应，前端用户操作日趋熟练，进入了全面的应用阶段。

此公司 ERP 项目的实施范围涵盖了公司生产/辅助生产/维修车间、财务处、运销处、物装中心、计划处、调度处、机动处等生产经营单位，涉及炼油及少量的化工产品。通过 ERP 的实施，初步建立了具有炼化企业特色的 ERP 系统，使财务/成本、采购/库存、生产计划、物资管理、销售设备管理等方面的信息得以高度集成，达到物流、信息流与资金流的"三流合一"，建成全面反映企业运营和各项业务活动状况的信息平台。

1. 业务功能与提升

（1）财务会计/成本核算（FI/CO）。

ERP 财务会计（FI）覆盖了此公司的主要财务管理和会计核算业务，包括总账管理、应收应付账款管理、固定资产管理、成本控制管理四大功能模块。其中的总账（总分类账）管理是核心内容。财务各子系统具有高度的集成性，能够实现总分类账与明细分类账紧密连接。ERP 管理会计（CO）可以在法定会计核算的基础上，基于此公司的内部组织结构和业务流程全面深入地控制企业经营管理过程中发生的费用和成本。同时它还与 FI 高度集成，以便于实际成本费用及时入账。另一个显著特点是财务管理模块应用平台的高度集成模式。包括财务会计、管理会计同其他模块如采购管理、生产计划、设备管理、销售管理、库存管理等模块的业务集成，业务处理的操作会在系统中自动激发财务会计数据和管理会计数据的记录，自动产生相应的财务凭证，相关数据只需输入一次，就会在所有相关模块或子模块中起作用。此管理模块能够及时反映企业运营状况、管理状况和综合信息，有效控制企业成本，预测成本和利润的变化，为企业的经济活动分析、绩效考核等提供翔实可靠的依据。

（2）物资供应管理（MRO）。

应用物料主数据维护和管理功能，可以实现物资的集中采购、统一储备；可以对供应商进行动态评估，控制网外采购现象。

应用 MRP（物料需求计划）功能，通过事先在主数据中维护的 MRP 参数，实现物资的需求平衡，系统可以自动建议出采购的时间、数量等信息；有利于在公司范围内进行库存利用，减少库存占用资金，同时大大提高计划采购人员的工作效率。

应用采购功能，从采购请求开始，然后经过货源确定与供应商选择，生成采购订单，之后对采购订单进行跟踪、收货，形成对供应商的应付账款，最后进行付款结算。所有这些流程业务，可以在系统中得到反映和控制，并通过采购订单历史予以表现，提供查询和分析。

通过 SAP 系统和电子商务系统的接口，将属于总部直接集中采购和组织集中采购物料的有关资料由 SAP 系统上传到物资采购电子商务系统实现总部集中统一采购，物资上网采购率得到了提高。

利用 SAP 系统的标准查询分析功能和客户化开发的报表，可以在系统上实时查询浏览各种主数、物资计划采购、收货、发货和库存等信息，为物资采购供应管理提供丰富的信息资源。

（3）销售管理（SD）。

此公司 ERP 项目实施的 SD 模块满足整个功能链从客户询价到订单处理、发货和开票等相关业务，实现了通过计算机进行客户管理、合同管理、销售全程管理、市场信息收集、销售统计与分析等工作，使企业管理及销售人员充分了解销售情况，做出及时的反应，满足用户需求，从而促进销售；同时通过票据处理与财务系统之间建立有效的联系。

① 所有产品的销售全部纳入 ERP 系统，实现了销售业务的系统化、规范化管理。

② 实现了产品库存、财务、物料移动的集成管理。

③ 规范了主数据管理，实现了物料、客户、价格主数据等在系统中的统一维护；建立并完善客户档案管理和信用核查制度，提高了企业对客户的服务能力。

④ 对公司的内控制度也起到辅助作用。对系统的客户主数据、条件主数据，信贷主数据等有强大的、灵活多样的控制功能，可以根据自身的需要将其组合应用；同时，由于 ERP 的"实时"特点，能够帮助及时发现和纠正一些问题。物资需求计划实现线上提报、审批和传递，实现采购订单线上审批，将计划和采购岗位分离；实现自动平衡；有利于优化库存储备结构；实现在系统内对物资进行报废和盘点处理。

（4）生产计划（PP）。

生产计划是连接采购和销售及其中间环节的纽带，通过科学的生产组织和周密的生产计划，可以优化物料和产成品管理，优化投入产出比率，保证产品的品质。此项目实施了 PP 模块，它通过导入 PIMS 生成的月度生产计划产生生产订单，通过 MM 模块的收发货流程完成对订单的确认。PP 与 MM、CO 模块的集成将生产物流纳入系统管理，实现了计划与生产的对比和物料与装置的成本核算。

（5）采购/库存管理（MM）。

对此公司原油的国内、国外采购进行规范化管理；采购、库存管理、实际库存与损耗状况等在 ERP 系统中处理；实现了与财务管理、销售管理的集成。

产品库存管理实现了每天入库商品的及时收货，通过集成关系，支撑 SD 销售模块开具销售订单时进行的可用性检查。

为采购与库存管理工作提供准确信息，充分有效地调动和利用资源，降低库存，压缩成本。

（6）设备维护管理（PM）。

设备维修是企业安全生产的保障，良好的设备状态是确保生产长期安稳优运行的前提，也是确保产品质量的关键。公司实施的 PM 模块不仅实现了对设备静态数据的信息化管理，利用通知单、工单的形式，分别记录下设备管理过程中维修工作情况，维修发生成本等的动态数据；而且还可以利用预防性维修的概念，加强对于周期性维修工作的管理。除此，模块还实现了与成本管理与物资库存管理的集成，使各项维修数据及时反映到财务系统中，随时了解和控制维修的各项费用。系统自动生成有关的数据，使企业有条件将紧急维修、计划维修逐步向预防性维修过渡，既保证了设备稳定、可靠的运行，又可节约费用。

2. 实施效果

ERP 系统的成功实施，使公司在财务、成本、投资、计划、物资供管、销售、设备维护等方面的业务运作和管理方式发生了很大变化，初步建立了一个以财务管理为核心，成本管理为主线，支撑中石化炼油厂经营管理核心业务的管理信息系统。初步达到物流、资金流和信息流的"三流合一"。

（1）更新了管理理念，提升了经营管理水平，进一步理顺了管理体制。

（2）强化了基础工作，规范了业务流程，减少了管理层次，提高了工作效率。

（3）提高了信息的及时性、准确性和唯一性，初步实现了物流、资金流和信息流的"三流合一"。

（4）进一步加深了职工的现代经营管理认识，提高了企业职工的综合业务素质。

ERP 在此公司近一年来的实际应用过程中，取得了较好的效果；采用的软件系统和网络技术架构符合此公司的 ERP 业务需要，在技术层面上达到了设计要求，基本满足了企业实施 ERP 的需要。总之，应用实践表明，此公司的 ERP 建设技术方案是切实可行的，符合"国际水准、中国国情、石化特色、荆门实际"的要求，并且其效果已经开始显现。

SAP R/3 在一汽大众 ERP 系统中的应用

自 1994 年开始，一汽大众正式启动 SAP R/3 项目，经过 14 年不断探索与改进，成为中国第一家运行起来的 SAP R/3 系统。14 年 ERP 历程不仅使一汽大众的管理更加稳健和成熟，同时也使一汽大众的生产、经营、管理、销售和决策更加透明和数字化。

1. 一汽大众的企业特点

（1）大量流水与多品种小批量相结合的混合生产制造类型。一汽大众的产品生产主要采取流水化生产，如捷达轿车，年产量在 20 万台左右；同时，为满足市场不同客户的需求，又同时生产宝来、高尔夫、速腾、迈腾、奥迪 C6、奥迪 B7 等多个品种，每个品种下又有许多明细车型。

（2）以市场预测和用户订单组织生产，并建立适当的库存适应市场变化，部分高端车型采用订单式生产，但考虑到中国的实际市场情况，全年的生产计划依据于销售终端的市场预测，因此这种生产计划是属于复合型的计划方式。

（3）由生产计划推动逐渐向客户需求拉动的模式转换，要求有更高的制造水平和管理水平。

（4）采购量大、品种多，物料管理复杂。由于一汽大众的生产车型大类有十几种，明细车型有 100 多种，因此，其生产物料的品种、数量巨大，加上每年的采购金额将近 700 亿～800 亿元，因此物料管理难度极高。

（5）质量的管理要求较高，对成品、关键部件要求有质量跟踪。一汽大众的生产过程完全遵守德国大众的质量标准，质量要求十分严格，不仅是针对下线产品，对制造过程中的半成品、采购的零部件，也必须进行质量验证后方可上线生产。针对这些复杂的质量检测，需要有专门的质量检测系统来完成。

（6）单位成本高，往来的资金额巨大，因而资金控制十分严格，尤其对客户信用的管理和对供应商付款的管理；一汽大众的产品单位成本很高，最低端的产品如捷达，其价值也达 6 万～7 万元，高端产品如奥迪 C6，价值高达 50 万～60 万元。每月的零部件采购金额都在 40 亿～50 亿元，每月的销售金额 60 亿～70 亿元，资金流入、流出频繁且巨大，需要有良好的客户信用管理及供应商的付款管理。

（7）对售后服务管理有较高要求。由于汽车产品价值很高，维修成本必然也高，为维护产品形象，保证产品处于竞争的有利地位，必须提高售后服务水平。而较高要求的售后管理水平就要求必须有较高水平的管理软件来支撑。

（8）由于零配件多，成本构成复杂，对成本核算的要求较高。由于车型种类复杂，构成每种车型的零件清单包含成千上万种零件，加之汽车制造工艺复杂，因此，在核算汽车成本时，核算量巨大，甚至有些工作非人力所及，必须要有良好的系统支持才可以完成。

为了进一步提高企业管理水平，增强企业竞争力，ERP 系统作为一种先进的管理工具，自一汽大众成立之初，就已经为管理层所认识。自 1994 年开始，一汽大众正式启动 SAP R/3 项目，目的是以 R/3 软件为平台，建立起一个统一的企业管理平台，使企业的各项管理活动规范化、标准化，为一汽大众的进一步快速发展打下坚实的基础。一汽大众也可以借此契机引入一套标准的、借鉴世界同行业先进做法的流程，同时帮助公司改进和提升管理水平，提高公司的整个运作效率。

2. ERP 软硬件选型

一个正确的软件选型，其价值不仅仅在于它能给企业插上腾飞的翅膀，更重要的是少走弯路、抢来了时间，企业在竞争中能处在有利的位置。如果使用的软件系统始终能处在领先位置，那就不必考虑软件更新问题，既节省了投资，也争取了时间。如果一个企业总是在选择软件上左右摇摆，损失的可不仅仅是金钱，那将失掉一去不复返的光阴和市场竞争的优势。

因此，一汽大众在选择软件时，明确了以下几点原则：在业界公认最好的企业管理软件中选择前三位候选；挑选最适合本企业管理模式的企业管理软件；此软件供应商在 IT 界要有良好的信誉；此软件供应商有实力维持其软件产品在第一方队；此产品有高水平的本地化技术支持；此产品有合理的价格；软件供应商有良好的售后服务质量。

在 1993 年，R/3 软件可以算是当时世界上第一家，也是唯一一家使用视窗技术的管理软件。让人看了赏心悦目。为此，一汽大众的代表团专门访问了德国 SAP 总部，并请专业技术人员解答了一汽大众所关心的有关问题，还走访了一家德国大众集团的 R/3 用户。经过与其他软件的比较，R/3 软件的优点已经很清楚。在同类软件中比较，R/3 软件具有较新、较科学的管理思想，使用它能提高企业的管理水平；R/3 软件的硬件平台选择了开放式的 Client/Server（客户机/服务器）结构，这是适合企业应用的最经济的架构；视窗界面让使用者心旷神怡；软件的应用开发方法彻底避免了低级管理思想的单纯电子化。综合比较，其他软件落后于它至少在 3~5 年以上。因此，一汽大众决定选择 SAP 公司的 R/3 系统作为自己的 ERP 系统软件。

在确认完软件之后，一汽大众制定了硬件选择的原则，即硬件应该是此软件的原始开发平台；此硬件供应商在硬件供应商排名中处在前三位，无论如何不能排在第六名以后；此硬件供应商在 IT 界有优秀的服务和良好的信誉；价格合理。

20 世纪 80 年代以来，一汽集团一直选用 IBM 的产品。IBM 是计算机界的行业老大，产品质量好，又持久耐用。IBM 为了巩固自己的老大位置，特别设计了封闭式系统，企图以此迫使其他公司都向它靠拢，IBM 就成了名副其实的行业老大了。但是，科学技术的发展，并不以部分人的愿望为转移。垄断总是暂时的。IBM 的封闭策略迫使紧追不舍的 HP 公司踏上开放式道路，客户机/服务器架构被越来越多的企业所接受。R/3 软件就是在开放式的 HP 客户机/服务器上开发的，那 HP 的设备自然就是首选。

最终，一汽大众选择了 SAP R/3 和最适合运行此软件的 HP 设备的软、硬件平台。

3. R/3 系统实施的主要过程

一汽大众在构建 ERP 系统过程中，并没有采取一下子就解决公司所有信息化的问题，而是通过三期工程逐步来完成。

（1）一期工程。

一期工程包括采购和物料管理（MM）、财务管理（FI）两个模块。之所以选择这两个模块，主要原因是这两个模块已经有其他企业的实际运行经验，并且这两个模块也确实是一汽一大众所急需的。一汽大众从成立至 1993 年年初，由于生产能力较少，公司对信息化的需求并不强烈。在 IT 方面，公司仅仅使用了 Windows 平台上的 Excel、Word 等软件进行日常办公数据统计及分析，并使用 Foxpro 开发了考勤、工资、备件管理等应用系统。

但到 1993 年 2 月，一汽大众最早车型——捷达的生产达到 1 万台时，一汽大众管理上的问题也逐渐凸显出来。随着公司生产能力的提高和公司业务的发展，必须使用 ERP 等管理软件来支持企业的管理，在对 SSA、QAD、SAP 等厂商充分论证和选型的基础上，一汽大众最终在德国大众的帮助下以大众集团的名义花 40 万马克从 GEDAS 购买了 SAP 公司的 R/3 系统。

在一期建设过程中，公司选择了 GEDAS 进驻长春协助实施 ERP。首先在采购、物料和财务三个部门进行 MM（物料管理）、FI（财务会计）模块的实施，并在 1995 年正式运行。这是在中国第一家运行起来的 SAP R/3 系统。通过这次合作，一汽大众的应用开发人员逐步掌握和了解了 R/3 系统开发及实施方法，为一汽大众未来其他模块系统开发、实施打下了坚实基础。而且也通过一期对 MM、FI 两个模块的开发，公司的需求、合同、订单等采购管理，库房、CKD 物料、集装箱等物料管理和总账、应收、应付、固定资产、成本核算等财务管理都达到先进水平。它的成功运行使相应使用部门的业务人员扔掉了各种账本，真正达到了信息共享，为加强基础管理，提高决策水平带来了很好的效果，也让其他部门看到了使用计算机管理信息系统的好处，同时为公司后期信息化建设打下了很好的基础。

但是，与 GEDAS 的合作只维持了不到 1 年，主要原因是当时一汽大众的业务人员大部分还是中国人，存在一些交流上、理解上的困难。并且请一个专家一天需要 1000 多美元，从承受能力上来说也不适宜。另外，GEDAS 搭建的平台并没有获得预期的结果——不少用户拒绝使用这套系统。系统应用不理想的原因很多，GEDAS 对需求的把握不到位是一方面，我们自己也有问题，如基础数据不完善、不规范。GEDAS 走后，一汽大众的 IT 技术人员需要对此系统进行大量后续收尾工作。

虽然 GEDAS 的离开为一汽大众带来了一定损失，但与此同时，也为一汽大众培养、锻炼 IT 技术人才提供了很好的空间，并为 ERP 二期建设在不借助外力情况下，使自身 IT 技术人员仅通过 10 天培训就掌握并造就了一汽大众生产、销售两大核心系统成为可能。

（2）二期工程。

1997 年，鉴于捷达产品越来越多的选装销售和服务的重要性，一汽大众选择了 R/3 中的 SD（销售与分销）和 PP（生产计划与控制）模块作为公司二期 ERP 系统开发实施的重点。其实早在一汽大众 1996 年 7 月全面建成时，一汽大众就已开始考虑生产管理和销售管理的问题。当时公司有两种意见，一种建议找外面的开发人员帮助实施，另一种是自己做。但这两个模块对于去德国参加培训的人来说都是全新的东西，对于其他人员就更不用说了，自己开发的难度可想而知。

由于有了 GEDAS 的对 R/3 系统的了解，以及为期 10 天的培训，信息系统开发人员对 R/3 的生产和销售模块已经不再陌生，但是 10 天的培训毕竟短暂，不可能把所有的细节全部搞清，系统开发人员就通过 SAP 提供的练习帮助、资料以及各种相关文件在系统里面做各种测试，为最终上线做准备。

当时，一汽大众整车销售还是由一汽集团统一负责，一汽大众只有销售备件的权利，所以一汽大众最先实施的是备件销售管理和生产管理。在生产管理方面，由于 SAP R/3 中的 PP 模块仅停留在生产计划层面，整车零部件装配表（BOM）无法满足一汽大众的要求。而在此时，德国大众也有一套生产控制系统要求一汽大众使用，经过中德双方及公司间的多次磋商研究，双方认为，从实施时间和功能上看德国大众的系统满足不了一汽大众的要求（主要是涂装线无法进行捷达和奥迪两种车型的管理）。因此，最后一汽大众决定利用自己的开发人员在 R/3 平台上使用 ABAP/4 语言开发生产控制系统。

在制定标准材料核算系统的过程中，遇到的最大问题是材料主数据标准统一及代码规范问题，要保证成本核算的准确及时，一汽大众首先建立了零件编码规范及整车代码规范，零件代码不仅代表零件的技术状态，还可以代表厂家状态，以零件的主代码代表其技术状态，以附加码代表厂家信息及获取方式。通过这种设置，可以很容易获取零件的价格信息。

① 折旧费用标准。年初，根据 AM 模块，可以测算出本年度的各种车型折旧总额，根据各车型的工时计划及年度生产计划，可以计算出各种车型的单车折旧额即单车折旧费用标准。由于折旧预测、生产计划的变更，会导致折旧计划与实际折旧之间出现差异，当差异在认可的范围内，不做折旧费用标准调整，当这种差异大到影响以后成本核算精度后，应调整折旧费用标准。

折旧费用核算的最大问题在于折旧的准确预测及在车型中的合理分摊，一汽大众在解决折旧预测的问题时，既考虑现有资产的折旧，也考虑未来投资结转资产的折旧，对于现有资产很容易预测其折旧，对于未来结转的资产，折旧预测出入很大，为解决这个问题，投资项目在投入的时候就明确其预计投产时间并写到系统中，根据这个预计的结转时间，就可以相对准确地测算其折旧了。

② 人工费用标准。年初，根据董事会给定的工资浮动额度，由控制部下达人均工资费用，根据人力资源部给出的人员计划，计算出全年人工费用总额，再根据生产计划及车型工时定额，计算出每种车型的人工费用标准。

③ 动能费用标准。CO 模块可以提供全年动能费用预算，根据 PP 系统提供的标准工时及产量计划，制定单车动能费用标准。

④ 开发费用标准。CO 模块可以提供全年开发费用预算，根据 PP 系统提供的标准工时及产量计划，制定单车开发费用标准。

⑤ 包装费用标准。由于一汽大众有国外采购，因此包装费用及关税是构成整车生产成本的重要组成部分。在 MM 模块中，各种车型的单位包装体积都有数据，因此，包装费用标准制定的因素是单车包装体积，因为单位包装体积最能代表包装费用的多少。系统通过 FI 模块归集包装费用，以包装体积作为分摊标准，制定单车包装费用标准。

⑥ 运输费用标准。由于运输费用性质与包装费用性质相似，因此运输费用的标准制定同包装费用，

依旧采用体积作为分摊标准。

⑦ 关税费用标准。SAP R/3 的 MM 模块可以输入不同车型的关税税率，而税率与关税税额最具相关性，因此，选用关税税率作为关税标准的制定依据。系统通过 FI 模块归集关税费用，以包装体积作为分摊标准，制定单车关税费用标准。

⑧ 其他费用标准。所有制造费用剔除以上部分后，剩余部分费用以工时作为分摊因素，制定其他费用标准。

（3）BM 单管理。

BM 单管理模块主要是结合 SAP R/3 中项目管理（Project Management）、物料管理（Material Management）、基金管理（Fund Management）、成本中心会计（Cost Center Accounting）等模块的功能，同时根据一汽大众投资/费用控制的需求，对一汽大众的按项目发生的费用、福利等物资需求单进行统一管理。其管理流程包括：

① 每年年初，控制部根据各个部门（成本中心）提出的项目计划，制定各成本中心下一年度的年度费用预算，分配资金。

② 在正常生产经营中，各个成本中心在各自的预算范围内根据项目计划和实际需要填写 BM 单，再根据不同审批策略进行逐级审批。

③ 采购部依据审批后的 BM 单、询价结果建立采购订单，并进行采购。

④ 成本中心接收采购到的商品或劳务并做到货验收，并同时在系统中确认。

⑤ 财务部接收合同及发票，根据到货情况做发票认证，认证相符，则记账付款。BM 单系统的主要功能是将投资和费用的全过程纳入系统，从预算制定到需求提出、审批、采购、到货接受，最后到财务发票认证记账等各阶段形成了完整的闭环控制的业务流程，业务时时受预算控制，受流程中上一级指令的实施控制。并且各部门信息共享，口径一致。

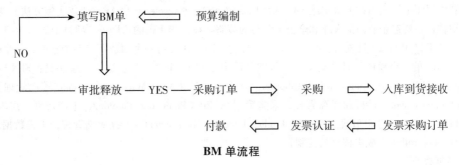

BM 单流程

通过 BM 单管理模块的使用，一汽大众在投资、费用的控制和管理方面取得了以下的成效：

（1）在控制方面，BM 单系统与预算系统相连，所有费用控制都由系统自动进行，提高风险控制力度。

（2）在审批方面，在系统中录入 BM 单，取消了原来纸面单据的传递，同时取消了各级审批的纸面签字过程，所有 BM 单的审批都根据权限的设定在系统中进行。在提高了审批效率的同时，审批环节也更加透明。

（3）在到货验收方面，在实施 BM 单管理模块之前，货物的验收都是由接收人在纸面签字即可。但财务部门对验收单上签字的真实性就无法判断，具有一定风险。实施 BM 单模块后，到货接收是在系统中进行的，需要设定权限才能进行操作，而且操作人的用户名及操作时间等信息都会在 R/3 中留有记录，避免了风险。

（4）在财务方面，由于原来采用一式几份的纸质 BM 单，财务人员对没有付款的 BM 单需单独保管，付款时还要将对应的 BM 单找出作为原始凭证，无形中增加了大量的工作量。另外，对于一张 BM 单分次付款的情况，容易出错，造成重复付款，存在很大的财务风险。BM 单模块的实施不但解决了这些问题，还节约了资源，真正做到了无纸化办公。

上海飞利浦实施 SAP ERP 之路

飞利浦照明电子集团分别在荷兰的 OSS、美国的芝加哥、中国的上海建立了三大区域性研发中心，加上在荷兰的埃因霍恩还设立了前期开发中心，形成了全球范围的完整研发网络。与此同时，飞利浦照明电子在全球各地广设销售网络，还分别在美国、墨西哥、荷兰、印度、波兰、泰国、中国等地设生产机构，其中在中国有两个制造基地，分别设于上海和厦门。这样复杂的运作和管理体系是不能依靠一个简单的信息通信平台和网络系统就能支持的，而是需要一个整体的渗透在企业经营管理之中的 ERP 企业资源体系。

1. 总体规划

为达成飞利浦建立全球性统一的 ERP 系统的战略动机，飞利浦照明电子集团与普华永道（PwC Consulting）合作，在上海这个亚太区最主要的生产、研发中心，实现了 ERP 系统切换并成功地实施了 SAP 系统战略。系统主要包括 7 个 SAP 模块，有些模块还采用了目前世界领先的技术，突破了公司的传统操作。这个实施起来相当复杂的 SAP 系统从正式启动到实施完毕仅用了 8 个月的时间，成为飞利浦照明电子集团全球已实施的 SAP 系统中速度最快、开销最低、协同最广泛的大而全的整体 SAP 实施。可以说，这次飞利浦照明电子集团在上海 ERP 实施的成功经验，在诸多方面可为许多由于 ERP 实施周期长而却步的企业提供一些行之有效的一手经验和案例。

此次飞利浦照明电子集团在上海的 SAP 实施主要借助集团在北美成功的实施经验，依靠成熟、资深的普华永道团队，以及由企业各业务部门骨干组成的项目核心小组和拥有企业最高管理层有力支持的项目管理小组，加上一整套简化的、行之有效的、周详完善的实施计划。同时对项目实行阶段性的质量保证检验，以确保项目实施的正确性和减小实施风险。质量保证小组是由有 SAP 实施经验的相对独立的第三者承担，在此次飞利浦照明电子集团在上海的 SAP 实施中，飞利浦（香港）集团扮演质量保证小组角色并对项目在基线配置（Baseline Configuration）和最终配置（Final Configuration）方面实行质保检验。

飞利浦照明电子集团在上海实施 SAP 采用以 SAP ASAP（Accelerated SAP – 快速实施方法）为核心，重在知识转移，塑造企业内部人才和全公司参与的策略。在普华永道的协助下，项目于 2001 年 3 月正式启动，并已于 2001 年 10 月成功上线。前后八个月的时间，在公司一个制造厂、两个仓库、一个研发中心实施了 SAP 的 7 个模块并同时支持三个区域分销中心和 12 个外协厂。这 7 个模块是：FI（Financial Accounting，财务）；SD（Sales and Distribution，分销）；AM（Asset Management，固定资产管理）；MM（Material Management，材料和库存管理，采购管理）；PP（Production Planning，生产规划，需求管理，计划/材料需求计划，生产管理）；PLM（Product Lifecycle Management，产品周期管理，工程数据变更管理）；CO（Controlling，成本核算与控制）。

2. 实施战略

飞利浦照明电子集团在上海的 SAP 实施采取大一统（Big Bang）战略，其结果非常成功。全部工程按期、保质和在预算内完成，并计划使用滚动（Roll-out）实施战略在其厦门生产基地实施 SAP 系统。

此次 SAP 实施，分为 6 个阶段：

（1）项目准备阶段 – Project Preparation，在这个阶段中，要定义出清晰的项目目标，确定项目核心小组和实施伙伴，与公司上层达成全面共识，制定整套实施战略；

（2）业务蓝图阶段 – Business Blueprint，在这个阶段中，对公司的详细业务进行定义，从而明确整个项目实施的范围、周期。

（3）实现阶段 – Realization，在这个阶段中，对在业务蓝图阶段定义的流程进行系统配置和由有经验的用户参与的系统功能与整体流程的不断测试、确认，同时对原始数据进行清理工作。

（4）最后准备阶段 – Final Preparation，在这个阶段中，将整理、准备和输入主数据与初始数据，对系统整体元素和配置进行上线模拟，最终完成用户培训和系统切换。

（5）投入运行支持阶段 – Go-Live Support，在此阶段启动系统的生产运营，同时对新启动系统实行有组织的上线支持。

（6）维持阶段 – Sustain，在继续支持新启动系统的同时，集中精力稳定系统，完成实施知识转移。

在整个 SAP 系统实施的 6 个阶段中，"实现"阶段最为关键。在这个阶段，所有在业务蓝图阶段定义的处理流程和功能将被配置实现。

在实施过程中，项目管理小组特别注重项目与整个公司之间的交流，策划并执行了整套沟通交流策略。这个策略体现在各种可能的沟通渠道上，包括利用公司的内部网页（Intranet）、公司报纸（Company Newspaper）、每周和每月公司管理会议（Staff meeting）、项目热线（Hotline）等。正是由于实施了沟通交流策略，缩短了公司接收新系统的准备时间，同时也使系统设计与配置（Configuration/Customizing）更能被公司流程所有者接受，为新系统提前上线打下基础。

此项目另一个重点实施策略是"知识转移"，为确保整个实施的成功和实施后仍能有效支持新启动系统起到了至关重要的作用，也为企业以后在节省开支的前提下独立自主地继续开发系统潜力、不断加强企业业务流程整合、充分挖掘此次投资潜力并采用滚动式实施战略在其厦门生产基地实施 SAP 系统打下了坚实基础。

3. 飞利浦 ERP 战略

在飞利浦 BEST（Business Excellence Through Speed and Teamwork）管理系统的框架下，追求各项商业运作程序的完善，企业作业流程的优化重组和整合以及增强各集团间有效沟通和管理，根据企业全球发展战略的需要，形成建立全球性统一的 ERP 系统的战略动机。

飞利浦照明电子集团 SAP 实施实现策略如下：

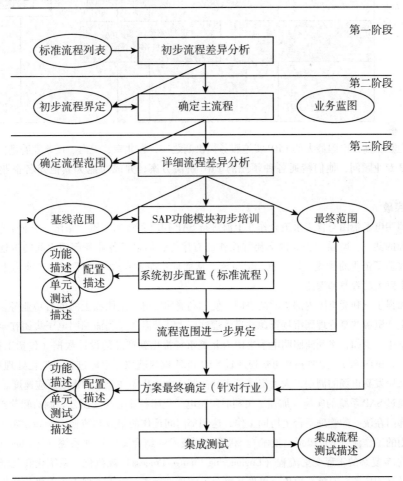

飞利浦选择了 SAP 为其战略企业资源之一。飞利浦照明电子集团先后在北美区、欧洲区和亚太区的上海实施了 SAP 系统。在上海,飞利浦照明电子集团选择普华永道（PwC Consulting）作为它的实施伙伴配合飞利浦协同内部知识、经验和资源来达到快速和优质地完成此系统的实施。飞利浦选择普华永道作为 ERP 实施伙伴是基于它在 ERP 方面资深的经验和成熟的专业团队。

飞利浦照明电子集团 SAP 实施沟通策略如下:

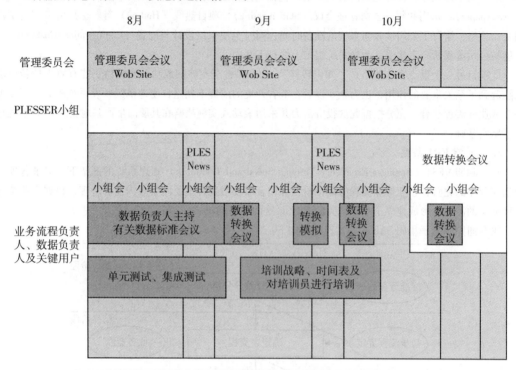

普华永道是目前在中国最大的 ERP 实施服务提供商之一,在北京、上海、广州及香港的分公司共有200 多名 ERP 专业顾问,他们精通各种领先的 ERP 解决方案,并成功地为其他知名企业实施了 ERP方案。

4. 创新突破

飞利浦照明电子集团与普华永道合作在上海进行 SAP ERP 系统的实施,深化了企业信息化层次,实现了内部资源的共享,增强了企业内部流程操作的有序性,加强了各业务部门之间的沟通和整合,重组、优化和改造了企业的物流、资金流、信息流,从而促使企业在管理水平和生产能力上发生质的变化,进而带来巨大的效益和潜能。

首先,加强了飞利浦集团内部资源的协同,使飞利浦照明电子集团在上海的各项业务,从研发资源共享管理、生产资源共享管理到市场资源共享管理这三大环节融入飞利浦照明电子集团在全球的整体运作和管理体系中,例如,飞利浦照明电子集团为北美市场推出新产品的设计数据（包括工程设计图纸、初始工艺流程,BOM 等）,上海基地可快速通过 SAP PLM 模块获取,立即进行本地化处理和生产准备,大大缩短了从研发到市场的周期,大大提高了飞利浦照明电子集团在全球的市场反应速度。

其次,通过 SAP 系统的实施,加强了飞利浦照明电子集团各业务线（研发、制造和营销）之间信息共享,使各部门在统一的管理平台上协同工作,达到部门间运作的集成和流畅。例如,实施了有前瞻意义和战略作用的工作流（Workflow,技术）。利用这项技术并结合文档管理系统（Document Management System）,使原本复杂的工程变更流程（Engineering Change Process）规范化、系统化和无纸化。由系统按照事先定义好的任务、对象、角色、事件和整个工作流来运作,等于是把人工有纸化的操作流程自动化、无纸化。在此次 SAP 系统实施中，工作流技术还被用在请购订单到采购订单处理流程的自动化中。这种新技术有效地提高工作效益，加深了企业的信息化层次，加快了企业的反应速度，增强了企业的灵活性。

工作流定义如下：

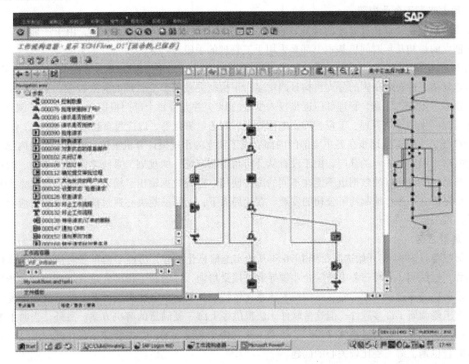

最后，培养一支企业内部的 ERP 实施和支持队伍。全面的知识转移是飞利浦照明电子集团在上海 SAP 项目始终贯彻的目标。在普华永道顾问的支持下，飞利浦项目小组成员全面掌握了 SAP 实施从流程设计、系统配置到测试、培训、数据准备、切换上线全过程的技能。例如，飞利浦照明电子集团在上海 SAP 项目中所有的系统配置均由飞利浦项目小组成员完成，而一般 SAP 项目实施中的系统配置都是由专业实施顾问承担。

5. 系统评价

飞利浦照明电子集团上海公司 SAP 实施项目在很多方面取得了成功。它的成功体现出在项目中运用协同的工作方式来充分利用现有的专业知识和技能的重要性，包括来自内部和外部的，如在项目中提供咨询的普华永道公司，从而达到减小项目风险、加快实施速度和降低项目的整体费用。另外，注重"知识转移"而非依赖合作伙伴来实施我们的项目，飞利浦照明电子集团上海公司内部人员已经完全具备了管理和配置 SAP 系统的专业技能。今后，飞利浦照明电子集团上海公司的实施配置将作为飞利浦集团其他公司 SAP 实施项目参照的模板。

此次 SAP 项目的发起人、飞利浦照明电子集团亚太区财务总监 John Wright 先生："我同样高兴地看到一个好的跨区域的协作所产生的快捷实施和极低顾问费用的结果。这种方法向流程的标准化更进了一步，转而使跨区域间的合作不断获益。"

SAP R/3 系统在上海三菱电梯有限公司成功实施

上海三菱电梯有限公司（SMEC）（以下简称上海三菱）是一家成立于 1987 年的中外合资企业，公司投资总额 2 亿美元，注册资金 1.55 亿美元。公司从 1994 年开始进行企业信息化建设，建立公司信息系统，1996 年，引进了 SAP R/3（企业资源计划，即 ERP）系统，用以进行企业资源计划管理。经过 8 年多的实施，到 2004 年，此系统已覆盖公司本部和 30 多个分公司。同年入选了由国家信息化测评中心评选出的"中国企业信息化 500 强"，并获得了年度中国企业信息化"500 强"特别奖中的"最佳计算机辅助设计应用奖"。

1. 动力来源于企业内部

按照上海三菱合资初期制定的计划，它的生产规模在每年 2000 台的水平上。由于产能不大，上海三菱在创立的最初几年时间里基本上都是采用手工管理的手段。

到 20 世纪 90 年代初，上海三菱的年产量突破了这个规模，并且仍在快速增长中。产能日趋扩大，管理日趋复杂，散布在全国的分支机构日趋增多，很快就突破了手工管理的有效极限。于是，上海三菱开始在技术、生产、计划、管理部门逐步投入少量的 PC，并允许每个部门根据各自的需求编制程序，用于车间管理、生产计划管理、工资管理、电梯管理、财务电算化等，以应付日趋增长的业务工作。

1992 年，上海三菱逐步在各主要部门内部形成了独立的小规模计算机系统，方便了部门内部数据的交流与共享。但对于不同的部门，由于没有从公司角度制定统一的规划，系统之间网络不通、数据格式不同，甚至用软盘拷贝的数据也不能在不同的部门使用，造成数据输出、输入重复的情况非常严重，效率低，信息孤立，严重地制约了公司的发展。在此局面下，上海三菱决心通过信息化改造来应对这一日趋严重的挑战。

2. 选型之惑

上海三菱自 1994 年开始选型，到 1996 年开始实施信息化工程，历经了两年多对信息化合作伙伴的选择历程。这期间，上海三菱中高层企业领导通过接受培训，接触到了很多先进管理理念，逐步明确了企业需求所在。不过，由于上海三菱的技术体系比较特殊和复杂，电梯图纸体系是非常复杂的配方式结构，上海三菱调研了许多软件，但这些软件无法提供令上海三菱满意的解决方案。另外，当时上海三菱在设计中已引入了工程信息系统（EIS），于是未来这两个系统（另一个是企业信息化管理系统）是否能够很好结合也是上海三菱比较关心的问题。

因此当 1995 年 SAP 出现在上海三菱面前时，上海三菱有了眼前一亮的感觉：

SAP 在欧洲有非常成功的 ERP 实施经历，R/3 软件的功能适用性好，提供了强大的开发工具；

在当时，R/3 软件的管理理念非常先进，本身功能强大；

R/3 软件系统的开放性和集成性出色，使信息管理系统和工程信息系统能够很好地集成。

SAP 具有经验丰富的咨询顾问以及良好的实施队伍，不但能解决问题，还可以帮助上海三菱在关键环节上把握尺度，提出建议。此外，系统的可靠性和维护方便也使上海三菱感到非常放心。

因此，虽然当时 SAP 尚未正式进入中国市场，上海三菱还是迫切地与 SAP 开始了合作，甚至提前进行了标准化培训和基础数据的准备工作。

3. 全面深入应用 SAP R/3 系统

上海三菱根据企业的实际情况，制定了信息化实施的策略，"全面规划、分步实施、效益驱动、先易后难"。1996 年，上海三菱引进了 SAP R/3 系统，用以进行企业资源计划管理。经过 8 年多来的实施，财务、销售、生产控制、物料管理等模块已全面得到了应用。

销售模块的实施包括客户管理、项目预报、项目询价、项目报价、合同管理、发票管理、预订金管理、销售库存管理、配置管理等。

生产模块实施包括配方管理、装箱清单生成、工作中心管理、工艺管理、物料清单管理、需求管理、MRP 计划、生产订单管理、车间控制、订单信息系统等。

物料管理实施包括供应商管理、采购合同管理、采购订单管理、发票管理、入库管理、发货管理、立体仓库管理、仓库信息系统。

财务管理实施包括总账、应收账款管理、应付账款管理、分公司财务管理、费用预算、报表系统等。

安装维修管理实施包括安装合同管理、安装计划、安装过程控制、安装发票、维修计划、安装成本核算等。

4. 向信息化要效益

上海三菱在公司员工极少增加的情况下，产量从 1996 年的 5700 台增加到 2004 年 15819 台，这一点充分证明信息化为企业带来的效益。SAP R/3 系统已成为上海三菱最重要的管理手段。上海三菱认为提高综合竞争能力才是企业信息化给企业带来的最大效益。主要体现在：

信息化推动了公司经营流程再造。

通过信息化推动了公司经营流程再造，最大限度地发挥信息化的作用是上海三菱提高企业竞争力的重要举措，为此，上海三菱对影响公司核心竞争力的因素进行了详细的分析，根据企业的实际情况，重组了五个方面的业务流程重组，具体内容如下：

（1）以信用管理为重点，进行销售、安装、维修保养的 BPR；

（2）以缩短产品交货周期和降低成本为目标，进行生产制造、物资采购全过程的 BPR；

（3）以建立售后服务快速反应保障体系为目的，进行售后服务 BPR；

（4）以经营效益管理和经营风险管理为核心，深化财务管理；

（5）以产品批量生产为重点，进行技术开发管理过程的 BPR。

用户满意程度明显提高。基于信息系统的企业业务流程重组和信息系统的建立，全面提升了上海三菱的客户服务水平。传统管理模式下企业管理人员的许多监管工作已变得多余，员工由被动服务变为主动服务，企业的整体服务水平上升了一个层次，服务质量更趋完善。

企业适应市场的快速反应能力大大提高。企业的管理和决策从一定意义上讲，是基于及时、准确的信息管理和决策，因此企业适应市场反应的快慢，与企业内部信息的准确传递的时间有很大的关系。信息化建设大大提高了上海三菱企业内部信息传递速度，建立起了扁平化组织结构管理体系，从而大大提高了企业适应市场、规避风险的能力。

企业员工的素质大大提高。上海三菱通过信息化战略的实施，成功地建立起了一支由各方面优秀人才组成的实施企业信息化队伍。由于使用高新信息化技术，对企业员工素质提出了更高的要求，推行信息化使企业掀起了学习的热潮，提升了企业员工的整体素质。

5. 信息化，仍在路上

从 1996 年上海三菱引进 SAP R/3 系统开始到现在，上海三菱总结出一个经验：企业在不断发展，SAP R/3 系统也在不断发展，上海三菱的信息化不会有终点。上海三菱的信息化仍然"在路上"，未来还有很长的路要走。举个例子来说，当上海三菱将财务、销售、生产控制、物料管理等模块全面应用到生产经营中后，上海三菱的库存、销售和生产管理流程能及时地反映在财务管理当中，大大减少了企业的库存和资金占用。但是，如何优化供应商计划，如何把供应商作为企业的一个生产资源，如何实现"双赢"，就成为另一个重要的课题，因此上海三菱下一步就要上马"供应链管理"模块以彻底解决这一问题。而产、供、销的信息化一条龙流程再造，又使客户关系管理成为必须，而客户关系管理的步伐再次带动了财务监控和风险管理流程再造，这又促使决策支持系统的集成成为必要。从 SAP R/3 系统中获取管理思路，从企业现状中发现需求，然后制定管理目标，再完善相关基础工作……上海三菱的信息化思路就是这样展开的，也在这样延续着。

因此，上海三菱希望继续深化其信息化改造工程，在未来的几年内，将供应链管理、客户关系管理以及原有的信息化系统，通过 Internet 来进一步实现企业网络信息化。在这个方案中，上海三菱将充分利用 Internet 技术和 mySAP. com 电子商务解决方案，消灭公司与顾客、供应商、代理商之间的信息障碍，提高公司在协同商务、快速的客户服务、供应链管理等方面能力的同时，还要实现 SAP 系统的信息流程与办公自动化系统集成，早日成为知识管理型企业。上海三菱电梯有限公司总工程师在谈起上海三菱的信息化项目时说："单就上海三菱的信息化项目来说，信息化给企业带来最多的益处是产生了显著的整体效益。我们认为，企业能在激烈的市场竞争中保持领先的优势，跟企业推进信息化，从而提高企业管理水平、增强对市场的快速反应能力、提高市场竞争力有着密切的甚至不可分割的关系。"上海三菱的信息化进程，仍然在路上。

SAP R/3 系统在亚星—奔驰有限公司的应用

全面提高企业管理让星光更加灿烂。亚星—奔驰有限公司是江苏亚星客车集团有限公司与戴姆勒—克莱斯勒股份公司共同投资 9550 万美元组建的合资公司。于 1997 年 3 月建成，是目前我国客车行业规模最大的合资项目。

亚星—奔驰——一颗璀璨的明星合资之初"组织、文件、流程、系统"（ODPS）项目就被列为公司 17 个国际项目的第 11 个项目，而引进、实施一套标准化、集成化的管理软件是其中一项重要内容；同时为了谋求长期稳定的发展，让信息资源促进企业持续进步，使公司能够适应加入 WTO 之后的全球竞争，一套高效的管理软件的实施也就更为重要；再者计算机的应用虽已渗透到企业管理的各个环节，但庞大的数据无法集成处理，大量的信息都存流在个人的头脑和文件夹中，信息无法共享，管理无法量化，这些都大大地制约了企业的迅速发展和迎接全球化经济的挑战。经过一年时间的反复调查与论证，亚星—奔驰最终选择了具有高度的集成性、开放性并拥有高质量实施与培训服务的 SAP R/3 系统作为其引进高效管理，提高信息利用效率的重要手段。亚星—奔驰坚信 SAP 系统的引进必将使企业的管理迈向新的台阶。

迅速高效的实施，不辜负客户的选择

汽车行业业务复杂，环节众多，尤其是在没有标准集成的数据库，数据量巨大，同时在应用系统诸如财务、物料管理方面存在 2000 年问题的情况下，亚星—奔驰 SAP 项目的实施颇为复杂，以物料主数据为例，进入 SAP 系统就达 3 万多条。

为了更好地为实施做好准备，SAP 的实施人员发挥了高度的敬业精神，为客户着想，首先对项目小组进行培训，同时也对亚星—奔驰的中层领导干部进行了 ERP 培训，从思想与意识上使大家对整个 ERP 项目有了全面的了解，促进了相关人员的沟通，消除了实施环节中的障碍；同时亚星—奔驰的公司内部也对项目的实施成功充满信心，高度重视，专门成立了以公司副总经理吴定一先生和 Mr. Pfrang 为领导的项目指导委员会，由孙权新先生担任项目经理的项目队伍集中了亚星—奔驰的业务骨干和技术骨干，积极配合 SAP 项目实施人员的工作，为项目的成功实施营造了一个良好的氛围。

在这样良好的环境下，SAP 的项目实施人员更是高度负责、专精敬业，用丰富的项目实施经验和 ASAP 及 PCC 的预设置经验全面解决了项目实施过程中遇到的各种问题。在亚星—奔驰实施的 SAP 项目，主要模块包括 FI、CO、MM-PO、MM-INV、MM-WM。各个模块的实施是与硬件及网络方面的实施同步进行的。尽管工作量大、工作集中，但还是在短短的 4 个月内成功地上线。经过两个月的运行，在亚星—奔驰的财务、采购、库存等部门已经成功地完成了从手工管理向系统管理的转变。

全面提高企业管理，让星光更加灿烂

实施 SAP 项目后的亚星—奔驰的企业管理是什么状态呢？经过两个多月的运行，亚星—奔驰的领导对于项目的实施给予了充分的肯定。他们认为，SAP 项目的实施为企业练好内功，提高公司的管理水平，为今后参与国际竞争打下了良好的基础，取得了良好的预期收益。公司内部业务流程更趋标准化，管理更加科学规范，管理的量化树立了以财务为中心的管理模式，强化了成本考核。其中比较突出的例子是：原来在采购与其他部门共同进行物料采购的过程中曾出现的价格差异的问题被发现并得到了解决，降低了采购成本；同时使物料的采购、入库、进账三个步骤同时完成，大大节省了时间，提高了效率。这样的例子在实施 SAP 项目后的亚星—奔驰不胜枚举。更值得一提的是，原来亚星—奔驰投资 1000 万元建设的立体仓库，正在寻找良好的管理系统，而实施后的 SAP 项目正好在物流模块中有这方面的功能，而且与其他功能模块之间集成，这就像雪中送炭一样使立体仓库的物流管理更加顺畅、高效。

更加可喜的是，SAP 项目的实施不仅为亚星—奔驰带来了良好的管理系统，使公司管理更上一层楼，也更为蒸蒸日上的亚星—奔驰在管理意识、管理文化引进了先进的方法与工具，相信亚星—奔驰这颗中国汽车工业的明星一定会更加灿烂辉煌。

【失败案例】

千万元工程的陨落

——国企 ERP 实施亲历记[①]

柳　松

20 世纪 90 年代末的一个春天，我当时所在的一家知名的软件开发商在一家大型制造企业获得了一项国家"863"CIMS 项目，ERP 被列为其中的一部分，另外还有 CAD、CAPP、PDM 系统，整个 CIMS 系统投入近千万元。本人作为 ERP 的实施顾问，参与了此项目的全过程，在长达一年半的实施过程中，对 ERP 有了更深的认识。特别是对 ERP 在国企中的实施有深切的认识和切肤之痛，从中发现不少问题，而正是这些问题直接导致了实施的失败。

这几年来，关于 ERP 实施的文章不少，但有真切感受的文章不多，很多关于实施的文章缺少实施的细节描述，要么是纸上谈兵，要么纯粹是东抄西摘的东西，少有从实践中得来的真切感受。把现实中十分生动具体的实践，变成干巴巴的教条，严格地讲，对 ERP 的实际应用没有多大借鉴意义。

笔者有 ERP 的开发经验和长期实施 ERP 的经历，对 ERP 有比较深刻的认识。在这里，根据自己的实施过程中的亲身经历，告诉你一个真实的在国有大型制造业实施 ERP 的故事，把自己在实践中获得的第一手资料贡献出来和大家共享。出于可以理解的原因，将隐去有关厂商的真实名称。

1. 项目背景

这是一家产值八亿元左右的机械制造企业，有职工 7000 人左右，其中技术人员 600 多人。组织结构为五个事业部、十七个处、三室、九个分厂、一个科研所，还附属有医院、小学、托儿所、招待所等社会福利机构。20 世纪 90 年代中期以来，企业连年亏损，好在树大根深，尚未大伤元气。近来，由于国防订货激增，军品外销形势喜人，企业又恢复了生机，产品一时间供不应求。但由于管理粗放，造成成本节节攀高，产值虽大，效益却很一般。这是企业准备上 ERP 的动因之一。

开发商则是一家新兴的软件企业，有大约 120 人的软件开发人员。近年来，仿照一家著名的外国软件开发出了自己的 ERP 软件，而这个项目则是开发商的第三个大型项目。

此项目经国家立项，列入"863"CIMS 计划（据说列入此计划将会得到国家一定金额的无偿拨款），由此确定了项目资金来源为"自筹＋上级主管拨款＋国家拨款"。

2. 过程中的问题

国外关于 ERP 实施的阶段划分是有道理的，只有在这每一个阶段的工作都做好了，才能保证 ERP 的实施成功。现在我就结合这个程序来分析我亲身经历的 ERP 实施。

（1）领导培训。

ERP 系统被视为"一把手"工程，对企业高层的领导的培训是一项十分重要的工作。而实际情况是如何做的呢？应该说开发商从一开始就十分重视对企业"一把手"的工作，但不是进行先进管理理念方面的导入，而是把大量的精力放在公关上。这个价值近千万元的项目理所当然地引起了多家软件商的角逐，而且此项目居然不进行招标，这就为各家公司的公关工作留下了宽阔的表演舞台。各家公司各显神通地倾情演出，一时间你方唱罢我登台，种种手段不一而足。而极为重要的 ERP 理念导入的工作就相当马虎地一带而过。只是请了一位机械制造专家作了 CIMS 原理的专题讲演，而没有对 ERP 的理念作任何形式的导入工作，从一开始就为日后的失败埋下了伏笔。

造成这种情况有两个方面的原因：

---

① 作者柳松。

一方面，开发商实施队伍尚未完善，笔者作为唯一具有开发经验和管理经历的实施顾问，既要从事开发工作，又要主持多个项目的实施，困难是很大的。毕竟，国内的 ERP 软件是最近几年才出现的事，开发商特别缺少既懂现代制造业管理又具备较高计算机水平的两栖人才。另外，加之开发商主观上认为自己在公关活动中的工作足以保证后续工作的顺利进行，也不愿意在这方面投入太大的人力、物力，尽可能减少成本开支。除了搞了一次讲座外，就没有搞过管理理论方面的培训了。

另一方面，企业领导上 ERP 项目的动机复杂。当然也想通过 ERP 提高管理水平，另外还有攀比跟风以及更深的不为人知的动机。企业的各级管理人员对此也是心知肚明，所以上下都对 ERP 项目缺乏应有的信心和工作热情。

（2）需求分析。

开发商的需求分析工作也极为马虎。仍然是出于确信自己的公关投入可以保证项目成功（这里开发商理解的成功就是收到项目款），开发商尽可能地减少成本开支，前期的需求分析工作基本是为了应付立项报批而做的，对二次开发基本没有什么意义。

（3）BPR。

在这个项目的实施过程中，无论是开发商还是用户都没有提出来要进行企业管理流程的重组工作。笔者深知在国企要对企业业务流程作根本性的重组几乎是不可能的，但一点改进都没有而要成功地实施 ERP 同样几乎不可能，作为实施顾问，笔者曾提出过对企业工作流程进行改进的建议，但却泥牛入海，杳无消息。尤其令人不解的是在我们进驻企业时，企业刚完成了对组织机构的调整，似乎这项工作与我们根本无关，企业自己按老一套三下五除二就搞定了。其组织结构仍然是高耸的非人格化的机械结构，我们就是在这样的管理环境下，开展 ERP 的实施工作的。

（4）项目组织。

项目组织从形式上看是像那么回事了。成立了三级项目组织，企业"一把手"出任领导小组组长，核心小组、各部门项目组也有重量级人物出任组长。但实际工作起来就不是那么一回事了。"一把手"虽说是组长，但从头到尾只参加过两次会议，而且也是大言炎炎地说些不着边际的官话、套话，说完就走人。而其余负责人对 ERP 知识极为欠缺，在业务会上，往往不知所云地说些牛头不对马嘴的话，解决不了任何问题。而最可笑的是，此企业的信息中心的主任、项目的具体负责人居然是一个不学无术的人。虽说是计算机大专毕业，但对技术一窍不通。此人很少钻研业务，满脑子转的是如何巴结领导、讨好上级的经。

（5）实施计划。

由于 CIMS 涉及多个系统，计划的组织工作极为繁重，头绪极多，应该采用 PERT 技术进行项目管理。但实际上却没有这样做，仍按传统方法管理项目。整个计划极为概略，只有一个粗线条的时间表，各系统分头进行，互不沟通。加之在发包项目时，CAD、CAPP、PDM 系统包给另一家知名的软件开发商，不同的软件开发商所用的开发工具不一、工作方式各异，协调起来十分困难，经常出现混乱，而且开发出来的系统与我们的 ERP 系统不能有效集成，形成互无联系的"信息孤岛"。

（6）培训工作。

前面已经提到了管理理念方面培训工作中的问题，这里只是谈谈操作培训工作的问题。应该说这方面的培训工作较之管理理念方面的培训要好得多。我们组织了对各部门的操作员培训班，从计算机的基本知识开始进行了系统的培训，并进行了较为严格的考试，合格的颁发了上岗证。参加培训的是一些基层的女工，不同领导的麻木与懒惰，她们表现出了较高的学习热情，常常主动加班学到深夜。正是由于她们的帮助才使我们在极为不利的环境下，还能坚持正常地工作。她们所做的一切，常常让我们感叹这才是中国的脊梁。但存在的一个问题是培训面不宽，没有进行持续扩大的培训，另一个问题是没有各级管理人员的参加，直接影响了实施工作。

（7）数据准备。

数据准备的重要性毋庸赘言，作为实施顾问，笔者在各种场合反复强调了基础数据的重要性，并要求企业采取切实的措施来保证这一点。由于我们的坚持，企业方面也对这个问题表现出了极大的关注。布置了全厂的库存盘存，对库存账、物进行了一次较为彻底的清查。应该说，经过这次全厂大盘点，企业的家底是查得较为清楚，但仍不能达到系统上线的要求。其原因是企业多年来实行的是较为粗放的生产管理方式，系统要求的一些基础数据，企业没有完整的记录。例如，各零部件的制造提前期、采购提前期没有一个准确的数据，尤其是采购提前期没有历史记录资料，也没有制造经济批量和采购经济批量的概念。笔者不得不亲自整理浩如烟海的数据进行分析，勉强确定出每次订货成本、库存成本，从而为制定出经济制造批量、经济采购批量打下了基础。

另外，我们在工作中发现，很多零部件的工艺标准、成本标准、损耗标准均制定于 20 世纪 70 年代，早已不能适应现在的市场情况。总之，数据准备是认真的，但由于管理的基础工作较差，总体上不能达到系统上线的要求。

（8）二次开发。

由于没有对企业业务流程进行重组，我们不得不对软件作了较大的修改。在实施初期，我们坚持要求企业的业务流程按 ERP 的要求进行改造，双方爆发了激烈的争执。经过一段时间的僵持，开发商的老板给我们发来训示：用户是上帝，用户要我们怎么办就怎么办，不要再进行无谓的争执了。于是，我们只有谨遵上帝的意愿，对软件进行了较大幅度的修改，使 ERP 软件带上了浓重的国企特色。

3. 管理冲突

前面着重谈了在实施 ERP 各阶段中所存在的一些问题。而这些问题就直接导致了一系列两种管理模式的冲突，下面将就这些问题做一些分析讨论。

（1）观念之争。

在实施过程中，我们一直处在先进与实用的观念之争的中心。由于无论是管理的理论，还是丰富的职业经历使企业的怀疑派不得不承认笔者的管理思想是先进的。但他们又说他们那一套虽不先进但却是实用的、有效的。支持他们的理由就是按 ERP 的模式重组生产，将会给已经超负荷的生产运转体制带来混乱。然而，笔者明确地告诉他们，正是由于企业延续 30 年不变的管理体制才使企业不能应付新世纪的挑战。正是由于旧的生产运转体制才使企业不得不超负荷运转。而且，这种超负荷是低效益的，不可能应付市场日益严峻的挑战，总有一天会不胜重荷则彻底崩溃。如果等到企业完全丧失竞争力，再来进行重组时，可能为时已太晚。为了说服他们，笔者对企业的排产模式给他们做了详细的分析，明确指出其中的问题。

多年来，此企业生产的模式是计划目标或订货合同目标——查半成品库存数——下达各分厂的月生产计划——各车间生产调度指令——各车间自拟物料需求计划——生产处审批——分厂审批——各车间执行。从这里可以看出，在下达生产计划时，传统的方法使企业生产计划制定者只考虑一个影响因素，即制订计划这个时点上马上可以用于装配成品的半成品库存数。而其下层的物料库存数量则不在企业生产计划制定者考虑之内，而是交给下级分厂或车间自行决定，由于各部门之间信息不能共享，加之出于各种自身利益考虑，下级提出的物料需求计划常常出现多报、漏报的现象，很不准确。且以上库存数据均为静态数据，没有考虑到即将到达的物料数量。计划的环节多，审批烦琐，对市场的变化反应迟缓。另一个大问题是传统的生产管理模式没有进行生产能力计算，只是粗略地凭经验估计，没有制订出详细生产能力需求计划。

以上这些工作虽说对他们有所触动，然而由于体制，企业难以对业务流程进行根本性的再思考和再设计。

（2）利益之争。

即便是没有进行 BPR，笔者仍然察觉到了 ERP 项目给企业各级管理人员带来的利益之争，由于没有进行业务流程重组，没有出现利益再分配的大震荡，但一种另类的利益之争的暗流从一开始就以各种形式在四处汹涌。

由于企业的领导风格为专制型，重大决策由厂长一句话、一支笔决定。特别是这次项目的决定，引起了其他领导的不满，特别是主管生产的副厂长在系统选型时被排除在外，由此而衔怨极深，一直对实施 ERP 采取消极态度。而各车间、分厂的管理者则有很多人担心 ERP 系统的实施使他们对下面的管理太过透明，不利于运用权谋来治理下属，故而也采取了消极观望的态度。

（3）粗放与精确之争。

根据 ERP 的原理，我们要对制造的各环节进行精确的控制。以 α 产品为例，此产品的 BOM 由十七层共 127 个物料组成。其中有制造件、委外加工件和采购件，有的制造件工序达到几十道之多。关于如何制定产品的 BOM，我们与生产管理部门爆发了激烈的争执。最先，我们和企业有关人员研究决定，根据 α 产品的零件表把 BOM 划分为十七层共 127 个物料，生产管理部门起初由于对 ERP 的工作原理不甚了了，也没有提出反对意见。但在实践中一经施行，上下爆发出一片反对声。

由于长期以来，企业的管理粗放，制造的工序多、流程长、环节多，制造加工过程常有各种损耗。加之管理不严，责任不清，发生差错经常上推下卸，弄得原因不明，责任人不清楚。各车间与车间之间、各车间与分厂之间、分厂与总厂之间的统计数字长期不一致，经过多次大规模人工清查，仍然查不清原因。整个制造的过程宛如一个"黑箱"，主管生产的领导只知道从源头投入了多少原材料，最后产出了多少成品。而中间损耗的详情不清楚，如具体损耗在哪一个部门、哪一个工序、损耗多少、原因是什么、责任人是谁不甚了了。企业的领导极想通过 ERP 系统来控制生产的全过程，搞清上述问题。那么要做到这一点，就必须把 BOM 层次分得尽可能细，当然就要求对 BOM 上每一层次的物料进行控制，要求每一个责任人每天录入收到的原料数、加工完成数、加工损耗数、未加工完成数、检验合格数、加工损耗原因等数据。生产线上的每个环节、每个责任人都处于受控状态，这当然与原有随意、散漫的工作模式大相径庭。于是，从生产管理部门的管理人员到生产线上的工人都以种种理由拒不执行。其中，一个荒唐可笑的理由是 ERP 系统的工作模式产生控制单据过多，浪费纸张。面临一片反对声，笔者冷静分析，这一方面固然有两种管理模式更迭带来的必然振荡，而更有各级利益的深刻冲突。作为企业的高层领导当然希望通过 ERP 系统更有效地对下面的工作情况进行监督，而中下层的管理人员、工人当然不愿意接受这种单方面的监督。高层与中下层之间、中下层与工人之间原本就存在深刻的矛盾冲突，而 ERP 系统的实施在某种程度上加剧了这一冲突。这也是没有事先进行 BPR 所带来的一个明显的恶果，如果事先进行了合理的管理改进，把各方的利益结合起来，就不会导致这种普遍反对的结果。面对来自中下层的强烈反对，国有企业的管理弱点暴露无遗，高层领导也不敢强行推行。最后，由开发商与企业的领导商讨后裁定，适当减少层次，减少控制环节。于是 α 产品的 BOM 结构层降为 9 层 86 个物料。

（4）采购方针之争。

根据 ERP 的管理思想，应当在需要的时间向需要的部门提供需要数量和品种的物料。原则上，要求物料不能脱供也不能早供。然而，企业的实际情况却是生产所需求原材料以季度为单位进行采购。也就是说，本季度生产中所需的大多数原材料在上季度末采购到位。这就造成企业长期库存大、周转慢，而一旦市场发生变化，则会造成库存积压，而调整生产后所急需的原材料又无钱购买。为解决此问题，笔者提出了严格按 ERP 的物料需求计划生成的采购订单进行采购的解决方案。但采购部门却认为，由于企业采购资金紧张，通常采用赊购的采购方针。而赊购某些较为紧俏的物料依赖业务人员的业务能力，其订货周期不能确定。这就导致不能制定正确的采购提前期。

针对采购部门提出的问题，笔者结合自己的工作经验判断，采购部门提出的问题肯定有夸大的成分。对此问题，笔者请采购部门列出不能保证准时供应的物料的清单。采购部门提供了达 26 种之多的物料清单，而且几乎是对生产有重大影响的物料。在拿到这份清单后，笔者并没有被吓倒，而是对采购部门列出的 26 种物料的市场情况进行了详细的调查。经过笔者半个多月的工作，得出的结论是仅仅只有两种物料的采购提前期是难以确定的。另外 18 种能很方便的确定，还有 6 种经过努力也能确定。然而，由于国有企业固有的管理障碍，笔者的调查结论被束之高阁，并没有带来应有的采购方针调整。

4. 题外话

果然不出开发商所料，尽管存在前面所说的种种问题，项目还是实施"成功"了。在开发商和企业共同"努力"下，此项目通过了国家"863 专家组"的鉴定，并在各种媒体大吹大擂。开发商如愿以偿地挣到了钱，有关人士也得到了不少好处。而留给企业，留给工人们的是什么呢？CAPP、PDM 早已废置一旁，ERP 中的生产计划、销售、采购模块仍然没有发挥作用。倒是库存管理、人事管理、财务管理还能起一些作用，但企业付出的与得到的实在不成比例。

以上虽然用了很多笔墨谈到了非技术问题，然而，ERP 本身就不单纯是一个计算机项目，而更是一个管理项目。从管理的角度就不能不研究这些问题，只有正视它才可能解决它，而笔者这里谈到的不过是冰山之一角，应该说不是一个孤立的偶然现象，而是相当普遍地存在于国有企业之中，可以预料，要完成国有企业的信息化改造，是一件任重而道远的工作。

3.2　SAP ERP 操作指导

3.2.1　环境要求

	服务器	客户端（工作站）
操作系统	Microsoft ® Windows 2000、2003 Server	Microsoft ® Windows 2000 Professional Microsoft ® Windows XP SP2
CPU	1x Intel ® Pentium Ⅲ	1x Intel ® Pentium
内存	1G	256M
可用硬盘空间	System partition：1G Data partition：2GB	1G
显示模式	640 X 480 with 256 colors or higher	800 X 600 with 24Bit colors or higher
软件	Microsoft ® IE 6.0 SP1 或更高 Microsoft ® SQL Server 2000 /2005 Service Pack 3（SP3） Microsoft ® Data Access Components 2.6（MDAC）	Microsoft ® IE 6.0 SP1 Microsoft ® Windows 2000/XP SP2 Microsoft ® Data Access Components 2.6（MDAC） Microsoft ® Office 2003

注：作为个人学习或试用，SAP Business One 服务器和客户端（工作站）可以合二为一，只需要装在一台电脑上即可。安装 SAP Business One 的硬件环境，最低要求是很简单的，只需要：MS Windows XP SP2；MS SQL Server 2000 个人版 或者更高版本（但是 MSDE 不行）；MS Office2003 或 2007；注意：SAP Business One 不支持 My SQL 数据库。

如果电脑上没有安装 MS SQL Server 数据库，需购买一张 MS SQL Server 的光盘进行安装。或者在网上下载一个 MS SQL Server 的安装包。例如，以下链接提供 MS SQL Server 的安装下载，请尝试：http：//www.qjedu.net/uploadsoft/SQLPERSONAL.rar。

SQL Server 的安装过程较为简单。如果在 Google 或 Baidu 上搜索"SQL Server 安装指南"，就可以搜索到 SQL Server 的安装文档。例如，可以尝试：http：//www.yuturj.com/show_faq.asp？newsid=399。

限于篇幅和时间关系，在此不详细介绍 Windows XP、MS SQL Server 和 Office 的安装过程。下面，我们将介绍 SAP Business One 的安装过程和注意事项等。

3.2.2 安装步骤

1. 启动 SQL Server

安装 SAP Business One 之前，必须检查是否已安装 SQL Server 数据库，并启动 SQL Server 数据库。

（1）如果安装的是 SQL Server 2000，启动 SQL Server 2000 的方法如下：

安装完毕 SQL Server 2000 后，双击桌面任务栏右下角的 ▇▇ （或者单击电脑左下角的"开始"，路径：开始→程序→Microsoft SQL Server→服务管理器），打开服务管理器界面，单击 ▶ 开始/继续 (S) ，稍等后，SQL Server 启动成功。

（2）如果安装的是 SQL Server 2005，启动 SQL Server 2005 的方法如下：

SQL Server 2005 安装完毕后，单击左下角的"开始"。路径：开始→程序→Microsoft SQL Server 2005→配置工具→SQL Server Configuration Manager。

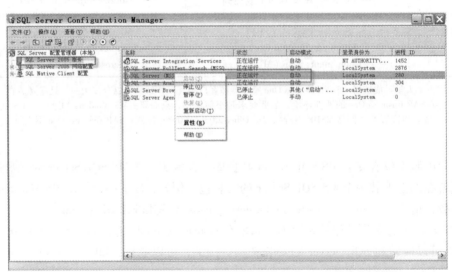

选择 SQL Server（MSSQLServer）后，单击右键，再单击"启动"。另外，还需要启动 SQL Server 2005 的网络配置中的 Named Pipes 和 TCP/IP。

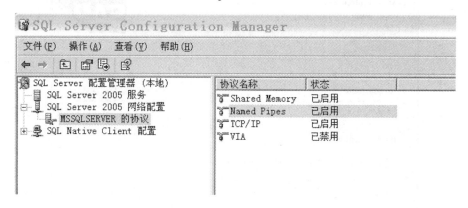

在启动 Named Pipes 和 TCP/IP 后，需要重启 SQL Server。

2. 安装 Server Tools

安装 SAP Business One 时，首先需要安装 Server Tools。路径为：SBO_2005B \ Packages \ Server Tools \ setup. exe。单击 setup. exe 安装程序后，开始安装，并出现以下界面：

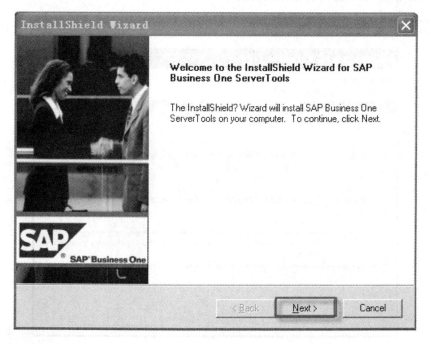

单击 [Next >]，进行下一步，进入以下界面：

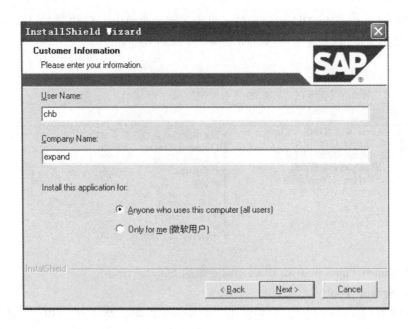

手工输入用户名和公司名称，默认选择 "Anyone who uses this computer（all users）"。
单击 Next > ，进入以下界面：

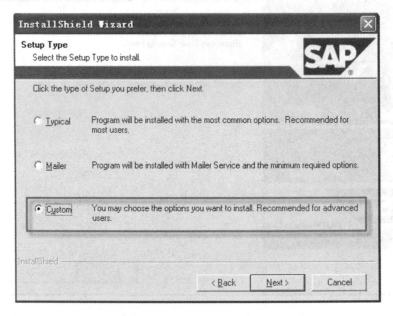

选择 "Custom"，单击 Next > ，进入以下界面：

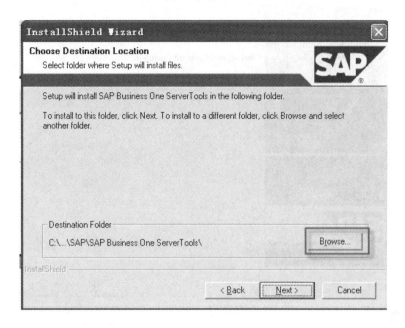

选择安装文件的路径，默认 C 盘，可以单击 "Browse"，重新选择安装路径。然后，单击 Next > 进入以下界面：

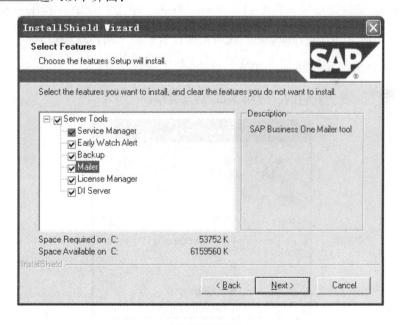

选择安装的组件，建议全选。单击 Next > 后，系统进行安装。安装完毕后，提示以下界面：

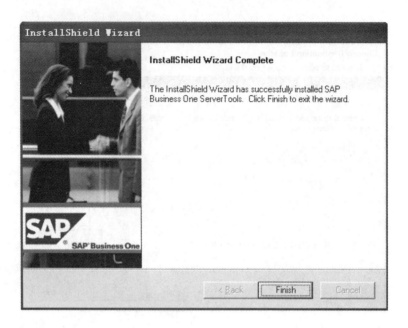

单击 | Finish | ，Server Tools 安装结束。

3. 启动 Server Tools

Server Tools 安装完毕后，需要启动 Server Tools。单击：开始→程序→SAP Business One→ Server Tools →Service Manager。此时桌面任务栏右下角出现 ▦ 图标，双击此图标，在 Service 处选择 License Manager 2005。单击 | ▶ Start / Continue | ，启动 Server Tools，当 | ▶ Start / Continue | 变为灰色时，表明 Tools 启动完毕。

4. 安装 Server

安装服务器端，路径为：SBO_2005B \ Packages \ Server \ setup. exe。单击 Server \ 文件夹下的 setup. exe，出现以下界面：

单击 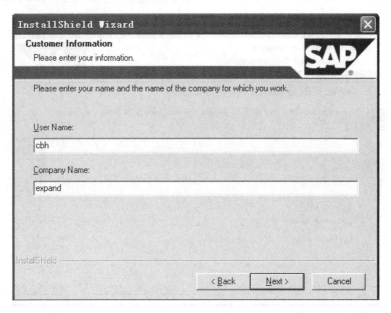 后，进入以下界面：

手工输入 User Name（用户名）和 Company Name（公司名）。单击 Next >，进入以下界面：

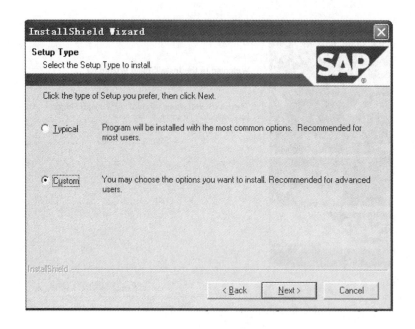

注意：请选择"Custom"，即定制安装。单击 Next > 后，进入以下界面：

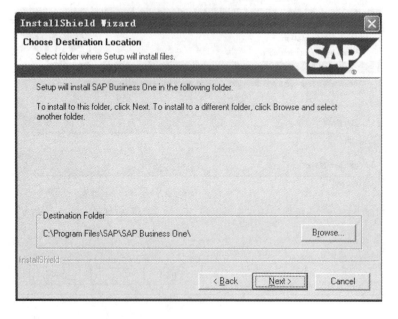

选择安装路径，如果需要更改则单击 Browse... ，更改安装路径，如果 C 盘的空间足够，就不用更改。单击 Next > 后，进入以下界面：

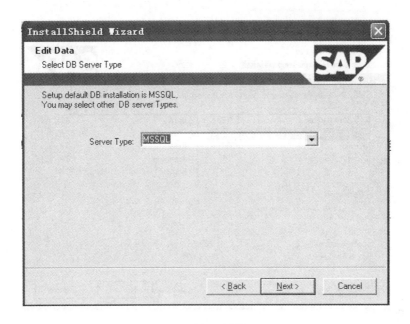

选择 Server Type：即 MSSQL。单击 Next > 后，进入以下界面：

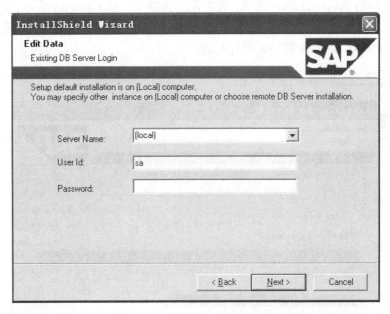

输入 SQL 数据库的 User Id（用户名）和 Password（密码）的密码。单击 Next > 后，进入以下界面：

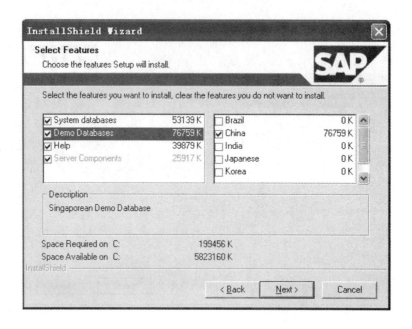

注意：

请选中左侧的 Demo database 选项。在右侧的选项中，选 China 创建一个简体中文的数据库。当然，也可以选择创建更多的、其他语言的 Demo 数据库，但这会延长安装时间。

System database 和 Help 都是必须安装的。

单击 ，进入以下界面：

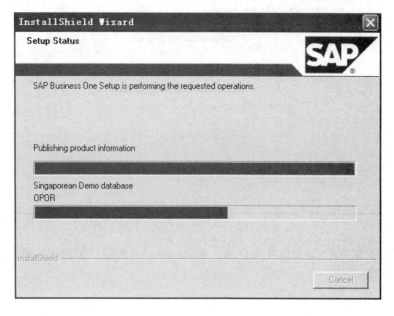

装 Server 的时间较长，因为要创建 Demo 数据库，以及要创建 SAP 自带的 SBO-COM-MON 数据库。请耐心等待 5 ~ 20 分钟，直至出现"安装完成"的界面提示：

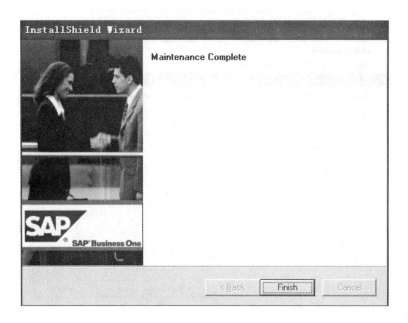

特别提醒：

如果在安装 SAP Business One Server 端时，没有安装 Demo 数据库。那么，当登录 SAP Business One 时，就不会显示"北京海诚电子公司"账套。

要解决这个问题，请在 SBO 的 Server 安装文件夹下，或在"控制面板 – 安装删除程序"下，修复安装 SBO 的 Server 端，即可安装 Demo 数据库。请选择"Modify"修复安装选项。

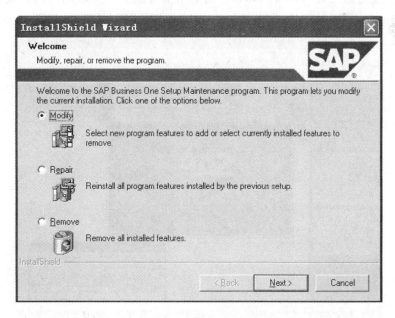

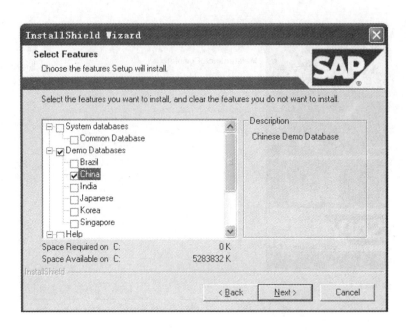

选择要安装的 Demo Database，如 China 等。

5. 安装 Client

安装客户端（即工作站，或叫 Client），路径为：SBO_2005B \ Packages \ Client \ setup.exe。单击 Client \ 文件夹下的 setup.exe，出现以下界面。

提示：安装好 SBO 的 Server 端程序后，会再自动生成一个共享目录 B1_SHR，在这个共享目录下，也可以安装 SBO 的 Client。这个功能特别适用局域网内的其他用户。路径是：C：\ Program Files \ SAP \ SAP Business One \ B1_SHR \ Clients \ Client_Setup。

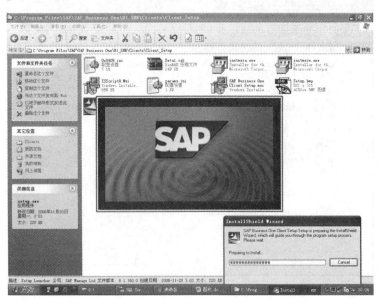

稍后会出现以下界面：

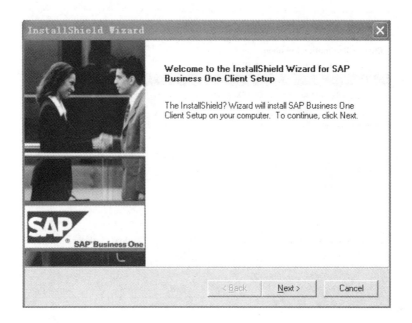

单击 Next > ，出现以下界面：

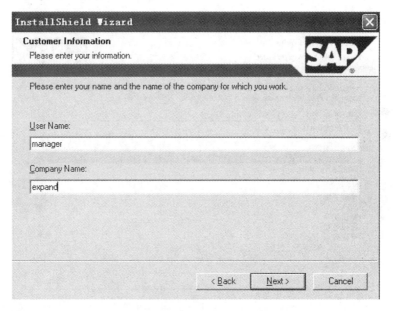

手工输入用户名和公司名。单击 Next > ，出现以下页面：

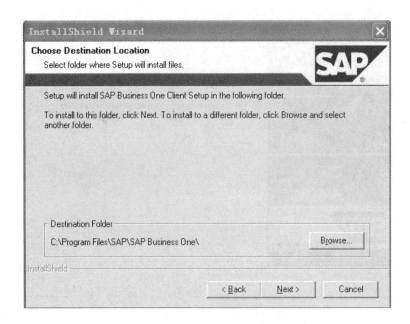

可以更改安装目录，或按默认目录继续。单击 Next > ，出现以下页面：

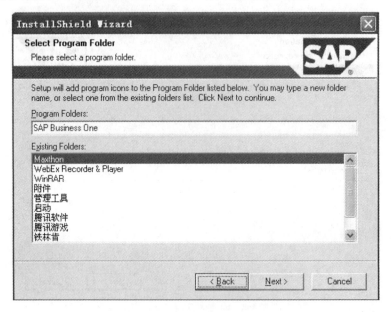

可以选择更改程序组中的 SBO 程序名称，建议按默认的 SAP Business One。直接单击 Next > 开始安装，并出现以下界面：

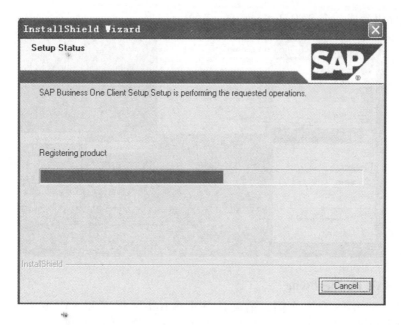

稀等 1~2 分钟，即可完成客户端（Client）的安装，并出现安装完成的提示界面。

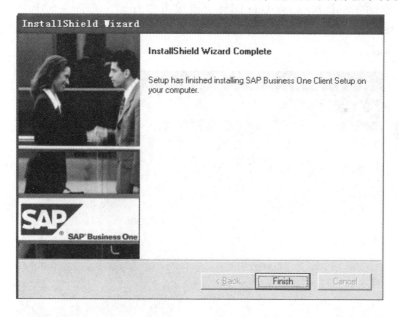

SBO 的 Client 端（即客户端）安装完成后，将在桌面生成一个可执行的 SAP Business One 图标。

并在程序组生成一个 SAP Business One 菜单。

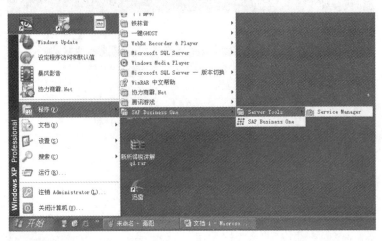

6. 启动 SAP Business One

启动 SAP Business One 之前，请确认 SQL Server 数据库和 SAP Business One Server Tools 是否已经启动。

双击桌面上的 SAP Business One 图标，或单击"开始 – 程序 – SAP Business One 菜单"，即可启动 SAP Business One。启动 SAP Business One 时，会显示一段简短的动画，然后出现以下界面：

单击 更改公司 ，进入"选择公司"的界面。

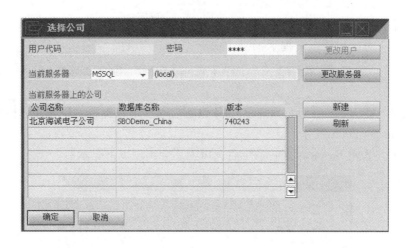

在这里，我们可以看到，有一个"北京海诚电子公司"的演示账套，即 SBODemo_China 数据库。如果这里没有显示这个 Demo 数据库，请确认服务器连接是否正常，SQL Server 是否已经启动。

请用鼠标选中"北京海诚电子公司"这一行。然后在"用户代码"和"密码"栏目中，全部输入"manager"，或全部为空，再单击 确定 。Demo 数据库中的其他用户，如 A001，A002 等，密码是"init"。

首次登录 SAP Business One，可能会出现以下界面：

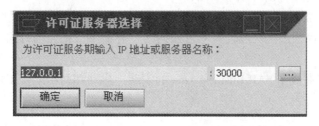

用鼠标选中一行，点 确定 。可能会出现以下界面：

请输入本机 IP 地址，即 "127.0.0.1"，再点 确定
如果屏幕下方，出现以下提示：

很可能是 SAP Business One Server Tools 没有启动。请在屏幕右下角单击 ▦ ，重新启动 License Manager 2005 服务。

第一次进入 SAP Business One 系统后，可能还会出现以下提示：

这是因为这个演示公司的数据是 2006 年创建的。建议进入系统后，新建 2007 年、2008 年、2009 年三个年度的会计期间。创建会计期间的路径如下：

主菜单	管理→系统初始化→一般设置

选择 "一般设置"，进入以下界面：

#	代码	名称	活动的	从	到	从	到
1	⇨ 2003-1	2003-1	是	2003.01.01	2003.01.31	2003.01.01	2003.12.31
2	⇨ 2003-2	2003-2	是	2003.02.01	2003.02.28	2003.01.01	2003.12.31
3	⇨ 2003-3	2003-3	是	2003.03.01	2003.03.31	2003.01.01	2003.12.31
4	⇨ 2003-4	2003-4	是	2003.04.01	2003.04.30	2003.01.01	2003.12.31
5	⇨ 2003-5	2003-5	是	2003.05.01	2003.05.31	2003.01.01	2003.12.31
6	⇨ 2003-6	2003-6	是	2003.06.01	2003.06.30	2003.01.01	2003.12.31
7	⇨ 2003-7	2003-7	是	2003.07.01	2003.07.31	2003.01.01	2003.12.31
8	⇨ 2003-8	2003-8	是	2003.08.01	2003.08.31	2003.01.01	2003.12.31

单击 新期间 ，出现以下界面：

依次输入和添加 2007 年、2008 年和 2009 年共三个会计年度的过账期间。注意子期间应选 "月"。最后，在 "一般设置 – 过账期间" 界面下，把当前月份，如 2009 年 11 月设置为 "当前值"。

至此，就全部完成了 SAP Business One 的安装、启动和初始配置工作。

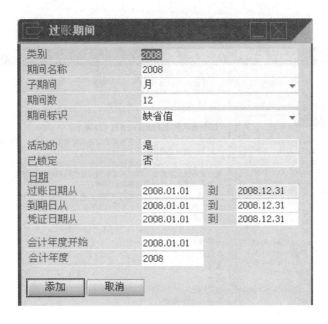

3. 2. 3　安装 SAP Business One 的在线帮助

SAP Business One 的帮助需要做一个设置。步骤如下：

第一步：单击屏幕顶端的"帮助"主菜单，并选中"帮助设置"子菜单。

鼠标单击"帮助设置"子菜单，进入以下界面：

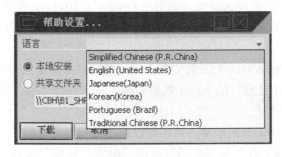

鼠标单击语言栏中的黄色区域，从下拉菜单中，选择中文帮助，即"Simplified Chinese（P. R. China）"，然后单击"下载"按钮。请稍候片刻，即完成下载。这时，就可以打开帮助文档了。

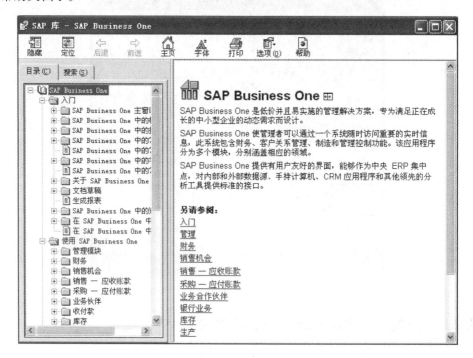

　　建议先浏览一遍"入门"和"使用 SAP Business One"两部分的内容。这样会帮助快速了解 SAP Business One 的基本操作和基本功能。

Q&A 答疑

1. SAP Business One 的 Sever 可以安装在 Windows XP 上吗？

答：可以的。请在 Windows XP 上先安装 MS SQL Server，再安装 SAP Business One。

2. 我电脑上没有 MS SQL Server 数据库系统，怎么办？

答：请购买一张 MS SQL Server 的光盘，或者在网上下载一个 MS SQL Server 的安装包。以下链接提供 MS SQL Server 的安装下载，请尝试：http：//www. qjedu. net/upload-soft/SQLPERSONAL. rar。

SQL Server 的安装过程较为简单。如果在 Google 或 Baidu 上搜索"SQL Server 安装指南"，就可以搜索到 SQL Server 的安装文档。请尝试：http：//www. yuturj. com/show_faq. asp？ newsid = 399

3. 安装 SAP Business One 时没有安装 Demo 数据库是不是要重装 B1？

答：不需要。可以把 SBO 的 Server 端再安装一下，选择"修复安装（Modify）"中的 Demo 数据库安装就可以了。

4. SAP Business One 试用版中，可不可以新建公司？

答：可以新建公司。在"选择公司"界面，单击"新建"按钮，就可以新建公司：

5. Demo 数据库，即北京海诚电子公司的用户代码和密码是多少？

答：超级用户的用户代码是"manager"，密码也是"manager"。或者用户代码为空，密码也为空。其他用户，如 A001，A002 等，密码是"init"。

6. 怎么设置过账期间？

答：在主菜单"管理——系统初始化———般设置——过账期间"下，设置过账期间。请参阅"启动 SAP Business One"部分的内容。

7. 除了 SAP Business One 的"在线帮助"之外，还有哪些可供学习的资源？

答：推荐下载敏捷系列的 PDF 教程。

下载地址：http：//www. expand. net. cn/NewsShow. aspx？cid =91&tid =4

8. SAP Business One 试用期为一个月，一个月之后如果还想试用，怎么办？

答：一个月到期后，请把 SAP Business One 卸载重装，便又可以获得一个月的试用机会。

9. 我缺乏 ERP 方面的专业知识和工作经验，应该怎么补充这方面的知识？

答：要想学习 ERP 方面的知识，我们推荐学习关于 ERP、商业智能等方面的论文，很有学习和借鉴意义。

10. 没有财务基础，学习 SAP Business One 难不难？

答：如果想学 SBO 的财务模块和收付款模块，那需要补充一点财务的基础知识。如果只关注物流模块或技术部分，就不需要过多地关注财务知识了。

如果想参加 SAP 的认证考试，或者想成为 SAP Business One 的专业顾问。建议学习财务知识。

11. 我缺乏财务方面的专业知识和工作经验，应该如何补充这方面的知识？

答：建议在书店或网上选购一本"基础会计学"方面的书籍，同时选购一本国外出版或翻译的"财务会计"方面的书。例如，《会计——企业决策的基础 财务会计分册》的中文版本或英文版本。

12. 我想学习 SAP Business One 2007B 或 SAP Business One8. 8，怎么办？

答：SAP Business One 的新版本，如 2007B 和 8. 8 等，主要集成了大量 Add-on 等增强

模块，以及全球各地区版的整合。但在基本模块的流程和功能上，没有太大的变动。因此，对于初级和中级的学习者来说，SAP Business One 2005B 已经足够了。

当把 SAP Business One 学过一遍之后，或基本达到 SAP Business One 中级的水平之后，可以申请 SAP Business One 2007B 或 8.8 的试用版本。

13. 我希望成为一名专业的 SAP Business One 顾问，如何实现？

答：建议安装 SAP Business One 试用版之后，学习其基本功能和流程。再根据本人的职业生涯规划，如果确实想成为 SAP Business One 的专业顾问，建议参加 SAP Business One 的全球认证考试，获得 SAP 认证顾问资质。

要想参加 SAP Business One 认证考试，只有自学往往是不够的。建议选择参加相关公司（或其他机构）举办的相关培训。

例如，如果想咨询思邦公司 SAP Business One 培训信息，请参阅思邦公司网站，或邮件咨询：training@ expand. net. cn。

14. 学习 SAP Business One 对我今后的就业和职业发展有什么帮助？

答：这需要从以下几个方面来分析：

- 如今，ERP 软件是企业必备的管理工具，ERP 已经把"资源共享"、"信息集成"、"计划与规划"、"效率与效益"、"规范与严谨"、"协作与沟通"等现代管理理念融为一体。因此无论你学的是哪个专业，无论你将要在哪个部门或岗位就职，了解 ERP 的思想和理念，熟悉基于 ERP 的工作方式，掌握一种或多种 ERP 软件的用法，都是很有必要的。

- 数量庞大的中小企业和成长型企业在发展过程中，几乎都面临着管理的问题，而 SAP Business One 正是一款适合中小企业的、全球化的 ERP 管理软件。熟悉和掌握 SAP Business One，也就意味着掌握了一把帮助中小企业改善管理的金钥匙，对就业的帮助也就不言而喻了。

- 凡实施 SAP Business One 的企业，在实施过程中，以及实施上线之后，大都需要一名或一个团队推行和优化 SAP Business One 的应用。如果掌握了 SAP Business One，就有机会成为使用 SAP Business One 企业的内部顾问。而且，通过实施和支持企业各部门的工作，也能熟悉很多部门和岗位的工作流程。为日后的职场发展打开更广阔的天地。

- 通过学习、培训和考试，可以成为 SAP Business One 全球认证顾问，成为 SAP 全球产业圈中的一分子，有机会获得更多的、更广泛的 SAP 技术资源、管理资源和人脉资源。

15. 我公司希望应用 ERP，我如何判断 SAP Business One 是否适合我公司？

答：SAP Business One 不仅是一套成熟的 ERP 管理软件系统，而且还是一个平台性的软件。也就是说，可以基于 SAP Business One 的配置工具和二次开发工具，为企业做大量的定制化的服务。但这方面的技术，往往是一个初学者或试用者难以实现的。

因此，通过试用 SAP Business One，可以做出一般性的判断。如果要全面地评判 SAP Business One 或任何一款 ERP 软件是否适合贵公司，一定要全面分析公司的业务需求和管理需求，要请专业的 SAP 顾问或 ERP 顾问深入交流，才能做出一个较全面的判断。

3.3　开始学习使用 SAP

3.3.1　SAP 登录

开始使用 SAP 系统，请双机电脑桌面的 SAP 图标，如果在电脑桌面没有这样的图标，请与部门的关键用户联系。

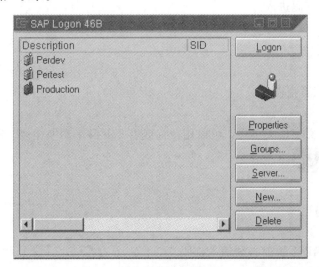

（1）选择 < Production > 或者 < Test > ；

（2）单击 < Logon > ；

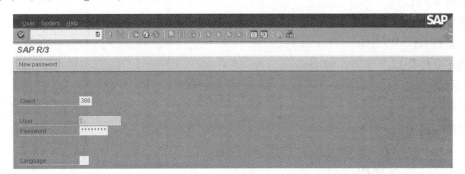

3.3.2　客户

正式版客户号 Client number（Production）300
测试版客户号 Client number（Test）600

3.3.3　用户名

如不清楚，请向部门的关键用户询问用户名。

3.3.4　密码

在第一次登录前，系统管理员会给一个初始密码。在登录系统后必须修改初始密码，此后的输入都以此密码进入。

3.3.5　语言

EN = 英语（或者空白）
注意！
系统不区分英文字母大小写，可以用鼠标或者 Tab 键来切换栏位，输入完最后一栏后按回车或者单击 。

3.3.6　密码

在每次登录 SAP 系统前必须输入密码。
密码字符必须大于 3 个字符，但不能多于 8 个字符。
你可以使用任何数字和文字的组合，包括：
字母 a ~ z；
数字 0 ~ 9；
标点符号。
请不要使用以下字符作为密码：
问号（?）；
叹号（!）；
空格。

3.3.7　修改密码

每次登录 SAP 系统，都可以修改密码。一般来说，为了安全保密，系统管理员会要求定期（例如 30 天）更换密码。这时，系统会有提示信息，要求更换密码。

（1）在登录栏请分别输入以下信息：

- 用户号
- 用户名
- 旧密码
- 语言：English

（2）在应用工具栏中选择新密码"New password"。

（3）出现新密码输入对话窗。

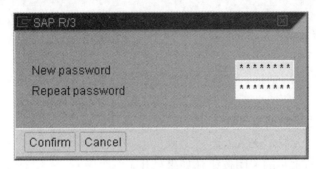

如果此对话窗没有出现，请检查底部的系统状态信息栏是否有提示信息。有可能输入了不正确的客户号、密码、用户名、语言（Incorrect Client Number，Password，User ID，or Language Key）。在此情况下，请重复步骤 1 到步骤 5。

在密码确认"Repeat password"栏中再次输入新密码 。

回车＜Enter＞

如果忘记了密码，请与部门关键用户联系。

3.3.8　用户角色 user role 和权限

在 SAP 系统中，用户角色（User Role）是指在特定的业务环境中为 SAP 用户设置的一系列操作。作为公司中的一名雇员可能同时身兼数种角色，由于角色不同你需要进行的 SAP 输入和查询的需求是不同的。

根据角色的不同，系统管理员会授予不同角色相应的操作和查询权限。当登录进入系统后，系统会显示与角色相应的用户菜单（User menu）。

如果需要查询用户菜单以外的应用项目，请按照如下步骤操作：

选择 Menu→SAP standard menu. 打开 SAP 标准菜单（SAP standard menu）。此界面实际是正在使用的 SAP 系统的一个概况，通过标准菜单可以浏览需要使用的功能。

如果发现某些功能可能在工作中用到，但是现在不能进入，请与部门关键用户联系。

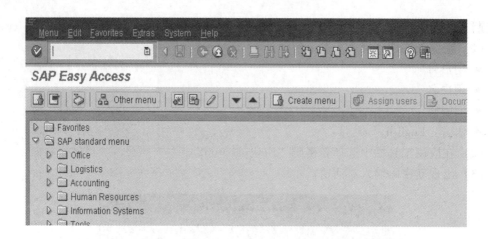

3.3.9 退出

有以下几种方法可以退出 SAP 系统。

（1）选择菜单：System →Log off。

（2）单击界面右上角的关闭按钮（如果只开了一个屏）

（3）退出对话窗出现，通知如果现在关闭系统所有没保存的数据都将丢失。

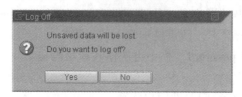

如果不确定是否已经保存了所有数据，请选择"NO"，系统将回到上一个工作的界面。如果确定已经保存了所有的数据，请选择"YES"，所有的 SAP 窗口都将关闭，成功退出系统。

3.3.10 界面

（1）菜单栏 Menu Bar。

在 SAP R/3 中菜单是分级的，菜单栏 Menu Bar 如下：

（2）工具栏。

移动鼠标到工具栏的各个按钮上，系统会显示一文字框说明这些按钮的功能。

标准的工具栏（Standard Toolbar）如下，它包括了我们日常最经常用到的一些功能，如保存"Save"。

工具栏上各个按钮的功能如下：

（回车）确认屏幕输入的数据或者是选择，与回车功能同，回车（或者确认）后系统并没有保存你的输入

（交易代码输入栏）准许你输入交易代码，例如交易码 transaction codes。

（保存）保存你的输入，与菜单 Edit-Save 作用同。

（返回）回到前一个屏幕，没有保存你的输入，如果有需要填写的栏位，请先输入这些栏位。

（退出）退出当前操作，不保存，返回最初界面和主菜单界面。

（取消）退出当前任务，不保存，与菜单 Edit-Cancel 作用同。

（打印）打印当前屏幕。

（查询）在当前屏幕中查找数据。

（查询）在当前屏幕中查找数据。

（回到第一页）回到第一页，同 Ctrl + Page Up。

（回到前一页）回到前一页，同 Page Up 键。

（翻下一页）翻下一页，同 Page Down 键。

（到最后一页）到最后一页，同 Ctrl + Page Down 键。

（创建新界面）创建一个新的 SAP 输入界面，与菜单 System—Create session 同。

（创建快捷键）在桌面上创建任何 SAP 报告，交易（transaction,），任务的快捷键。

（帮助 F1 Help）对鼠标所指位置信息提供帮助 。

（版面菜单）单击后可修改显示选项，如字体、字号、背景颜色等。

（3）状态栏。

状态栏，从左到右描述如下：

报告出错信息

报告系统其他信息

▷ 隐藏或者显示状态栏，选择向左（或者向右）。

单击此按钮，系统可分别显示以下信息：

System：

Client：300 或者 700

User：用户名（对于同时用多个用户名操作时可设置显示此信息）

Program

Transaction：当前使用的 SAP 交易码

Response time：刷新时间。

3.3.11   系统信息

必须注意状态栏显示的信息，一般来说有如下信息：

W：warning 警告信息

- 在准备忽略警告信息前（回车），请检查出现此信息的原因。

E：error 错误信息

- 在找到错误原因及解决问题前，系统不准许继续操作。
- 错误原因可能是某些必要的信息缺失，请重新检查输入。

3.3.12   系统中的移动操作

可通过以下途径进入移动操作的界面：

- 通过菜单 Menu
- 通过用户菜单 user menu
- 键入 SAP 交易码 T code

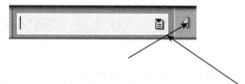

可键入交易码于：

如需隐藏此栏，请单击右边的三角按钮。

如需显示曾经使用过的交易码，请单击右边的下拉按钮 📄 。

如需结束当前执行的任务，请输入 /n.

例如，如需打开一个交易码 MB01，可以输入 /nmb01 ，如下：

选择回车 < Enter >。

3.3.13　从曾用交易码历史清单中查找需要输入的交易码

从标准工具栏中打开交易代码输入栏：

选择标准工具栏右边的下拉按钮 ，系统将显示所有本次登录曾经使用过的交易代码 。
选择需要的交易码。
选择回车 < Enter >。

3.3.14　从所开的界面中获得交易码信息

选择菜单栏。

> System

> Status

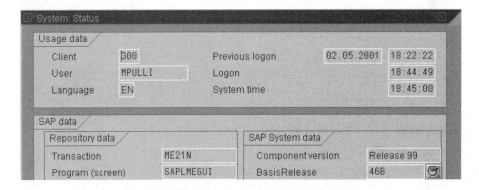

3.3.15　从状态栏中获得交易码的信息

显示交易码。

3.3.16　在各个输入栏中移动光标输入数或者文字

- 可以用鼠标的移动来实现光标在不同输入栏的移动，也可以按 Tab 键实现此功能，如果想回到前一个输入栏请同时按 Shift + Tab 键。
- 如果输入信息有误或者不完整，系统状态栏将显示警告信息或者错误信息。对于警告信息，需了解警告原因，然后再继续操作；对于错误信息，系统将阻止进一步的操作。
- 覆盖：在输入栏中输入新的内容以覆盖原来的内容。
- 插入：在输入栏中插入新的内容。

3.3.17　匹配查询

当光标移动到输入栏位的右边时，如果输入栏右边出现一个球形小按钮，则说明在此输入栏可输入多种选择，可以用鼠标或者按 F4 键对这些选项进行选择。

在系统中有一些查询标准，例如，可以按照物料描述（Material Description）来查询，也可以按照物料编号（material Number）来查询。查询时单击输入栏右边的球形小按钮，单击后系统出现以下新平面：

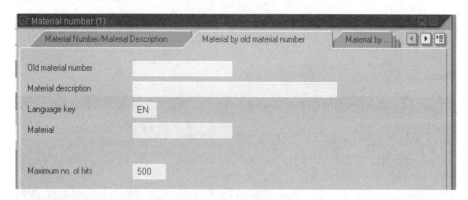

1. 查询物料描述以"T"开头的物料

（1）在物料描述输入栏中输入"T*"。

（2）单击回车 < Enter > 。

得到一份物料清单（物料描述以"T"开头的物料的清单）。

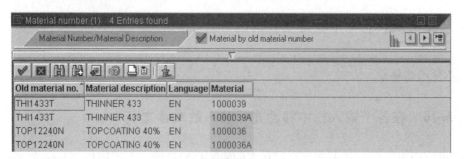

2. 查询供应商名称中含有 AB 字母的供应商

（1）输入 *AB*（系统会搜寻所有供应商名称中含有 AB 字母的供应商）。

（2）单击回车 < Enter > 。

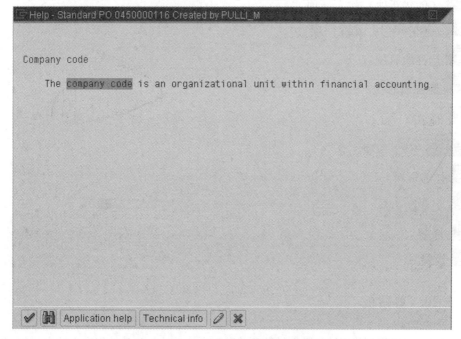

3.3.18　帮助

1. 从当前界面获得帮助

F1/或者 SAP 界面的 "?"

将鼠标移到需要了解的词语上，可以按按键 "F1" 或者单击 SAP 界面的 "?" 来获得帮助。例如，在 ZDCQ_PP5 报告中需要了解 "Company code"，只需将光标移到 "Company code" 处，然后按 "F1" 或者单击 "?"，结果显示如下：

2. 获得相关信息的渠道

关键用户 (Key User)

关键用户 (Key User) 应该是最终用户 (End User) 获得帮助的主要依靠对象。

Sap Help

主要任务在于帮助关键用户处理本地无法处理的与 SAP 相关的问题。

Chaplin

提供 SAP 事务码操作方法。

- 直接单击 SAP 界面中 "Application Help" 按钮。
- 打开 www. inline. perlos. com / 单击 Project pages/SAP Inline help。

访问公司内部网 Intranet (www. intra. perlos. com)

3.3.19　常用图标

显示变量

排序 (升序)

排序 (降序)

显示总和

小计

(查询详情) 显示被选项当前界面上的所有信息。

(创建新项) 加入一项

(删除项目) 删除一项

选择所有项

删除所有项

释放

下/上一项

详细资料

文字框

标题

设置

3.3.20　剪贴板

在 SAP 中可以将某些区域的数据转移到剪贴板中,并粘贴到其他程序文件中 (如 office 文件中），在不同的 SAP 中剪贴板位于不同的菜单中，一般来说剪贴板可能位于以下菜单中：

system-list-save

list-export

1. 复制或者剪切数据

（1）选择需要复制的数据，单击并且拖动鼠标以将该数据选上。

（2）同时按 Ctrl + X 键，将数据剪切到系统的剪贴板中。

（3）同时按 Ctrl + C 键，将数据复制到系统的剪贴板中。

（4）同时按 Ctrl + V 键，将数据粘贴到相应的区域。

移动的数据在再次应用复制或者剪切之前一直保留在系统中，可以将这些数据插入其他的 SAP 界面或者其他文件中。

2. 复制或者剪切多个区域

将多个区域的数据复制或者剪切到剪贴板中，请按以下步骤进行：

（1）同时按 Ctrl + Y 键，电脑光标变为"十"字形。

（2）单击需要复制或者剪切的区域的左上角，按住鼠标左键并拖动光标到区域的右下角。

（3）当此区域所有数据都选上后松开鼠标键。

（4）选择复制（Ctrl + C）或者剪切（Ctrl + X）。所选区域已被复制到系统的剪贴板中。如选择剪切，所选区域数据将被删除。

此功能主要用于将 SAP 界面信息复制到其他的外部程序文件中，如 Word/Excel 中。

3.3.21　保存

1. 在系统中保存文件

在 SAP 的多个截面中输入数据时，系统将暂时保存在每个界面中所输入的数据，当完成了所有界面的数据，并希望保存这些数据时请选择保存 📆。这时，系统将把输入的数据保存在相应的数据库中。

当第一次使用此事务码，不知道哪个界面是最后一个，系统将在完成了最后一个界面的输入后出现以下提示信息，提醒保存：

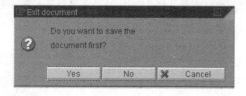

2. 将数据保存到本地盘中（用户文件中）

从菜单栏中选择：

> System

> List

> Save

> Local File

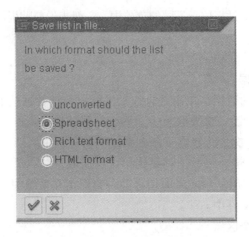

（1）选择"Spreadsheet"（保存为 Excel 格式文件）。

（2）单击回车 < Enter >。

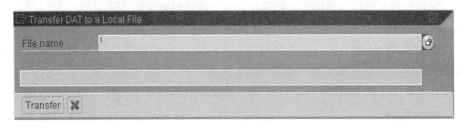

输入文件名；单击 < Transfer >。当保存成功后，在状态栏中出现以下信息：

3.3.22　收藏夹

可以在收藏夹中创建以下内容：交易事务码、文件、网址。

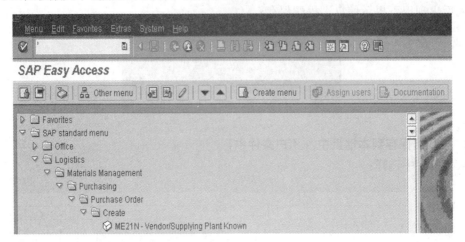

1. 拖放

（1）从菜单栏中选择一个交易事务码，用鼠标选中此事务码，按住鼠标左键。

（2）拖动鼠标，将此事务码移动到收藏夹中，放开鼠标键。

（3）此交易事务码将出现在收藏夹中。

或者：

（1）从菜单栏中选择一个交易事务码，用鼠标选中此事务码。

（2）选择菜单 Favorites →Add.

（3）此交易事务码将出现在收藏夹中。

2. 插入交易事务码

（1）选择菜单 Favorites →Insert transaction。

（2）出现如下对话框：

输入交易事务码，选择 ＜Enter＞，此交易事务码将出现在收藏夹中。

3. 插入文件夹

（1）选择菜单 Favorites →Insert folder。

（2）出现对话窗。

输入名称，选择 ＜Enter＞，此文件夹将出现在收藏夹中。

4. 移动收藏的交易事务码或者文件夹

按照以下步骤移动收藏的交易事务码或者文件夹：

（1）选择需要移动的收藏的交易事务码或者文件夹。

（2）选择菜单 Favorites →Move →Up/Down；或者选择菜单 Move favorites downwards /
Move favorites upwards。

（3）重复以上步骤，直到交易事务码或者文件夹出现在想要的位置。

或者，按照以下步骤移动收藏的交易事务码或者文件夹：

（1）选择需要移动的收藏的交易事务码或者文件夹。

（2）拖动鼠标将交易事务码或者文件夹拖到想要的位置，松开鼠标键。

（3）交易事务码或者文件夹出现在想要的位置。

5. 对收藏夹或者文件夹重新命名

选择你需要重新命名的收藏夹或者文件夹。

（1）选择菜单 Favorites →Change；

（2）一个对话窗出现；

（3）输入新的名称；

（4）选择 ＜Enter＞。

6. 删除收藏夹和文件夹

（1）选择需删除的收藏夹或者文件夹。

（2）选择菜单 Favorites →Delete。

3.3.23　变量

1. 定义显示变量

（1）单击 ＜Variant＞（跳出一个对话窗）。

（2）加入变量：选择右边表格中的项目，按向左的箭头将这些变量移到左边。

（3）取消变量：选择左边表格中的项目，按向右的箭头将这些变量移到右边。

（4）改变变量显示的顺序：改变"position number"。

（5）单击 ＜Copy＞。

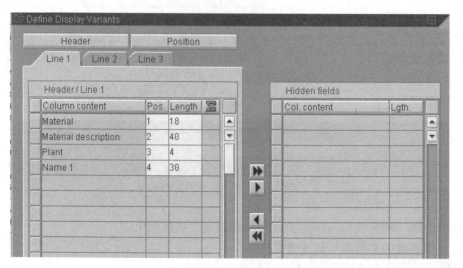

2. 保存变量

变量和变量组的设定使执行/保存/打印报告时，报告显示变量内容、顺序、形式成为 SAP 的后台工作，可以在系统中定义自己的变量或者变量组。

具体的定义方法请与关键用户（Key User）联系。

3.3.24　窗口

系统最多准许同时开 6 个窗口，以便同时进行不同的操作，在不同的窗口之间可以按 Alt + Tab 来切换，当关闭其中任意一个窗口时并不影响其他窗口的运行。然而，如果开太多窗口会导致系统执行的速度降低，因此，建议的窗口数量是 3 个窗口以下。

创建一个新窗口步骤如下:

选择菜单 System →Create session from the menu bar, 或者选择按钮 [※]。

3.3.25　打印

1. 打印预览

打印前可以通过"打印预览"来检查文件的打印格式是否合适。

要获得当前文件的打印预览请选择应用栏中的按钮:

[🖨🗎]选择下拉按钮→Print preview。

如果在全屏显示模式, 请选择标准工具栏中的 [🖨 Print preview]。

2. 打印

选择菜单 Print (或者 System →List →Print), 系统一般将出现打印参数选择窗口。

3. 打印参数

打印参数选择窗口选择所要使用的打印机以及打印的格式等。

Print Screen List

| Continue | 🔄 | User-specific print parameters |

Output device　　[　　　　　　　　] 🔘
Number of copies　[1]

Number of pages
◉ Print all
○ Print from page　　[　　　]　to　　[　　　]

Spool request
Name　　　RFKEPL00_PUL
Title　　　[　　　　　　　　　]
Authorization　[　　　　]

Spool options
☐ Print immediately
☐ Delete after output
☑ New spool request
Print priority　　[5] Medium
Retention period　[8] Day(s)
Archiving mode　　[Print only　　　🗎]

Cover sheets
D SAP cover page
D OperSys cover page
☐ Selection cover page
Recipient　　[PULLI_M]
Department　[　　　　]

Print settings
Lines　　　[65]　　　☐ Footer
Columns　　[132]　　☐ Without control chars
Format　　　[　　　]

4. 保存默认打印格式

如果经常使用同一打印机，可以将此打印机设为默认打印机。

（1）选择菜单 System →User profile →Own data。

（2）在"output device"中选择"Output immediately and Delete after output"。

（3）保存你的设置。

3.3.26 报告

SAP 中的报告程序读取和评估数据库中的数据，并显示评估结果（如盘点准确率报告）。

Kanban Analysis: Basic List

报告中的常用图标

显示当前与所选项有关的所有详细信息 。

以时间为横轴图表显示所选数据项的趋势。

下拉选项，通过设置一定的标准可以只显示满足某些条件的项目。

排序（升序）Ctrl + F5

排序（降序）Shift + F4

（前 N 项）Shift + F6

（关键项）是储存在 SAP 程序中的关于本报告的一些关键信息栏。可以根据需要增加和减少最终显示报告中的这些关键信息。

（显示变量/变量组）可以显示在系统中已经设定好的一些报告显示形式。

向左/右（Ctrl + Shift + F10/F11）

第 4 章

蓝软 ERP 基本知识点及操作指导

4.1 蓝软 ERP 基本知识点

4.1.1 蓝软 7000ERP 各地分公司与总部联网应用方案

蓝软提供以下两种方案供选择：

（1）方案 A：在服务器电脑上运行"蓝软 7000ERP 远程服务器"，这样各地分公司就可与服务器实时联网应用。

设置方法如下：

① 服务器设置方法：（SQL2000 安装包及补丁下载：http：//www. lanruan. com/abc/news/20110917104104. htm）。

- 在服务器安装 SQL2000 数据库及安装 SQL2000_SP3 补丁（SQL2000 数据库及补丁下载地址：http：//www. lanruan. com/abc/news/20110917104104. htm）。
- 安装好蓝软 7000ERP 软件。单击"开始"菜单——"蓝软 7000ERP"——"7000ERP 远程服务器"。输入蓝软 xxxx. cnt 账号（账号向蓝软技术客户人员索取）。
- 设置服务器路由器及防火墙（详情参考：http：//www. lanruan. com/远程连接帮助 . chm）。

通过上面三步，服务器已具备互联网接入功能，并已经允许各分公司连接使用。

② 客户端设置方法：安装好蓝软 7000ERP 软件（客户端无须安装数据库）。运行软件，选择"连接到互联网中的计算机"，输入蓝软 xxxx. cnt 账号及密码，单击连接。客户端即会自动连接到服务器，实现联网应用。

（2）方案 B：使用蓝软云主机、本企业各部门及各地分公司均可随时联网使用。

如果联网客户端较多，需要更高速度、更高稳定，请使用蓝软云主机。使用此方案，运行蓝软 7000ERP，输入云主机 IP 地址及密码即可高速使用本企业的 ERP 系统。企业各地部门均可实时联网使用。此方案企业无须购买服务器，节省硬件投入，同时无须管理维护服务器。

4.1.2 蓝软 7000ERP 流程图

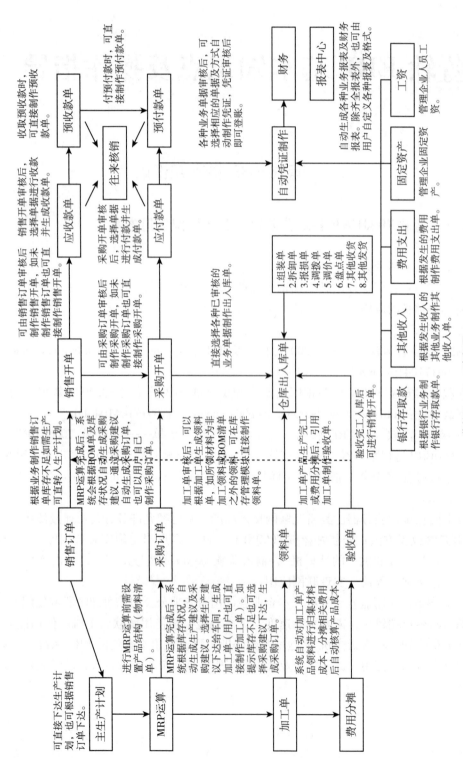

蓝软7000ERP流程图

1. 从销售开单到财务登账操作简要过程

第一步，在"销售"——"销售开单"中开具销售单，并审核此销售单：单击"销售单据"选择要审核销售单，再单击"操作"——"审核"即把此销售单审核（提示：审核后的单据不能修改，如果需要修改需要先反审核后才能修改）。

① 销售单审核后就可以随时进行收款：单击"应收应付"——"收款单"——"选择客户"——"引用单据"中选择此销售单，输入收款金额，点"确定"后生成收款单，保存后再在"应收应付"——"收款单据"中审核此收款单即可。

② 销售单审核后就可以随时进行出库：单击"库存"——"出入库单"——再点"引用"，在窗口中选择此销售单，点"确定"后生成出库单，保存后再在——"出入库单据"中审核此出库单即可（提示：单据审核也可在"审核中心"中选择各类单据对所有单据进行审核）。

第二步，在"账务"——"自动凭证制作中心"中选择此销售单或其他相关单据，再单击"凭证制作"此销售单即自动制作好会计凭证。

第三步，在"账务"——"凭证审查"中选择已制作好的凭证，单击"审核"即完成凭证审核（提示：如凭证中包含有出纳科目，需出纳先在"账务"——"出纳签字"中签字后再进行审核）。

第四步，在"账务"——"凭证登账"中选择需要登账凭证范围，然后点"登账"即可把已制作并审核的凭证登账到财务账本（提示：系统中的采购单或其他业务单据与以上操作流程基本相同）。

2. 业务单据审核后如何生成会计凭证

在蓝软 7000ERP 系统中，所有开具并经过审核的业务单据，都可在"自动凭证制作中心"中快速生成会计凭证，步骤如下：

（1）开具业务单据，并确认单据已经审核。

（2）用鼠标单击软件菜单"账务"——"自动凭证制作中心"再选择单据类型，此时会显示此类的所有单据，再单击"选择"选中单据，然后单击"操作"菜单——"制作凭证"按钮，即可把此单据自动生成会计凭证。

以采购单据为例：

（1）开具采购单，然后审核采购单据。

（2）用鼠标单击软件菜单"账务"——"自动制作凭证"选择单据类型"采购开单"，此时会显示所有采购单，单击"选择"选中需要制作凭证的采购单，再点"操作"菜单——"制作凭证"即可把所有选中的采购单据自动生成会计凭证。

3. 费用支出项目及其他收入项目设置及业务录入

根据日常经营活动中的费用支出和非主营业务收入的其他收入，在菜单"资料"——"出纳资料"中"支出项目"和"收入项目"，填入相对应的收入项目名称和费用支出项目名称，并指定对应的财务科目。项目设置后，发生费用或收入时可再在"费用支出单"和"其他收入单"中选择相应的项目开单（单据保存后可由"自动制作凭证"由财务选择后自动生成会计凭证）。

费用支出项目：

新增费用支出项目在，菜单"资料"——"出纳资料"中"支出项目"单击"新增"

按钮，再选择"支出类"然后填写支出项目名称及财务科目后再单击确定按钮保存即可。

发生费用时可在菜单"账务"——"现金银行"——"费用支出单"——"操作"——"新增单据"——再选择支出项目及填写相关金额摘要后点确定按钮保存即可。

其他收入项目：

新增其他收入项目在"资料"——"出纳资料"中"收入项目"，单击"新增"按钮再选择"收入类"然后填写收入项目名称及财务科目后再单击"确定"保存即可。

发生业务时可以在菜单"账务"——"现金银行"——"其他收入单"——"操作"——"新增单据"——再选择收入项目及填写相关金额摘要后点"确定"按钮保存即可。

（注：也可在这里的"其他收入单"收入项目下拉列表框下面的"新增"按钮，单击"增加"直接增加新的收入项目及费用项目）。

4. 如何理解账面数量与实际数量的概念

账面数量：企业开具业务单据并经过审核后，即会增加或减少仓库账面数量。此数据包即将入库或即将出库，是指企业正在发生业务的动态库存。

实际数量：企业开具业务单据，且此单据被引用生成出入库单据并审核后才会增加仓库实际数量，是指企业仓库实际到库的静态库存。

在实际运用中，如果企业全部已开具的业务单据仓库都已收到货品或已发出货品，那么仓库实际数量与仓库账面数量是一致的。但是企业日常经营中由于业务发生与仓库配送不及时等原因（例如，已开采购单并审核，但货品未到货或未入库，此时只增加仓库账面数量，等到仓库收到货品，此单据被出入库单引用并生成入库单据及审核后，仓库实际数量才会增加；例如，已开销售单并审核，但仓库货品未发货及未出库，此时只减少仓库账面数量，等到仓库发出货品，此单据被出入库单引用并生成出库单据及审核后，仓库实际数量才会减少）。在企业日常经营中，账面数量与实际数量的参照为企业相关人员如何有效最大化利用库存提供决策依据。

5. 什么是出入库类型以及如何设置

企业在日常经营活动中除正常的采购及销售业务外，对有相同会计核算科目的业务的货品入库或出库设立不同名称（如赠品入库、自用品出库、其他入库、其他出库、产品完工入库、产品生产领料、产品生产退料等），并为每一类设定指定核算的会计科目，这样企业在今后发生业务时，只需选择属于哪一类型业务，系统就会自动按设定会计科目核算到相应的会计科目账本中。

例如，（1）企业自用产品，此时库存商品减少，管理费用增加。可设置一个："自用品领用"结算类型为"出库类"，对应财务科目设转置为：5502×××管理费用。

（2）企业生产产品领料，此时库存商品减少，生产成本增加，可设置一个："生品生产领料或××产品生产领料"结算类型为"出库类"，对应财务科目设转置为：4101×××生产成本。

（3）企业生产产品完工入库，此时库存商品增加，车间的生产成本增加，可设置一个："产品完工入库或××产品完工入库"结算类型为"入库类"，对应财务科目为：4101×××结转生产成本。

提示：货品发生出库或入库时，一般有两个科目发生变化，一个是固定科目："库存货品"的增加或减少，另一个则根据货品入库或出库用途而变化"××××××××"。如果是自用，那这个科目就是"管理费用"；如果是生产领料，这个科目就是"生产成本"。

那为什么采购和销售不用设定出入库类型呢，因为正常的采购和销售都是有规律的，系统内部已经自动设置好对应的会计核算科目，所以不需再设置。除此之外，企业也有其他的各种货品入库和出库，而且不同企业不同业务的入库和出库的会计核算要求也有所不同，所以就需要企业根据自身货品出入库用途或属性进行分类，并为每一类设置指定会计核算科目。

6. 货品类别与存货类型

货品类别是指对所有商品进行分类，如五金、电子、原料、工具。

存货类型是指此商品的核算会计科目，并以一个名称对应不同会计科目来规划商品核算。

根据企业商品性质不同存货类型核算定义也不同。简单划分有：产成品、半成品、原料、劳务等，每种类型都可设定 4 个科目，如收入科目、成本科目、存货科目、委托代销科目。

7. 估价入库应用实例方法

估价入库应用实案：

当企业采购货品到货但开单人员不知道商品具体价格，无法开具准确采购单，为避免影响正常销售，此时可以先开具估价入库单，待掌握到货品准确价格后，再对此单进行估价结算并填写正确货品进价。确定后系统会自动重新核算货品成本。

当企业发生采购后，供应商货品到货但发票未到，此时可开具估价入库单，待收到货品发票后，再对此单进行估价结算并更正货品税价信息。确定后系统会自动重新核算货品成本。

4.1.3　客户、供应商、货品编码的编制方法

采用科学的编码方法将会给企业业务及管理上带来哪些好处？

（1）提高办公的工作效率，加快录入单据的速度及查找的速度；

（2）减少由于工作误差，而带来的不必要的经济损失；

（3）完善企业的内部管理，提升团队的整体协同办公能力。

下面将举个实例来演示（以货品资料编码为例）。

例如：当企业的货品有几十种时，可能会采用下面的这种原始的货品编码编制方法。就是以"0001"开始一直排下去，当新增一个货品时，就在编码的尾数加上一。首先讲这种方法是不科学的、没有意义的。也许您当时并不在意这些事，并没有发现科学编码的重要性。因为当时货品资料只有几十种，凭一般人正常的记忆力会完全地记住这次资料及编码，有时可能稍微出点差错（例如，一提起"0004"，大家都会知道是"永久自行车"）。

货品编码	货品名称	货品类别
0001	彩虹彩电（2536 型）	家电类
0002	海燕收录机（8801 型）	家电类
0003	凤凰自行车（28 圈）	自行车类
0004	永久自行车（26 圈）	自行车类
0005	女式羊毛衫	服装类

……

（原始的编码方法即不科学的编码方法）

每个企业都会"成长"，货品资料（客户资料、供应商资料）都会不断地增加。当货

品资料超出 200 种时，工作人员要想记住这些种类繁多的资料及编码一定会能吃力，工作时会经常出错。如果企业的货品资料（客户资料、供应商资料）超过 500 种或者更多的时候，工作人员工作时便会捉襟见肘、漏洞百出了。

还有新增货品带来的麻烦，假如工作人员有：甲、乙、丙、丁四个人。当这天公司新增的八件货品（中意冰箱、联想电脑家悦 668、TCL 空调 3G 等）时，由甲负责向软件里录入。甲首先会看看货品资料表中的编码排到哪儿了。噢，已经到"0239"了，那么"中意冰箱"的编码就是"0240"了，"TCL 空调 3G"的编码就是"0241"了……非常迅速地输到了软件里。甲当时输入时可能会记住这些货品对应是哪个编码，而乙、丙、丁等人就不知道了，当他们用到"联想电脑家悦 668"时就会问甲，"唉，那天你输软件里的联想电脑的编码是多少呀？排到多少号了"。或者看一看货品资料表，吃力地记下新增货品的编码，工作变得非常被动（为什么说吃力呢？因为他要记的东西太多了）。

科学的编码方法：以公司"货品类别"加"货品名称"的汉语拼音的头一个字母加上"货品的型号"。

货品编码	货品名称	货品类别
Jd-chcd-2536	彩虹彩电（2536 型）	家电类
Jd-hysyj-8801	海燕收录机（8801 型）	家电类
Zxc-fh-28	凤凰自行车（28 圈）	自行车类
Zxc-yj-26	永久自行车（26 圈）	自行车类
Fz-nsyms	女式羊毛衫	服装类
……		

这样一来，工作人员无论是在输入数据、查询资料、新增资料时，都会得心应手，再也不会因为记不住编码而烦恼。当新增货品资料时，无论是谁录进去的，只要知道是什么货品名称，就会马上想到它的编码是多少。无论是谁查询，只要知道货品的名称，也会快速地想到货品对应的编码是什么（如：新增商品"蓝软软件 7000ERP 专业版"，对应的编码肯定是"rj-lrrj-7000erpzyb"）。

因此一个企业应该有一种科学的编码编制方法及良好的编码制度。大家都按照这个制度进行新增、查询、录入，工作将变得非常顺畅、愉快。

附：客户或供应商的编码可以按如下两种方式进行编制。

客户编码

（1）"客户所属地区"加"客户简称"的汉语拼音的头一个字母。

（2）"客户类别"加"客户简称"的汉语拼音的一个字母。

供应商编码

（1）"供应商所属地区"加"供应商简称"的汉语拼音的头一个字母。

（2）"供应商类别"加"供应商简称"的汉语拼音的头一个字母。

例如，客户名称"蓝软软件上海分公司"，编码"sh-lrrj"或"rj-lrrj"。

4.1.4　货品成本核算方法

系统提供了四种常用的存货成本核算方法，采用不同的方法系统处理的过程和结果也有所不同，如表 4-1 所示。

表 4-1 存货成本核算方法

成本核算方法	概念	特点	适用范围
移动加权平均法	或称移动平均法，指本次收货的成本加原有库存的成本，除以本次收货数量加原有存货数量，据以计算加权单价，并对发出存货进行计价的一种方法（此核算方法自 2007 年执行新会计准则时终止使用）	其优点在于能使管理当局及时了解存货的结存情况，而且计算的平均单位成本以及发出和结存的存货成本比较客观。缺点是每次收货都要计算一次平均单价，计算工作量较大，对收发货较频繁的企业不适用	是实际工作当中运用最广泛的成本核算方法
个别计价法	又称个别认定法、具体辨认法、分批实际法。采用这一方法是假设存货的成本流转与实物流转相一致，按照各种存货逐一辨认各批发出存货和期末存货所属的购进批别或生产批别，分别按其购入或生产时所确定的单位成本作为计算各批发出存货和期末存货成本的方法	采用这种方法，计算发出存货的成本和期末存货的成本比较合理、准确，但这种方法的前提是需要对发出和结存存货的批次进行具体认定，以辨别其所属的收入批次，所以实务操作的工作量繁重，困难较大	适用于容易识别、存货品种数量不多、单位成本较高的存货计价，如房产、船舶、飞机、重型设备、珠宝、名画等贵重物品
全月一次加权平均法	即加权平均法，指以本月全部收货数量加月初存货数量作为权数，去除本月全部收货成本加上月初存货成本，计算出存货的加权平均单位成本，从而确定存货的发出和存货成本	采用此方法只在月末一次计算加权平均单价，比较简单，而且在市场价格上涨或下跌时所计算出来的单位成本平均化，对存货成本的分摊较为折中。但是，这种方法平时无法从账上提供发出和结存存货的单价及金额，不利于加强对存货的管理	适合各期存货成本变动不大的情况
先进先出法	先进先出是核算发出存货成本的方法之一，是假定先进的货品先销售或先耗用，并根据这种假定的流转次序对发出存货和期末存货进行计价；具体做法是：接收存货时，逐笔登记每一批存货的数量、单价和金额；发出存货时，按照先进先出的原则计价，逐笔登记存货的发出和结存的数量、金额	其优点在于存货实际成本最接近市场价格，较为客观。在收发业务频繁及单价变动较大的情况下，计价工作量较大，且产品成本偏低，不符合谨慎原则	适用于收发业务不是非常频繁的存货计价

附：计算公式

（1）移动加权平均法。

$$存货加权单价 = \frac{原有存货成本 + 本批收货的实际成本}{原有存货数量 + 本次收货数量}$$

$$本批发货成本 = 本批发货数量 \times 存货加权单价$$

（2）全月一次加权平均法。

$$存货单位成本 = \frac{月初结存金额 + 本月各批收货的实际单位成本 \times 本月各批收货的数量}{月初结存数量 + 本月各批收货数量之和}$$

$$本月发出存货成本 = 本月发出存货数量 \times 存货单位成本$$

$$月末库存存货成本 = 月末库存存货数量 \times 存货单位成本$$

（此核算方法自 2007 年执行新会计准则时终止使用）

4.2　蓝软 ERP 操作指导

4.2.1　蓝软 7000 软件安装

第一步，安装 SQL 数据库（可以选择安装 MSSQL-Server2000/2005/2008 任意版本，数据库只需安装在服务器上即可）。

WinXP 用户下载：（MSDE2000. exe）；

Win7 32 位用户下载：（SQLEXPR32_CHS. EXE）；

Win7 64 位用户下载：（SQLEXPR64_CHS. EXE）；

高级正式用户建议下载：（MS Server SQL20000）。

（以上安装有需要时，请向技术人员联系协助）

第二步，安装蓝软 7000ERP 软件。

正式版请打开光盘运行 setup. exe 启动安装。试用的请在网站先下载软件再运行安装。单击"下一步"继续。

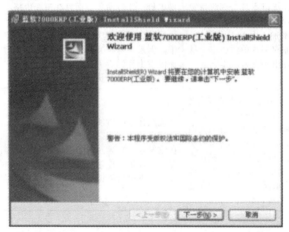

选择接受协议，再单击"下一步"继续。

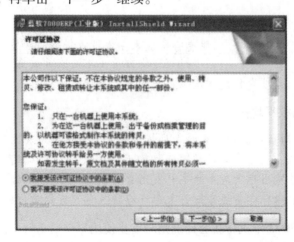

填写名称及单位，再单击"下一步"继续。

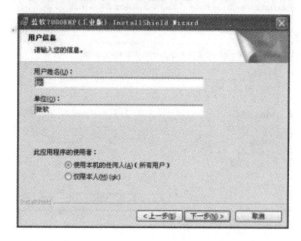

选择安装路径，再单击"下一步"继续。

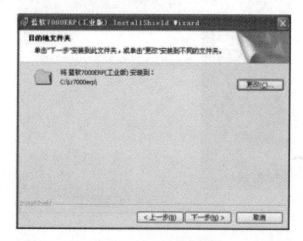

选择典型安装，再单击"下一步"继续。

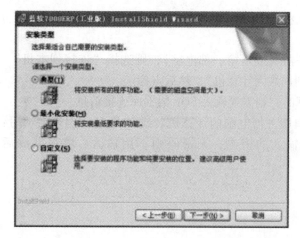

单击"安装"继续。

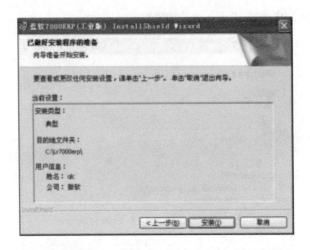

单击"完成"。

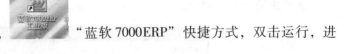

此时桌面上会显示软件图标，"蓝软 7000ERP"快捷方式，双击运行，进行连接数据库。

如本机作为服务器（或是第一部电脑），则选择"连接到本机"。如本机是作为客户端，则选择"连接到局域网计算机"，然后点确定。

跳出以下连接框时，则需要输入 SQL 数据库连接信息。

计算机名：填写服务器电脑的计算机名或 IP 地址；用户名填写："sa"；密码填写：填写在安装 SQL 时输入的密码，无密码则不用输入。填写完成后，单击连"连接"按钮。

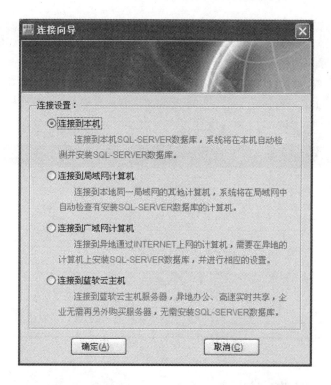

如显示以上的账套登录界面表示成功完成安装，可以正式使用（其他电脑客户端电脑安装重复第二步安装软件即可）。

1. 资料设置

启动 ERP 系统的步骤：

（1）首先双击"蓝软 700ERP"快捷方式。

（2）进入选择账套界面。

在这里我们可以新增一个账套、删除一个账套，也可以从以前建好的账套中导入一个账套。

2. 新增账号操作

（1）填写配置账套与企业信息。

其中前三项是必须填写的，其余数据可以在以后需要时补充进去，现在可以不填；然后，确定好自己的纳税性质和税率；选择进销存系统和账务系统结合使用，并单击"下一步"。

（2）填写配置进销存参数。

使用仓库分仓授权：用于说明每个用户对不同的仓库有没有操作权限，勾选表示有操作权限，不勾则表明没有（其余几个选择框都可以从字面理解）。

货品数量负库存出库时：三种单选框（提示、不提示、不允许出库）。

销售开单客户欠款超信用金额时：三种单选框（提示、不提示、不允许开单）。

采购业务流程：

- 采购订单→采购开单→入库单

这种采购流程，入库单不可以直接开单，必须通过引用采购开单来开单。

- 采购订单→入库单→采购开单

这种采购流程，采购开单不可以直接开单，必须通过应用入库单来开单。

销售业务流程：（与采购业务流程一样）

- 销售订单→销售开单→出库单
- 销售订单→出库单→销售开单

单击"下一步"。

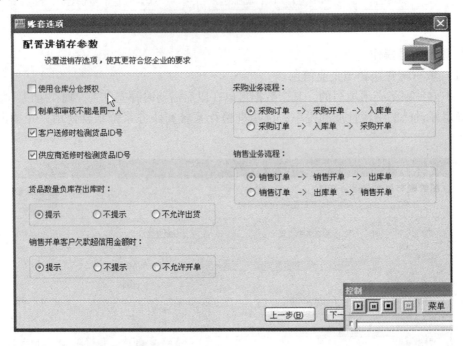

（3）配置财务参数。

此部分有四个参数设置：使用新的企业会计制度科目、凭证制作人和审核人不能是同一人、损益结转方式、会计科目选项。

会计科目选项：会计科目的级数最大为 6 级，每一级的长度可以自行设置（一般建议为 2~4 位相对比较合适，最好不要超过 5 位）。

单击"下一步"。

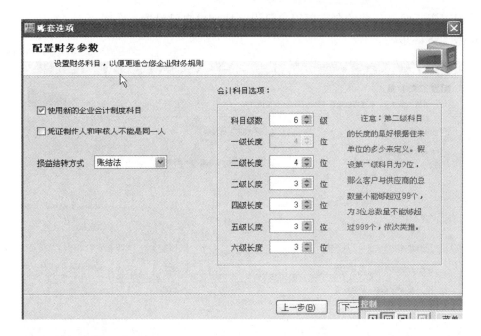

（4）配置出纳参数。

此部分有四个选项：本位币名称、本位币符号、出纳与会计同步、支票与出纳现金日记账核销。用户根据自己的实际需要进行填写，然后单击"下一步"。

（5）配置工资参数。

此部分需要设置四个部分参数：分配工资费用、代扣工资所得税、使用工资扣零、计提工资三费。

使用工资扣零：企业在用现金发放时，不方便准备那么多的零钱，而把相对应的零钱扣下来，等到积累到一定的整数之后再一次性发放。

计提工资三费：三费的名字可以自己设，比例也自己设置。

单击"下一步"。

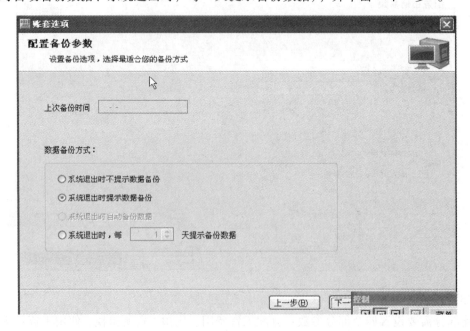

（6）配置备份参数。

选择数据备份方式（系统退出时不提示数据备份、系统退出时提示数据备份、系统退出时自动备份数据、系统退出时，每＊天提示备份数据），并单击"下一步"。

（7）配置数据格式参数。

此配置主要设计三类参数的设定：进销存小数位数、计件工资小数位数、汇率小数位数。在这里可以为数量和单价设置不同的小数位数。其中计件工资小数位数和进销存小数位数已经分离开来，设置好参数之后，单击下一步。

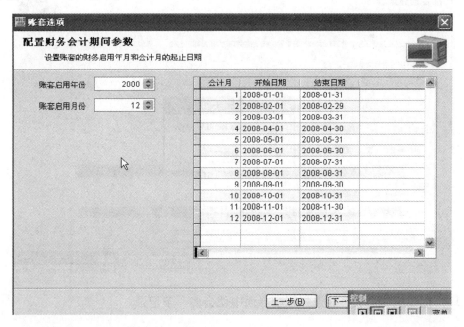

（8）配置财务会计期间参数。

此部分设定账套的启用年份和月份，而右边则是各会计月、开始日期和结束日期三列说明，并单击"下一步"。

（9）准备创建账套。

这里就可以开始创建账套了，在这个时间也可以从现有的账套中导入基础数据，如客户资料、货品资料和供应商资料等，都可以从已经存在的账套中导入。然后单击创建账套就开始创建一个账套。

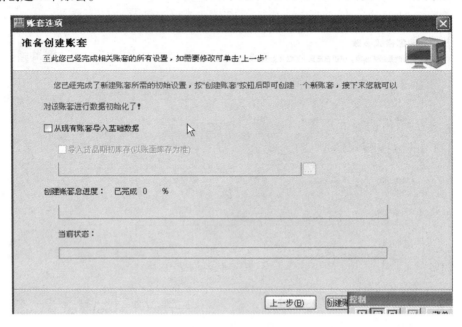

（10）直到出现创建成功的弹出对话框出现，单击"确定"按钮。

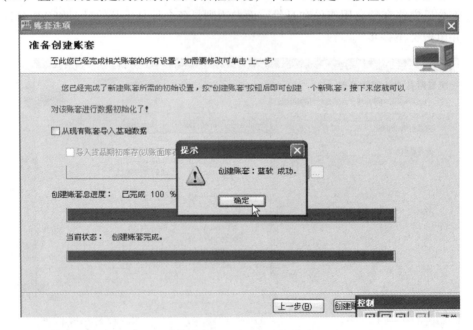

（11）创建成功之后，在选择账套界面中就会多一条记录。

（12）单击确定，登入账户；在用户账号中有一个默认的账号为系统管理员、密码为空，其中系统管理员是系统的最高权限用户。单击"确定"进入。

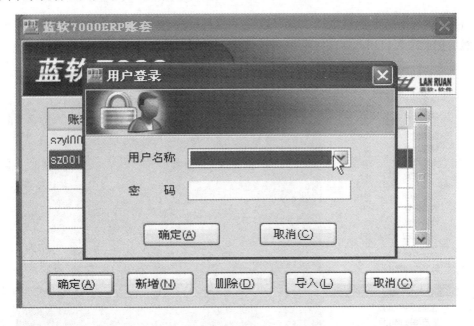

（13）初步建好的账套，会有一个小小的提示；在初步建好的账套中，我们不能进行正常的业务操作，这个时候只能录入一些基础资料和期数。

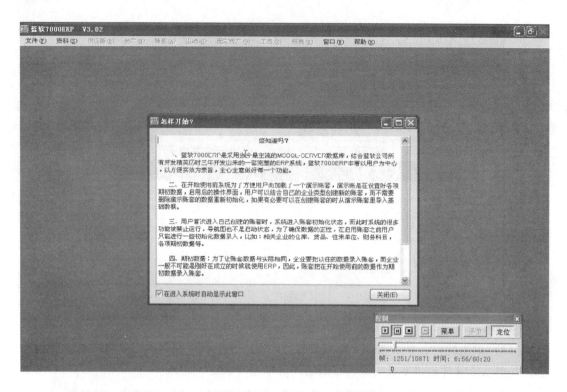

（14）在录完基础资料之后，就可以在"文件"下拉列表中有一个"启用账套"选项。然后把此账套启用，启用之后就可以进行正常的日常业务了。

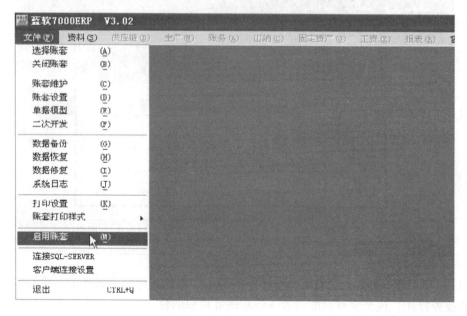

4.2.2　蓝软 7000ERP 的操作过程

设置基础资料，其中包括仓库资料、货品资料等。

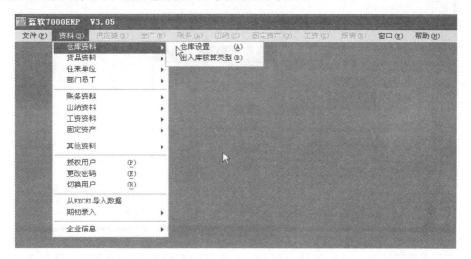

（1）设置参考资料。

● 新建仓库。

单击鼠标右键，出现弹出菜单，选择新增。

　　填写仓库设置信息、仓库编号和名称；如果还需要添加其他的仓库，可以直接单击右边的保存新增。

　　添加的仓库，在仓库资料窗体中显现出来。

• 新建出入库核算类型

在日常的出入库总是按照一定的方式，我们可以为每一种方式新建一种出库入库核算类型。

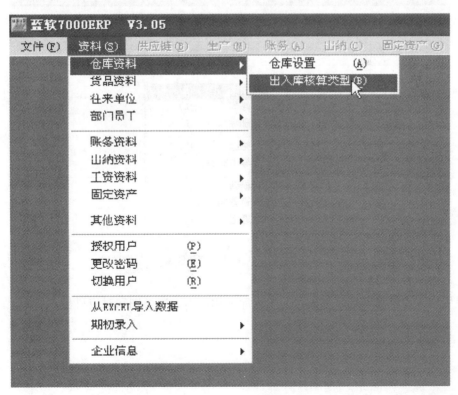

单击右键，选择新增选项。

设置出入库核算参数，如编号、出入库名称、出入库类别和对应科目。

其中选择对应的科目可以通过下拉菜单进行查找和选择，这里我们单击"查找"。

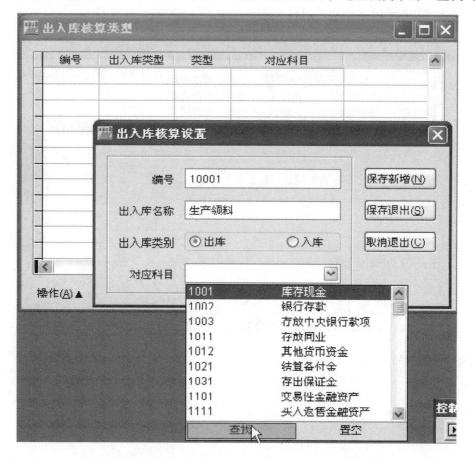

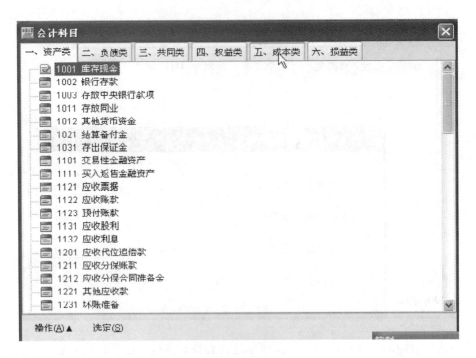

生产完成以后，有一个生产退料和完工入库，用于冲减生产成本。

（2）设置货品资料。

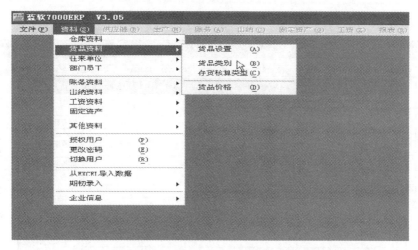

首先，我们可以通过货品类别来对货品进行分类，这里我们暂时不需要进行货品分类。这里我们讲一个最简单的例子。

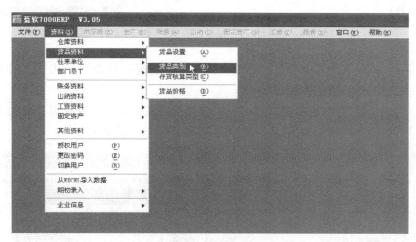

- 设置货品信息

这里单击货品设置，出现货品资料窗口，单击右键选择新建选项。

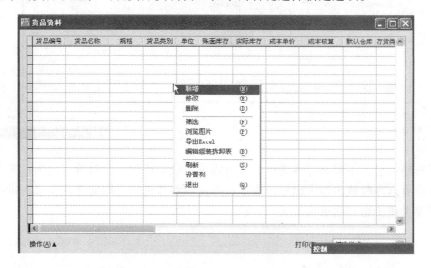

新建货品，进行货品设置。

填写基本信息。

货品编号、货品名称和基本单位随便自己，并且选择存货类型，从下拉列表中选中，再从下拉列表中选择核算的方法。

提前期是指货品在进行 MRP 计算时，需要提前准备的时间，这里以天数为单位。

主供应商是指在进行 MRP 以后，默认是从哪个供应商那里采购。

填写价格信息：主要有参考进价、参考售价、最低售价、会员价等选项。参考进价是指货品在没有入库时就出现了出库，成本核算使用参考进价，因此建议在录入货品价格信息时，将参考进价也一同录入。

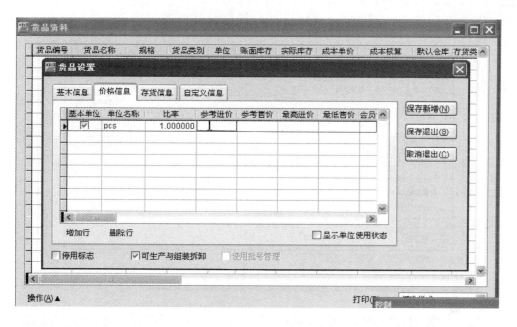

存货信息的填写：这里的账面数量、实际数量等数据都是 0，只有在仓库进行初始化时，这里的才会相应地变为初始化的数值。其中默认仓库是指货品发生业务的时候，系统默认从哪个仓库进行出入库操作。

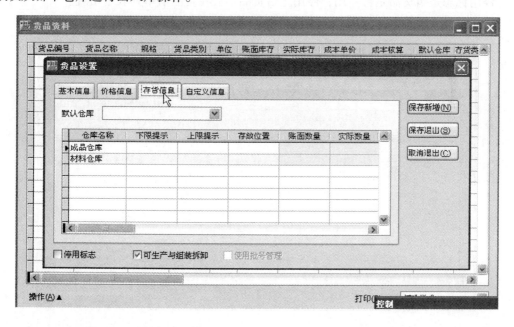

同样的方法新增半成品、原材料信息。

自定义信息填写，当系统默认的信息不够时，用户可以在自定义信息中填写货品的信息。

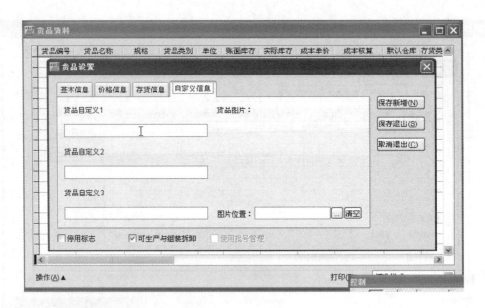

可生产与组装拆卸选项是指货品是否可以组装和拆卸，当货品自定义信息中没有选择可生产与组装拆卸时，货品是不允许生产与拆卸的，在产品结构清单里面，不可以对此产品进行清单维护。

停用标志是指货品是否停用；停用之后货品不会在货品清单列表中出现。

使用批号管理是只有采用"个别计价法"进行核算时才可使用的。

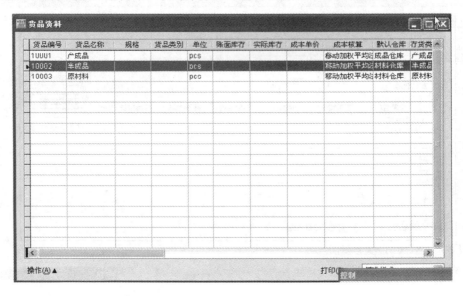

- 设置存货核算类型

系统中存在默认的存货类型，用户也可以根据自身的需求对存货类型进行一定的删除、修改或增加其他的存货类型。

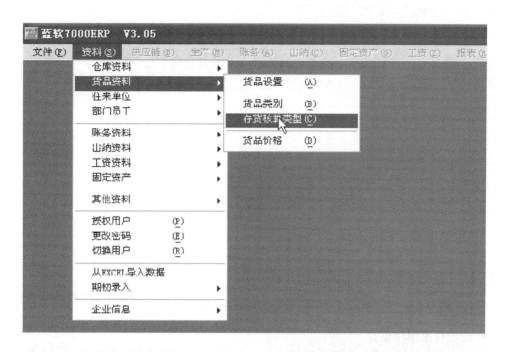

　　填写货品价格：我们在产品资料输入中的参考价格等信息就会在此列表中显现出来，同时也可以对其他的价格进行修改。

● 设置往来单位信息

往来单位涉及三大类六小类的资料信息，分别为客户资料、供应商资料、企业类型、地区资料、客户价格跟踪、供应商价跟踪。

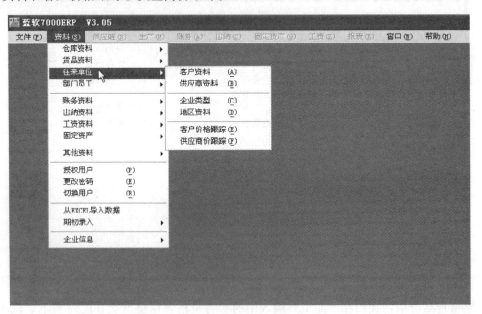

● 新建客户资料

单击右键，选择新增菜单。

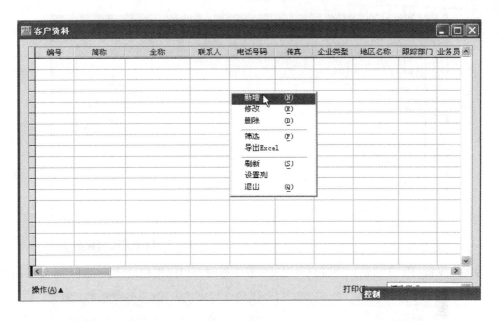

　　填写基本的客户信息，其中企业类型可用于企业分类，而地区名称在统计报表的时候方便说明各地区的业务情况；跟踪部门则是在开单时单据下面有一个部门和业务员。当选择这个用户时，其下的部门和业务就自动会是这两个。

　　填写账户信息，便于客户进行转账和支付。其中余额中存在应收款为整数，而预收款则为负数。信用金额则是指用户余额低于信用余额时，可以提示或限制用户不能开单，同时也会列出一个列表，说明用户超过信用金额多少钱。

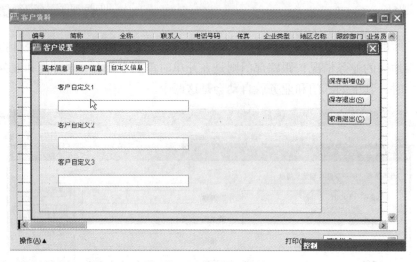

为客户设置自定义信息。当客户自定义信息不够时，可以用户自己新增客户需要的信息。

照此方法继续添加，单击保存新增，最终的现实结果。

- 新建供应商

单击鼠标右键，选择新增，添加供应商用户。

此处信息和客户信息资料相同。此处新建两个供应商 1、供应商 2。

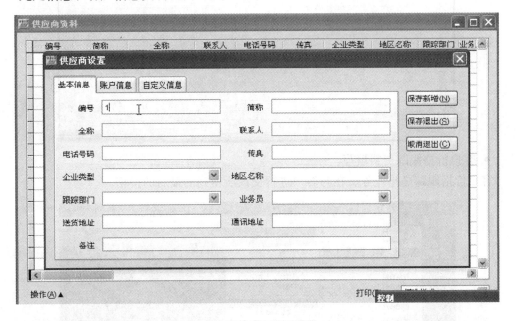

当供应商有应付款项时，在余额中填写正数；当有预付款项时，则填写负数。

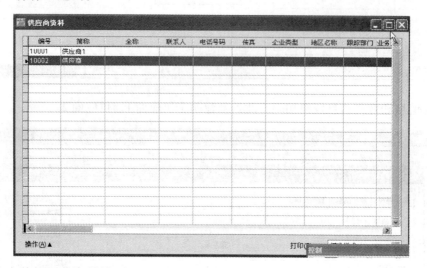

单击"保存"退出。

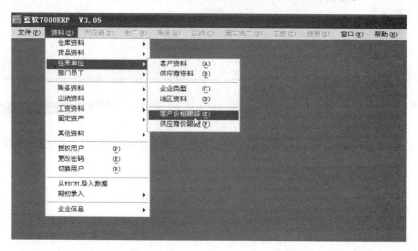

- 客户价格跟踪资料填写

客户价格跟踪是指业务员在与客户进行交谈所得到的最后的价格。

在客户价格跟踪窗口中单击右键，在下拉列表中选择"新增"选项。

将客户跟踪的价格输入进来，需要填写以下表单；其中将销售报价单、销售订单价格、销售开单价格和委托代销价格分离开来是为了便于开单。

单击"保存"退出。

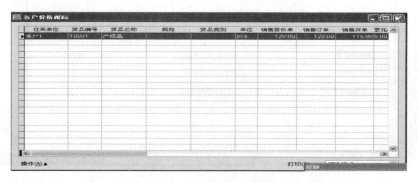

- 填写供应商跟踪价格

此信息的填写和客户跟踪价格相对应，信息的添加、修改步骤都一样。

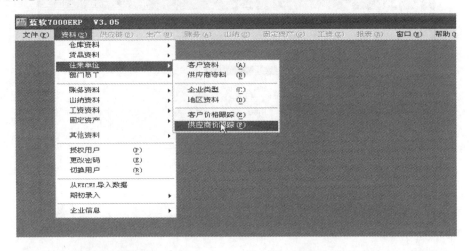

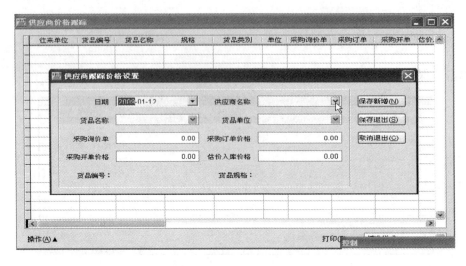

- 部门员工

设计完往来单位的信息之后，就要设计自己企业的相关信息，如员工资料、部门资料、员工职位、员工类别。

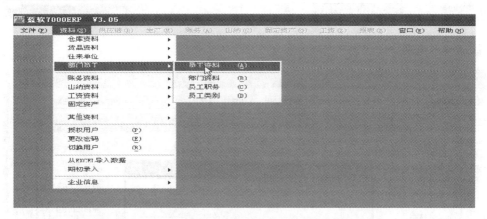

添加员工。右键单击员工资料窗口，在下拉菜单中选择"新增"菜单。

填写员工设置。此处主要有基本信息和详细信息两个模块；基本信息中主要是填写员工的编号、名称、出生日期、性别、籍贯、学历等基本的信息。其中如果企业要对员工进行工资管理，一定需要为每一个员工设定一种员工类别；在工资管理中的费用分摊等费用是由员工类别和部门来进行分类的。

添加员工类别。

添加部门。

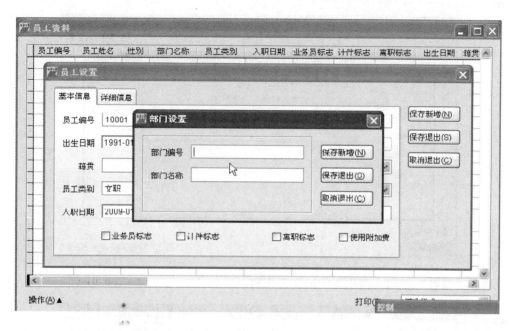

员工详细信息设置。在这里可以为每一个员工设定自己特定的职务、银行账号等信息。

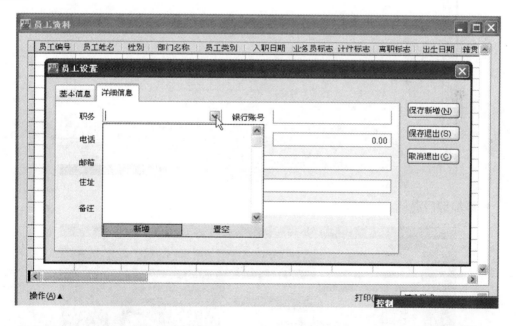

银行账号最主要是使用在工资系统中的银行代发资料里面，银行代发资料列表中有一列银行账号，当需要银行代发时，只需要将银行代发资料给银行，然后银行实行代发。

固定工资主要是用于工资系统中的工资数据的固定工资一栏数据。

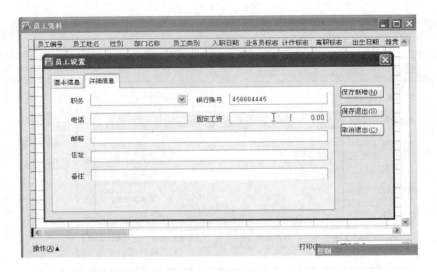

单击"保存"退出，列出添加的员工资料。

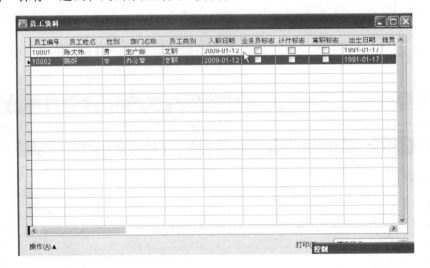

● 添加部门资料。

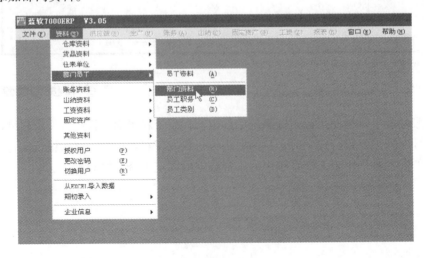

在前面添加的部门资料就会自动地添加到部门资料中来。

员工职务——由于在员工资料添加时并没有添加职务资料，因此这里没有列表显示。

员工类别——前面在添加员工资料时添加的员工类别也自动添加到员工类别列表中来。

- 账务资料

账务资料的信息主要包括会计科目、凭证字、凭证摘要、凭证模板、预算方案、科目预算和会计项目。

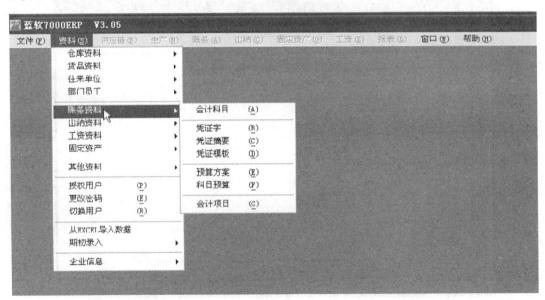

- 会计科目

一般存在六大类：资产类、负债类、共同类、权益类、成本类、损益类。

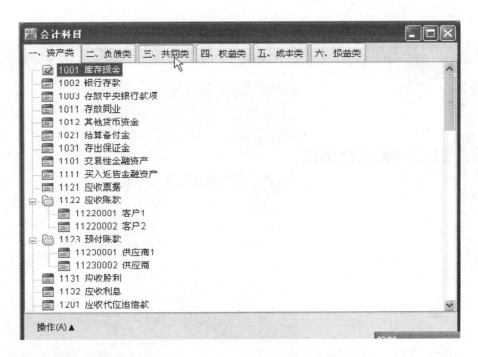

可以根据实际情况的需要，在每一类科目中新增或者修改会计科目。单击右键，选择下拉菜单，进行操作选择。

在进销存和账务结合使用时，应收账款、预付账款和负债类的应付债款和预收账款这四个科目是不可删除的。而下面的明细科目，如客户 1、客户 2 也是不允许删除的，这些科目是在新建客户或供应商时自动建入这些科目下的。如果要删除这些科目，必须删除对应的供应商或客户，才会使这些科目自动删除。

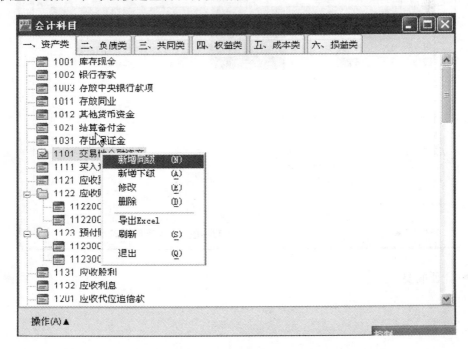

- 凭证字。

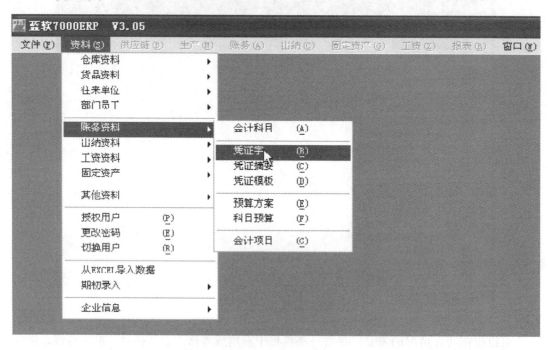

系统存在默认的记、收、付、转四种凭证字。其中字体颜色会根据当前所属的凭证类型，而相对应采用对应颜色的凭证字。

- 凭证摘要。

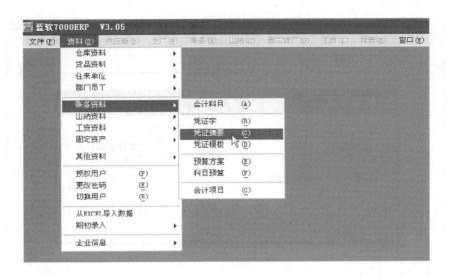

在录入凭证中，往往需要录入很多重复的摘要，这样就会给用户带来很多麻烦；这里可以为每一种摘要新建一个保存，在录入凭证时，只需要选择这个摘要，或者输入摘要编号查询出来就可以，而不需要重复的输入。

单击右键，选择下拉菜单，可以对凭证摘要进行添加、删除、修改等操作。

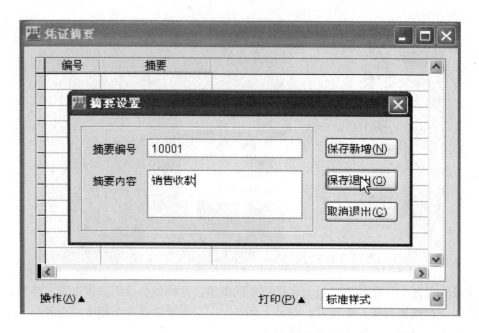

经过添加之后，在凭证摘要中会出现添加的凭证摘要，从而使以后在输入凭证摘要时不需要输入摘要，而只需要采用凭证摘要编号，或选择此摘要即可。

- 凭证模板

如果每个月有固定的科目发生固定的业务金额时，我们就可以新建一个凭证模板，从而在凭证录入时，自动引入这些模板，从而不需要重复录入这些相同金额、相同科目的记录。

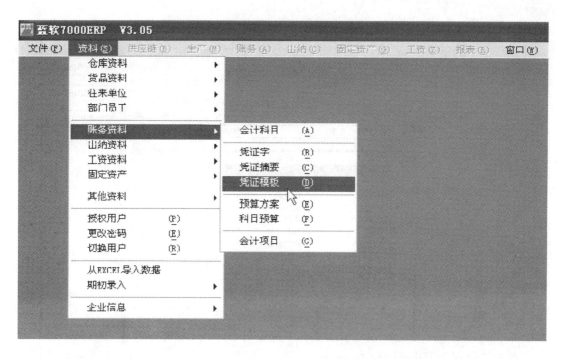

单击右键，引出下拉列表，选择需要的操作，这里我们单击新增菜单。

填写凭证模板的设置。

单击"保存"退出。

* 预算方案

企业在每个月对每个科目进行固定预算时,我们可以新建几个预算方案,然后为这个预算方案每个年份、月份输入预算金额。

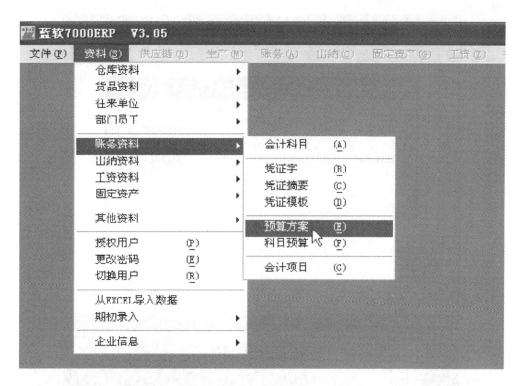

采用统一的方法，单击右键，选择下拉菜单的操作。

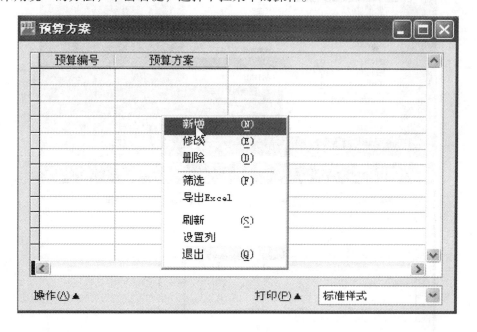

新建一个预算方案。

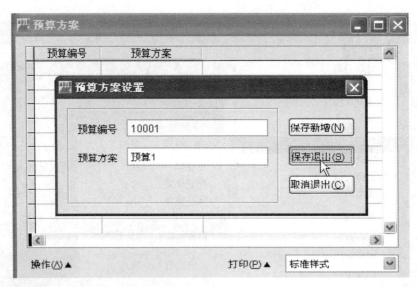

- 科目预算。

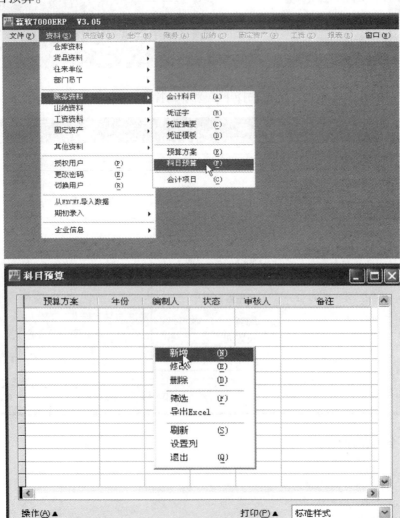

填写科目预算信息。预算方案可以单击下拉选择菜单，选择已经建好的预算类型、预算年份；同时，在单击选择下拉列表中的会计科目，再根据自身的实际情况，在各个月份填写相应的预算金额。录入好之后，当实际发生业务时，我们就可以查看实际费用和预算之间的对比。

确定数据之后，单击审核，并在弹出提示框中单击"是"，从而系统自动保存数据。

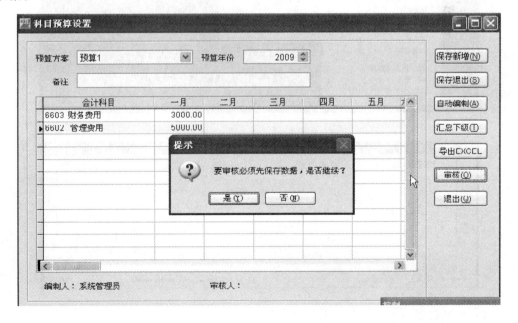

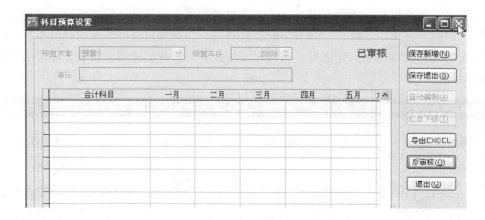

- 会计项目

企业对某一特定项目要记录它的收入和支出时，我们可以把项目新建进来，然后在记账凭证时，是为这个项目的收入和支出时，就可以选择这个项目。到月底或一段时间之后，就可以查出这个项目的收支情况，我们暂时不使用。

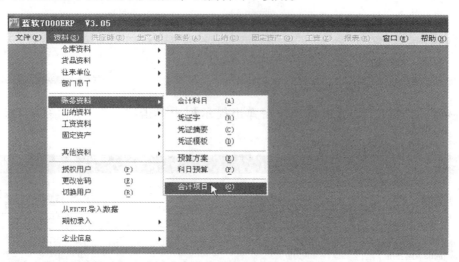

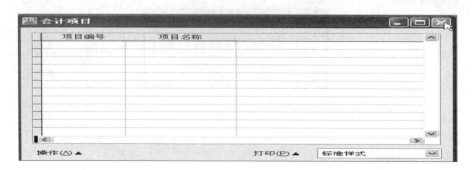

（3）出纳资料。

此部分需要添加的信息资料主要有：出纳账户、结算方式、货币种类、银行资料、支出项目、收入项目六类。

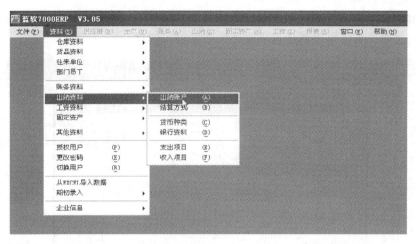

● 出纳账户。

单击右键，选择"新增"下拉菜单，添加出纳账户。

　　添加出纳账户信息，选择账户对应的科目及其添加银行名称，如果在下拉列表中没有满足条件的选项，可以单击新增选项来添加所需银行信息。

　　单击"保存"退出，并按以上的方法再添加一个账户，最终的添加结果在出纳账户列表中显示。

● 结算方式

指企业和客户在进行现金结算业务时，所采取的是哪几种结算方式。

单击右键，选择"新建"菜单，新建结算方式。

单击保存新增，以同样的步骤，再添加一个银行转账的结算方式，最终的添加结果在结算方式列表中显示。

- 货币种类

从资料菜单的出纳资料下拉菜单中选择货币种类。

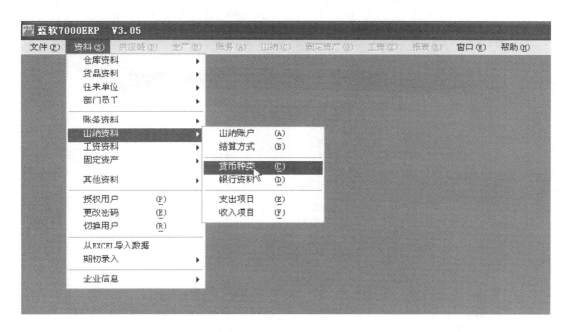

人民币为我们新建账套时新建的本位币，所以排在第一条，这个货币是不允许删除的。

如果存在外币业务时，可以单击右键，选择"新建"菜单，新建货币类型。

填写需要添加的新的货币类型，其中对本位币汇率则采用最新的汇率。

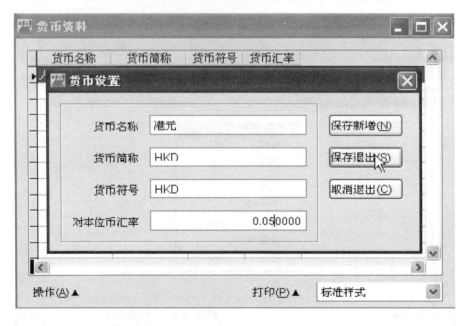

单击"保存"退出后，系统将添加的新货币添加到货币资料列表中。

- 银行资料

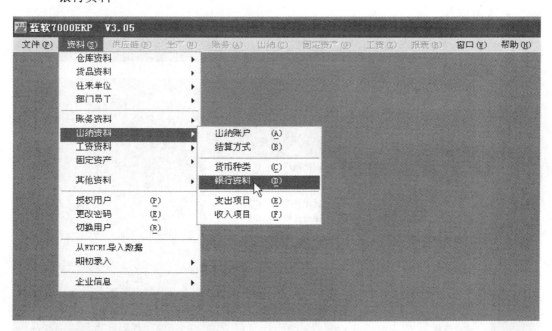

刚刚新增的银行资料在这里列出来了。银行资料主要是在出纳系统里面有一个支票管

理——表示在什么银行拿了多少支票，用了多少支票。

• 支出项目

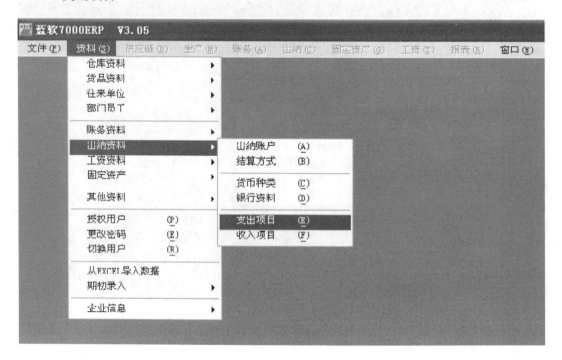

　　在日常企业经营管理中，一些涉及现金收入和支出时，我们就可以在这里新建相对应的收入和支出项目，然后选择它需要对应的核算科目。

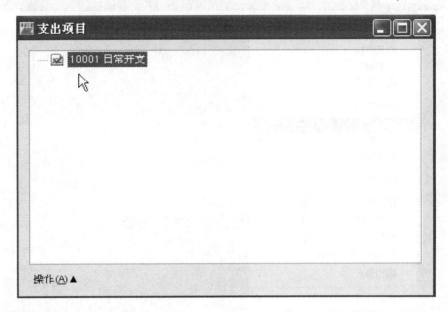

　　双击支出项目中的日常开支项目，可以对此项目和核算科目等信息进行查询和修改。

- 收入项目

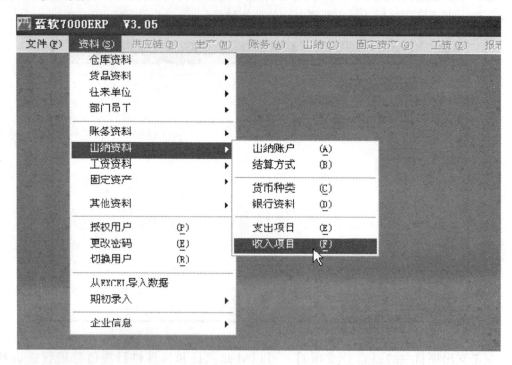

选择操作类型，这里选择新增同级项目。

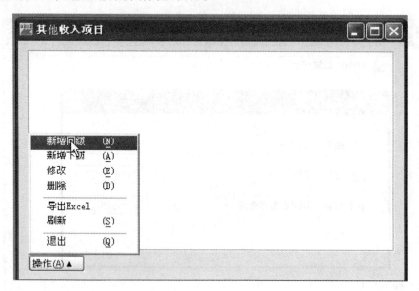

填写新建的收入项目信息。

（4）工资资料。

此部分主要包括两个方面的信息：计件工种和计件工序。

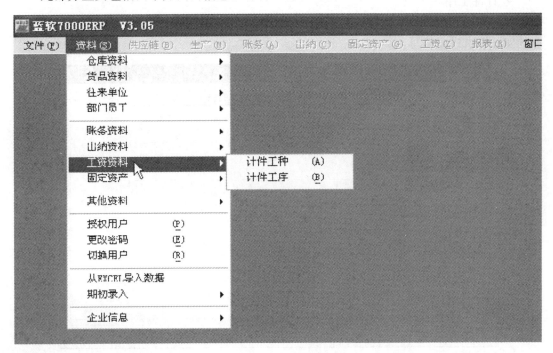

• 计件工种

按照自己企业的实际情况，把每一个工种进行分类，然后录入信息就可以了。

- 计件工序

此部分用于指明每道流程是属于哪一个工序、工种、单价、计量单位等信息，按照企业的实际需求进行填写。

（5）固定资产。

此部分主要包括固定资产类别、固定资产增加方式、固定资产减少方式、固定资产使用状况四方面的信息。

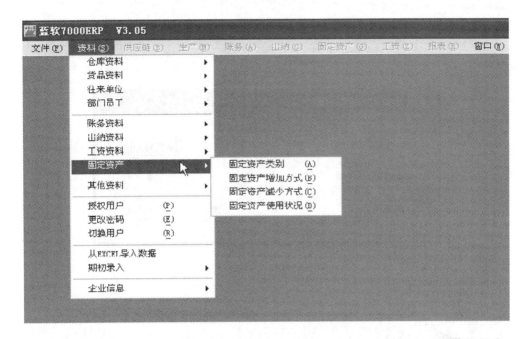

- 固定资产类别——企业的所有固定资产可以把它分成不同的类别。
从操作选项中选择需要的操作类型。

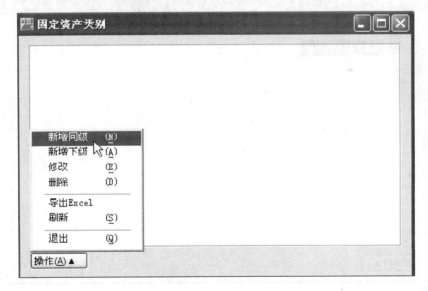

选择新增同级操作。

采用同样的方法再新建一个"运输设备"固定资产，并单击保存退出。

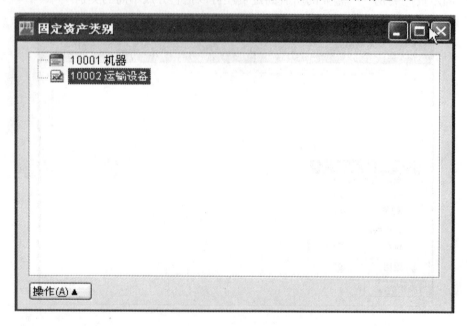

- 固定资产增加方式

此部分用于表明固定资产是如何获得的（购买、接受捐赠等方式）。

选择操作的新增菜单，添加新的固定资产增加方式信息。

　　填写固定资产增加方式详细信息，主要包括：编号、增加方式和对应科目——在下拉列表中选择。一般用现金购买的固定资产就选择库存现金，如果是用银行存款购买的，则选择银行存款科目。在固定资产生成凭证时，相对应的银行存款就会减少，而固定资产则会增加。

单击"保存"退出。

- 固定资产减少方式

这时候是固定资产减少（变卖、出售或转让等手段），此部分和固定资产增加方式的添加和修改时一致的。

单击右键或左下角的操作按钮，选择新增选项，添加固定资产减少方式。

　　详细填写固定资产减少方式信息——与固定资产增加信息类似，其中对应科目指的是固定资产的减少体现为哪个科目的增加。

　　单击"保存"退出。

- 固定资产的使用

用于说明固定资产的使用状况——使用、未使用等事先定义的状况。这个主要是用于说明目前那些固定资产没有发挥效力，而且还在折旧，通过此部分来处理。

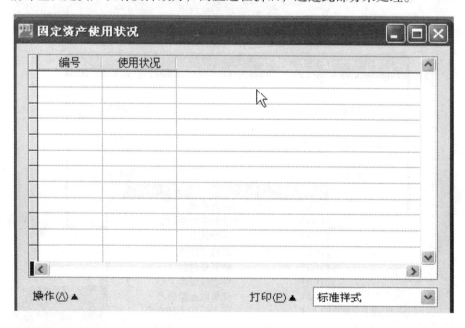

新增固定资产使用状况信息。

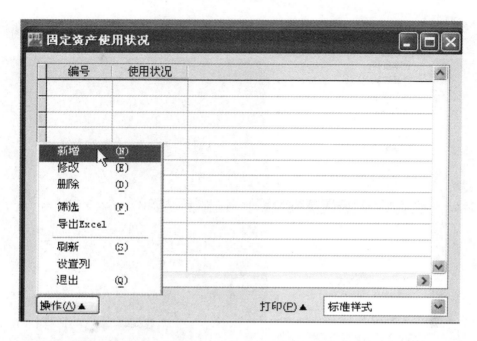

填写固定资产使用状况说明。

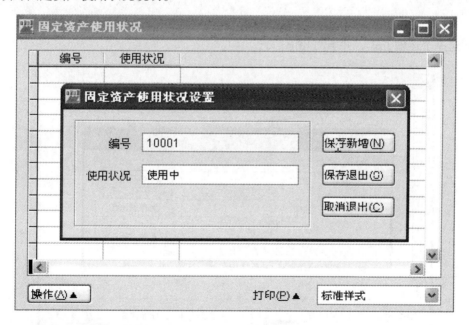

（6）其他资料。

此处有一个运输方式，其表示根据企业在与客户或供应商进行交接时采用的是什么样的交接方式，及其企业在一些运输过程中的一些运输方式。

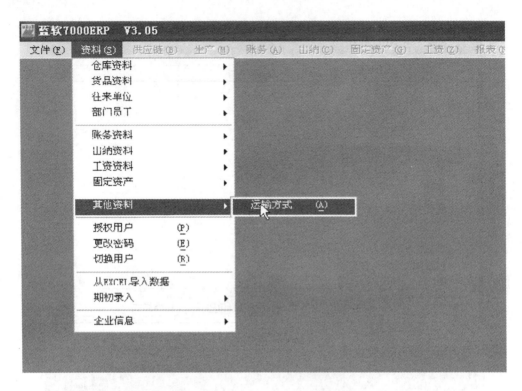

新建一个运输方式，并填写相应信息。

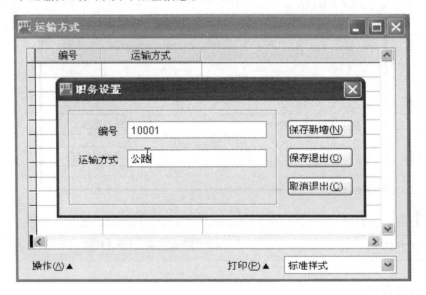

（7）授权用户。

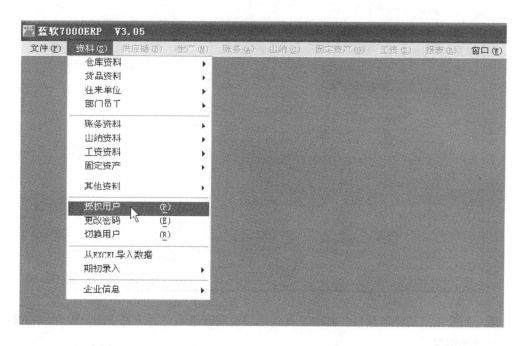

- 用户授权设置

在用户及权限设置窗体中分为两个部分：左边部分为组和用户列表；右边部分则为组或用户信息显示。其中组是指将使用系统的各用户分成不同的用户组，每个组都有自己特定的操作权限。当新建一个用户时，可以选择特定的用户组，则用户的权限则默认与用户组权限一致，从而不需要每次为各用户配置权限。

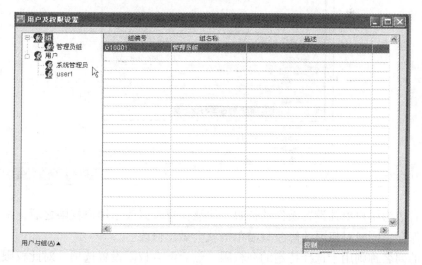

新建用户，单击右键，在下拉菜单中选中"新建用户及组"。当选定的是用户目录时则表示新增用户，若选择的微管理组目录则是新增组。

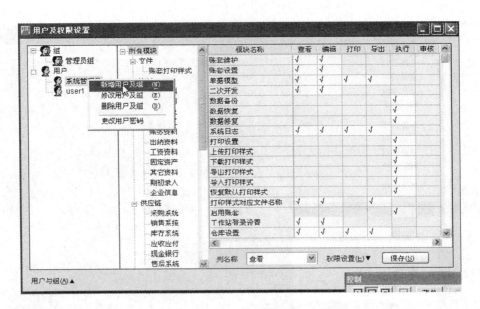

填写新增用户的详细信息，其中隶属组用于说明新增用户属于哪个用户组，拥有哪一组用户的操作权限。

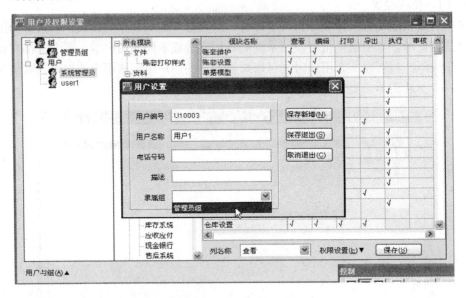

可在右边为用户单独设置操作的权限。注意：每次修改了用户权限之后，都必须对其修改进行保存，同时对权限的修改只需单击就会做出修改。

底端的列名称则用于选择特定的列权限，然后配合权限设置选项，对此权限列进行统一设定。

为了方便授权，在窗体中间有一个所有模块的目录，按照模块进行授权，可以使权限的授予更加清晰和不容易遗漏。这些模块的分类大多是按照菜单进行分类的。

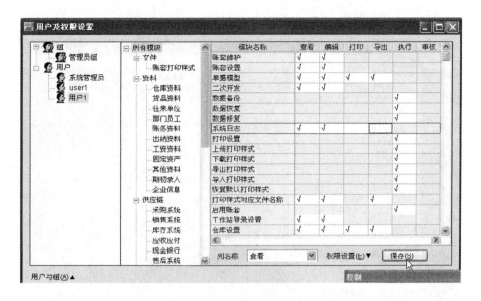

（8）更改密码。

输入一次原密码，然后输入两次新密码。注意新密码和确认新密码必须相同，不同时不予以保存修改。

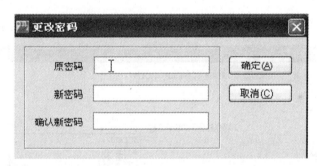

（9）切换用户。

想用其他用户登入，而又不想退出系统时，可以在用户名称中选择希望使用的用户账号，同时输入密码即可使用此账户登入。

（10）从 Excel 导入数据。

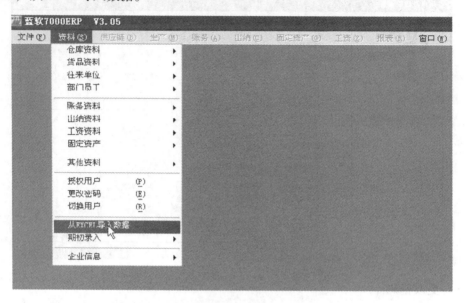

系统支持从 Excel 中导入下面列出来的几个项目的数据，其余的数据将需要手工输入。

填写好导入的资料名称及其选择 Excel 文件所在的电脑路径，单击下一步。

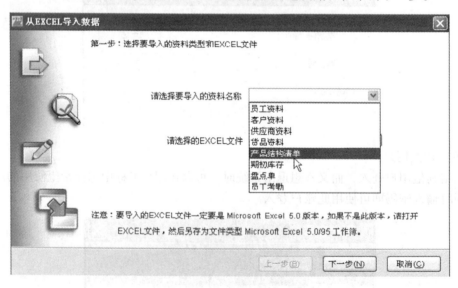

设置数据库字段，打勾的字段表示必选字段，打星号的字段则表示必须检测的字段。选择各字段与 Excel 表的列表名对应情况，如果在 Excel 表中不存在必需字段和需检测字段的话，系统则会报错。当不清楚 Excel 表的字段对应情况时，可以通过单击查看 Excel 表来确定列与字段的对应关系。

当 Excel 表的列中存在没有数据库必选字段时，可以使用备选存货类型。

单击"下一步"。

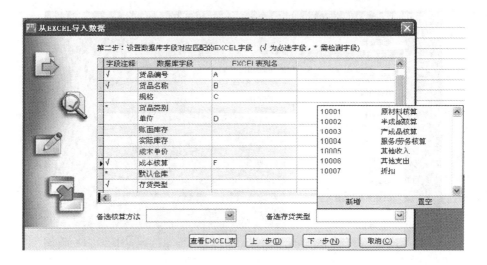

确认从 Excel 表中导入的数据，确认无误之后，单击开始导入。如果确认时发现错误，则单击"上一步"进行修改。

单击"开始"导入，然后等待提示对话框，根据提示信息确定是否成功导入。

如果导入成功则可以在货品资料中查看导入进来的货品资料。

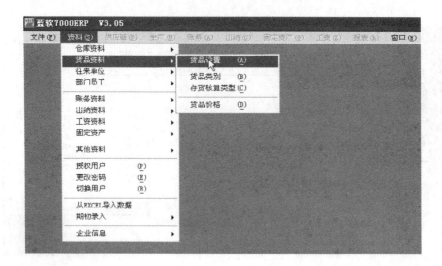

查看导入的数据，如果一些其他的项目导入不完全时，可以在这里单击修改，对信息进行更正即可。

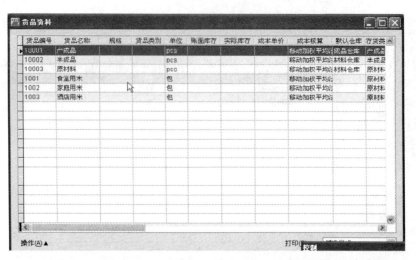

（11）期初录入。

下面我们讲一下期初录入，期初录入有六个需要录入的内容：货品库存初始化、固定资产初始化、出纳账户初始化、科目余额初始化、估价入库初始化、委托代销初始化。

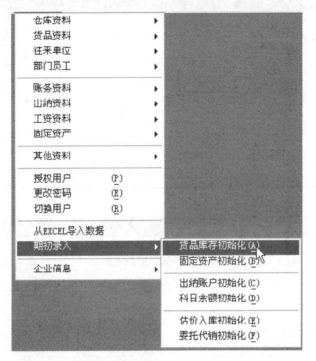

- 货品库存初始化

在货品库存初始化窗口，单击"新增"，弹出货品期初库存录入窗口。

填写仓库名称、货品名称、单价等，其中，单价是当前货品的成本价，填写好后单击"保存新增"。以下分别产成品、半成品和原材料的期初库存录入。

这时，货品初始化基本完成，在初始化窗口，就会有相对应的记录产生。

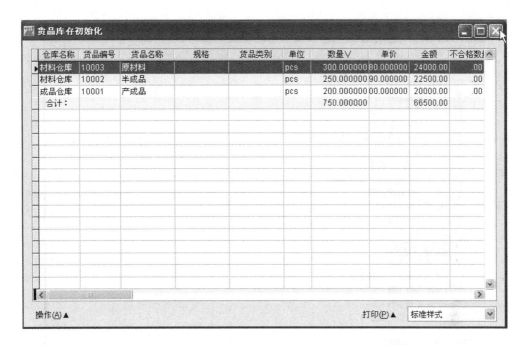

- 固定资产初始化

单击"资料"——"期初录入"——"固定资产初始化"，填写固定资产科目、计提折旧科目、入账日期等。其中，入账日期一定要小于当前会计期间的第一天。

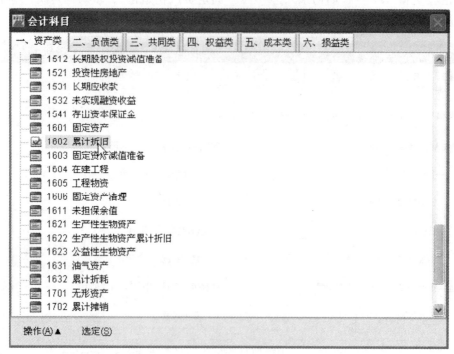

然后，填写折旧信息、附属设备、使用部门和期初数据。

在使用部门窗口，如果是几个部门共用固定资产的话，则所占比例之和为 100%；接着，填写对应科目，单击"查找"，选择成本类的制造费用。

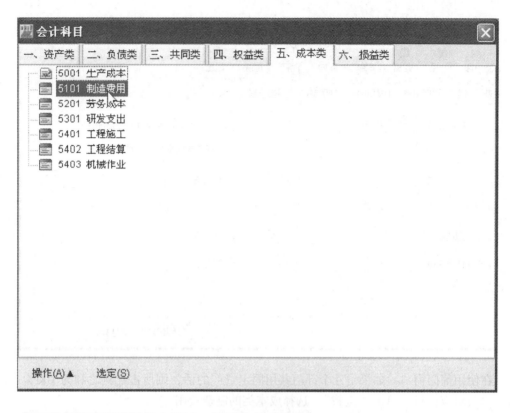

期初数据按实际情况录入即可，最后单击"保存"。

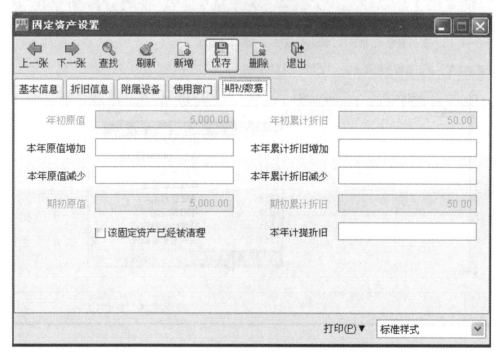

单击"保存"时，如果出现以下提示，则将入账日期进行修改，如将"2009 - 01 - 13"修改为"2008 - 12 -31"。最后，进行保存。

- 出纳账户初始化

单击"资料"——→"期初录入"——→"出纳账户初始化"，根据会计科目的余额来输入各项数据，然后单击保存。

- 科目余额初始化

单击"资料"——→"期初录入"——→"科目余额初始化"，我们可以在"科目年初余额录入"窗口，引入货品库存期初、往来单位期初、固定资产期初。录入完后，单击保存。

保存后，单击"操作"——→"试算平衡"，如果弹出以下窗口，则不能完全保存。

可以看出借贷差额为 73450.00，所以我们可以在贷方补充一个金额为"73450.00"的科目。然后，进行保存，再试算平衡。当出现借贷平衡的窗口时，单击确定。

科目年初余额录入

科目编号	科目名称	明细	方向	货币种类	本年年初	
					数量	原币
1001	库存现金	☑	借方	人民币		
1002	银行存款	☑	借方	人民币		
1003	存放中央银行款项	☑	借方	人民币		
1011	存放同业	☑	借方	人民币		
1012	其他货币资金	☑	借方	人民币		
1021	结算备付金	☑	借方	人民币		
1031	存出保证金	☑	借方	人民币		
11U1	交易性金融资产	☑	借方	人民币		
1111	买入返售金融资产	☑	借方	人民币		
1121	应收票据	☑	借方	人民币		
11220001	客户1	☑	借方	人民币		
11220002	客户2	☑	借方	人民币		
11230001	供应商1	☑	借方	人民币		
11230002	供应商	☑	借方	人民币		
1131	应收股利	☑	借方	人民币		
1132	应收利息	☑	借方	人民币		
1201	应收代位追偿款	☑	借方	人民币		
1211	应收分保账款	☑	借方	人民币		

保存　　　　(A)　　　同准备金　☑　借方　人民币

引入货品库存期初　　　　　　☑　借方　人民币

引入往来单位期初　　　　　　☑　贷方　人民币

引入固定资产期初　　品　　　☑　借方　人民币

试算平衡　　(C)　　　　　　　☑　借方　人民币

筛选　　　　(F)　　　　　　　☑　借方　人民币

导出Excel　　　　　　　　　　☑　借方　人民币

刷新　　　　(S)　　　备　　　☑　贷方　人民币

设置列　　　　　　　券　　　☑　借方　人民币

退出　　　　(Q)　　　产　　　☑　借方　人民币

操作(A)▲

提示

借贷不平衡！试算平衡没有通过。

年初借方余额：77500.00
年初贷方余额：4050.00

本年借方累计：0.00
本年贷方累计：0.00

确定

4002	资本公积	☑	货方	人民币		73450.00	
4101	盈余公积	☑	货方	人民币			
4102	一般风险准备	☑	货方	人民币			
4103	本年利润	☑	货方	人民币			
4104	利润分配	☑	货方	人民币			

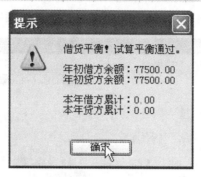

- 估价入库初始化和委托代销初始化

在货品库存初始化中，有多少货品是估价入库的，就需要在估价入库初始化中开一个估价入库单；当前企业的货品，有多少是委托自己的客户代销时，就需要进行委托代销初始化。

（12）启用账套。

完成以上初始化设置后，就可以启用账套了。单击"文件"——"启用账套"，出现以下提示，如果确定，就单击"是"，就开始启用账套了。账套成功启用后，所有基础数据录入完成，账套就可以正常使用了。

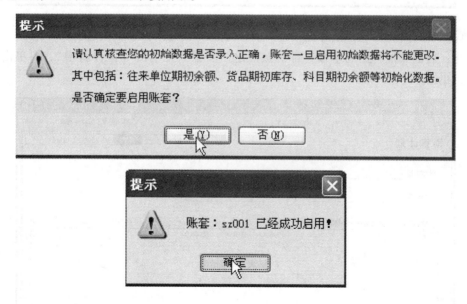

4.2.3　流程演示

账套正常启用后，我们就可以开始正常的业务。我们现在就根据系统的流程来讲一下业务的操作。

1. 库存充足时，从销售计划到生产再到销售出库的全过程

（1）销售计划——→销售报价单——→销售订单——→生产计划。

• 销售计划

首先，从销售的销售计划开始，单击"供应链"——→"销售系统"——→"销售计划"，新建一个销售计划，填写货品名称、数量、单价、金额等。

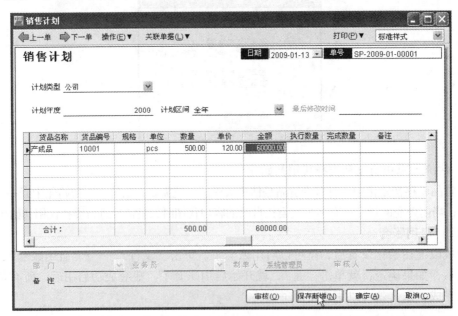

单击"保存新增"，然后单击"上一单"再按"审核"，来审核这一张单据。

（注：后面其他单据的审核，都是按照这一步骤：先单击"保存新增"，再单击"上一单"，单击"审核"）。

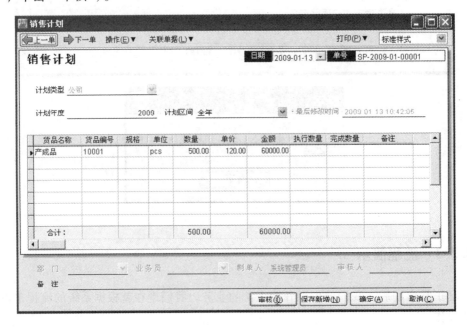

销售计划的"操作"菜单，有新增、删除、作废、单据查找等，其中单击"单据查找"就会调出当前时间段的所有销售计划单。如调出如下时间段的销售计划表，双击其中的记录就会返回到这个当前的单据。

- 销售报价单

在销售计划窗口，单击"操作"——→"生产销售报价单"。

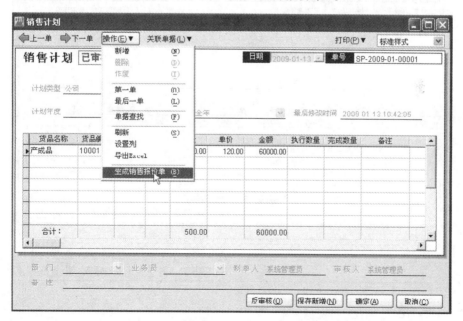

在销售报价单，填写客户、结算方式、交换日期等，然后保存新增，并按"上一单"进行审核（其中，结算方式可以在销售报价单里选，也可以在销售订单里选择）。

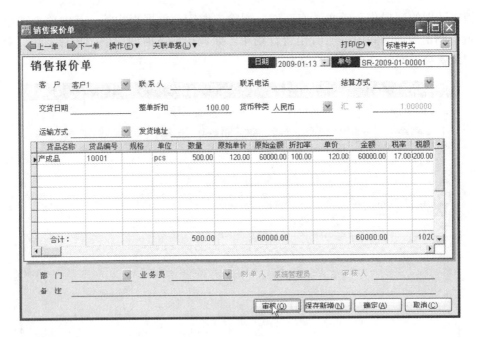

审核"销售报价单"后，在销售计划窗口，单击"操作"——"刷新"，"销售计划"就会出现一个"执行数量"。这个执行数量需要与上面"销售报价单"的数量相同。另外，销售计划里的"完成数量"需要生成销售订单后，才会显示。

● 销售订单

"销售报价单"审核后，单击"操作"——"生成销售订单"。填写销售订单的详细信息，如果有预售款，就需要在"本次现收"中输入相应的金额。然后，单击"保存新增"，再按"上一单"进行审核。

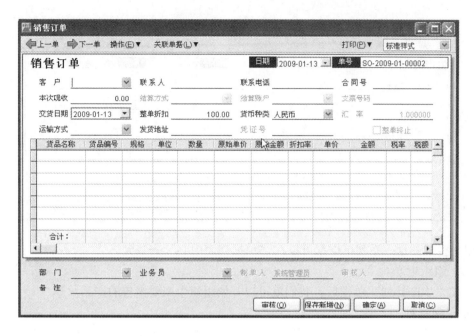

- 生产计划

"销售订单"审核之后，可以生成销售开单、采购订单和生产计划。一般，当发生货品交易时，生成销售开单；通过自己生产来满足库存时，生成生产计划；需要进行采购来满足生产时，则生成采购订单。在库存充足的情况下，我们可以直接生成生产计划。

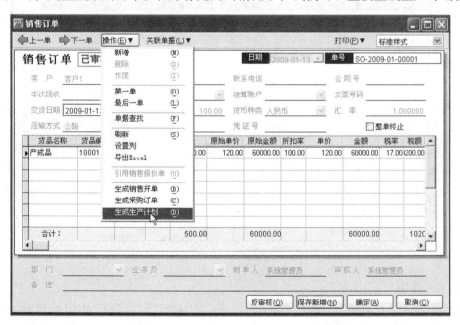

生成生产计划后，填写生产计划的相关信息，并保存，再按"上一单"进行审核。

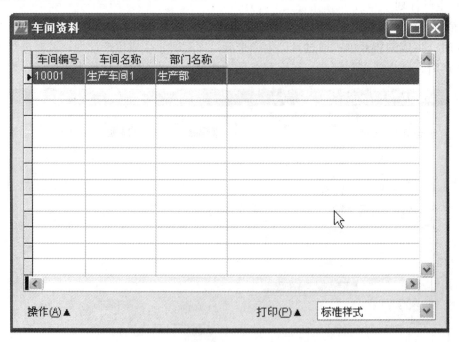

以上生成的这一系列单据都可以在"单据列表中心"查找到。

（2）组织生产。

生成"生产计划"单据后，我们就可以开始组织生产要销售的产品。

- 车间资料

首先，设置"车间资料"，单击"生产"——"车间资料"。

- 工厂日历

然后设置"工厂日历"，单击"生产"——"工厂日历"。进行 MRP 运算时主要是根据工厂日历来区分"工作状态"和"休息状态"的。当前日期为"休息状态"时，生产就会延迟一天。双击某个日期，可以改变它的状态。当取消"休息状态"时，这一天就必须纳入生产的时间周期之内。

- 产品结构清单

单击"生产"——"产品结构清单",设置产品结构清单。任何一个产品都是由一些原材料和半成品组成的,所以"产品结构清单"是产品能否生产以及 MRP 运算的依据。首先设置产成品的结构清单,单击"操作"——"清单维护",填写产成品结构清单设置的详细信息,尤其是选择"本道工序"。

选择本道工序时，可以新建一个工序。

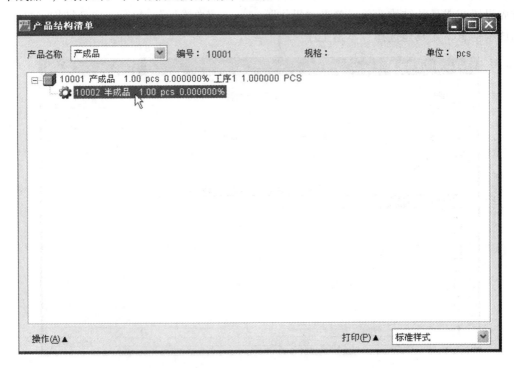

填写完相关信息后，单击"确定"。然后，我们再为半成品设置一个结构清单，双击"半成品"，则弹出一个半成品的结构清单设置。

填写半成品结构清单设置的详细信息，并单击"确定"进行保存。

然后，在产品结构清单，就可以查看到产成品和半成品的结构清单（注：原材料没有结构清单）。

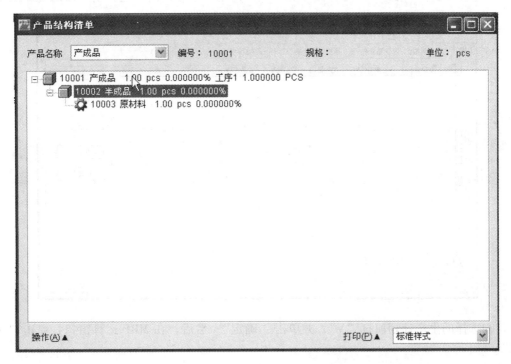

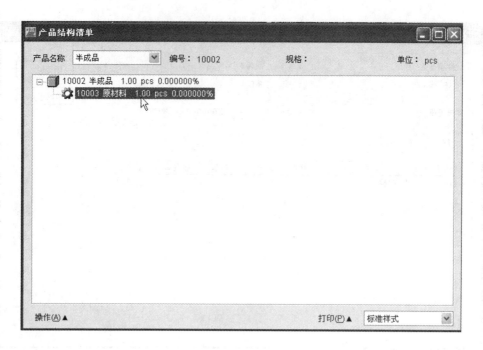

- MRP 运算

结构清单设置完成后，我们就可以进行 MRP 运算。单击"生产"——→"MRP 计划"——→"MRP 运算"，在 MRP 运算窗口的"生产计划"下，单击"选择生产计划"。

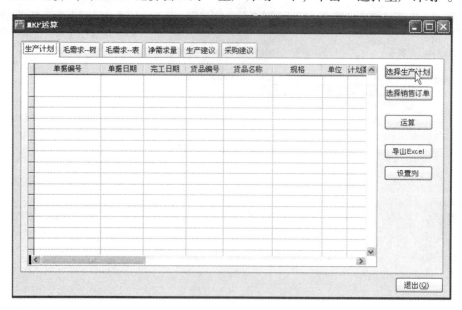

在选择的生产计划前打"V"，并单击"确定"。然后，在 MRP 运算窗口，单击"运算"。

运算结果以毛需求—树、毛需求—表、净需求量、生产建议和采购建议等方式表现出来。其中，"毛需求树"根据产品结构清单得出的，以树的形式显示当前的需求情况。

而"毛需求表"就是以表格的形式来显示当前的毛需求。

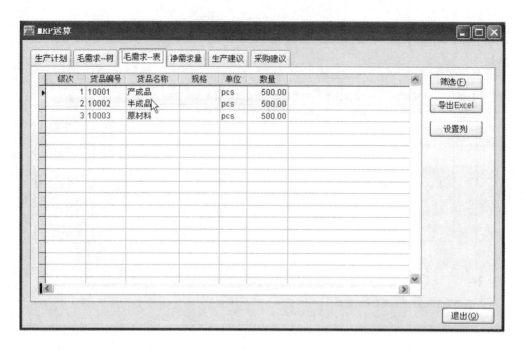

"净需求量"里有当前库存、安全库存、损耗量、销售订单、采购订单、在加工量、净需求量等数据。

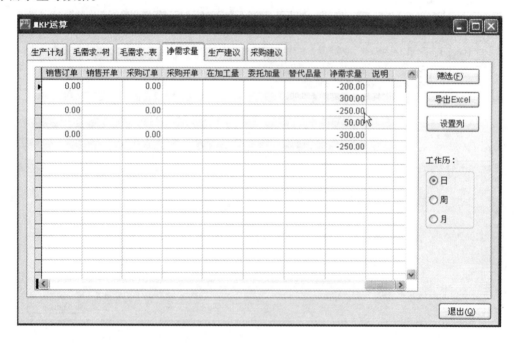

"生产建议"就是根据"净需求量"来运算,包括开工日期和完工日期等;当库存充足时,采购建议为空。

在"生产建议"中，我们可以"下达加工单"和"下达委托加工"。首先，我们将产成品下达到加工单。

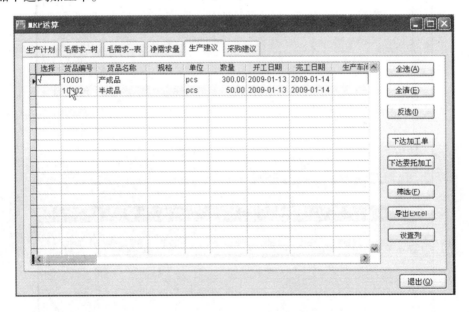

在下达加工单里，填写生产车间、生产工人等信息，然后单击"下达"，就会出现"加工单已生成"的提示。

然后，将半成品下达到委托加工单，选择供应商等，并单击"下达"。这样，一张MRP 运算单据就完成了。

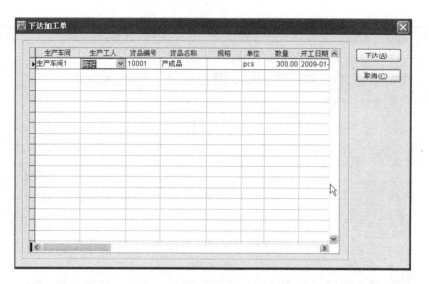

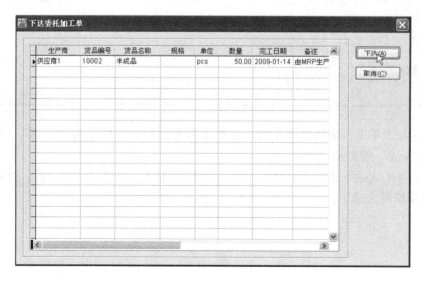

- 加工单和委托加工单
➢ 委托加工单

完成 MRP 运算后，我们就可以查看加工单和委托加工单。

因为生产"产成品"时需要领取"半成品"作为原料，所以我们要先生产"半成品"。单击"生产"──→"委托加工单"，填写好委托加工单的相关信息后，单击"上一单"进行审核。

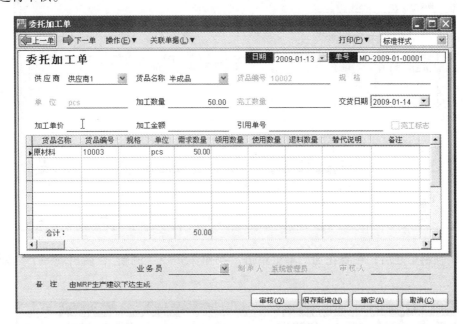

审核委托加工单后，单击"操作"──→"生成领料单"。

在领料单中，填写出库类型、供应商等信息，然后"保存新增"并按"上一单"进行审核。

审核领料单之后，在委托加工单里单击"操作"——"刷新"，就出现一个"领用数量"。

然后，在委托加工单里，单击"操作"——"生成验收单"，并填写验收单的相关信息，如"仓库"为材料仓库（半成品放在材料仓库），"入库类型"为完工入库。填写后，单击"保存新增"（暂不审核验收单）。

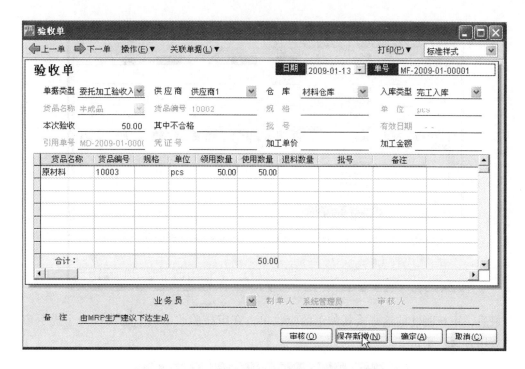

接着，再刷新一下委托加工单，就出现了"使用数量"。

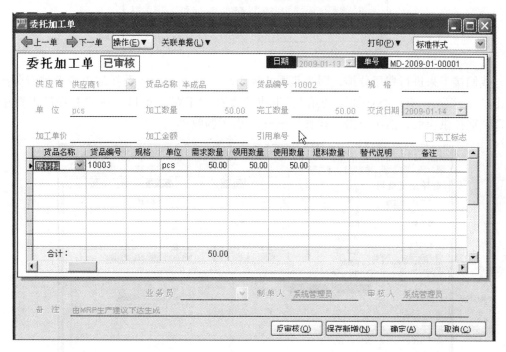

这样整个委托加工单就完工了，可以单击"操作"──→"完工处理"，再单击"确定"。

最后，审核刚才的这张委托加工的验收单。在审核验收单时，会出现一个提示窗口，提示费用分摊。单击"否"。

我们接下来进行费用分摊，因为是委托加工单，所以我们在委托加工费里进行分摊。单击"生产"——"委托加工费用"，生成"委托加工费"窗口。在"委托加工费用"窗口，选择供应商，然后单击"操作"——"引用验收单"。

单击"引用验收单"后，生成"选择单据"窗口，然后在所引用的验收单记录前打"V"，并单击"确定"。

在委托加工费用窗口，按实际情况填写增值税、消费税、本次现付等信息，填写好之后单击"保存新增"，并按"上一单"进行审核。

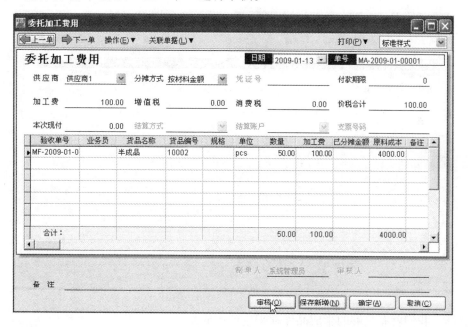

审核"委托加工费用"后，就可以对验收单进行审核，单击"生产"——→"验收单"。在验收单窗口，单击"上一单"再单击"审核"。这样，要生产产成品的半成品就生产完毕。

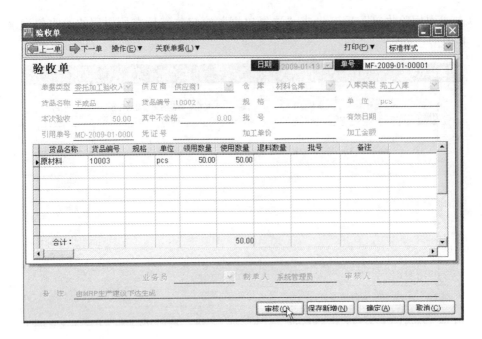

我们可以在库存里查看一下库存情况，单击"供应链"——→"库存系统"——→"分仓库存"，查看产成品、半成品和原材料的库存情况。

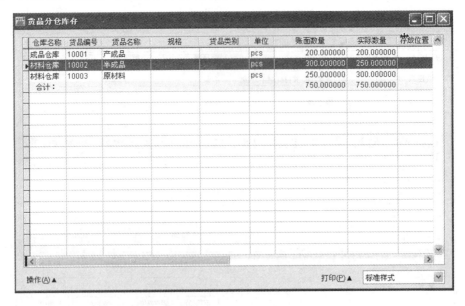

这样，我们就有足够的半成品库存来生产产成品了。

➢ 加工单

然后，我们就开始生产产成品，单击"生产"——→"加工单"，查看生成的加工单的数据是否正确，如果正确就单击"上一单"进行审核。

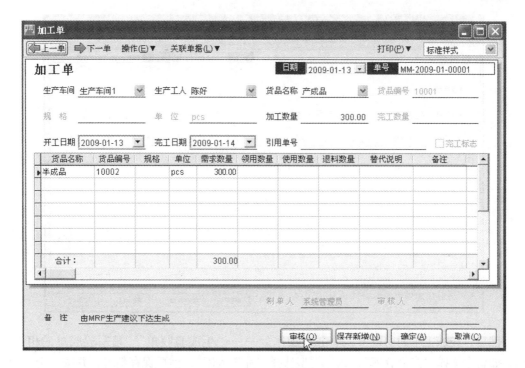

审核加工单后，单击"操作"──→"生成领料单"。

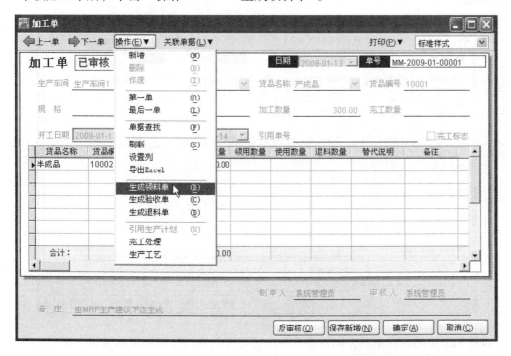

在领料单中，选择"出库类型"，单击"保存新增"，并进行审核。

然后，在加工单的窗口中，单击"操作"——"生成验收单"。填写验收单的相关信息，如仓库选择"产品仓库"，入库类型选择"完工入库"，然后保存新增，并按"上一单"进行审核。

审核加工单的验收单时，同样也会弹出是否进行费用分摊的提示窗口。

　　然后，我们单击"生产"——→"费用分摊单"（加工单在费用分摊时，对应费用分摊单）。在"费用分摊单"窗口，选择生产车间，并单击"操作"——→"引用验收单"。

　　在"选择单据"窗口，选择所引用的单据，打"V"，并单击"确定"。

　　这样，原料成本、直接人工等数据直接从产品结构清单中引用过来。当成本计算有偏差时，可以直接修改费用分摊中的相关数据，直到正确为止。

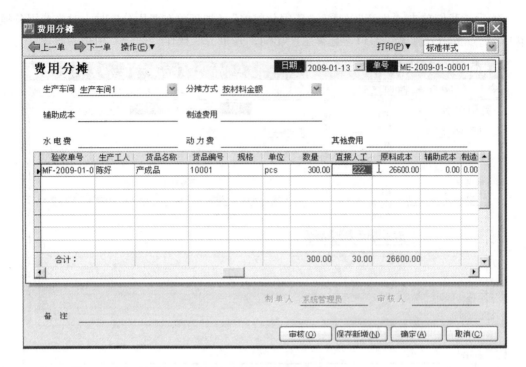

可以为多张验收单同时进行费用分摊，如分摊方式有按材料金额、按产品数量等。分摊完成后，单击"保存新增"，并按"上一单"进行审核。

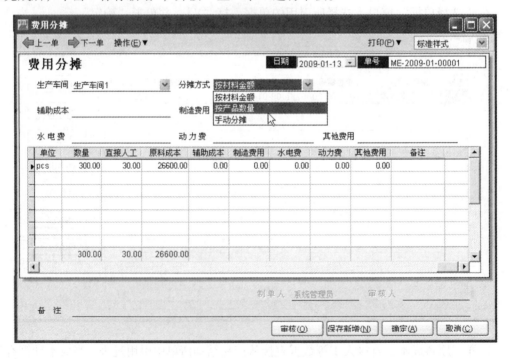

审核了"费用分销单"之后，就可以审核刚才这张验收单了。

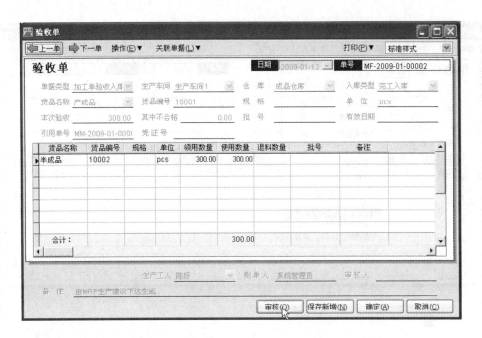

这时，我们可以再查看一下库存情况，单击"供应链"——→"库存系统"——→"分仓库存"。可以看出，半成品已经全部用来生产产成品，半成品的数量减少了，产成品的数量增多了。

- 进行销售

单击"供应链"——→"销售系统"——→"销售订单"，并在销售订单窗口，单击操作——→生成销售开单。

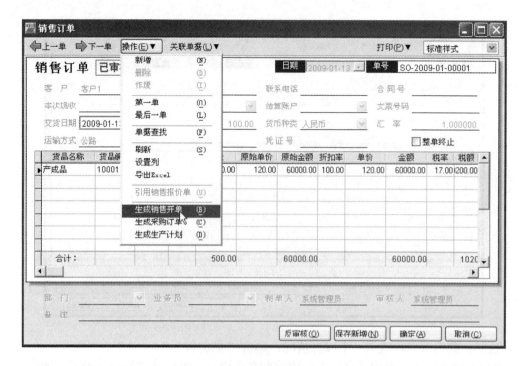

然后，单击"保存新增"，并按"上一单"对销售开单进行审核。

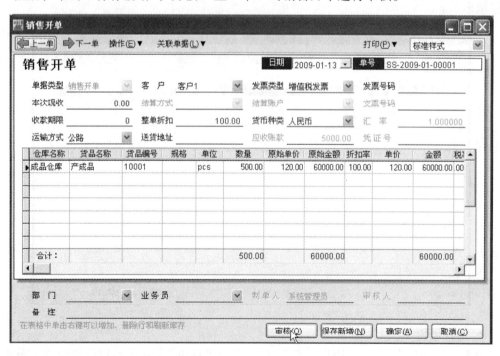

这时，我们再查看一下库存情况，单击"供应链"——"库存系统"——"分仓库存"，可以发现产成品变为零。

以上过程是我们在库存充足的情况下，演示的从销售计划到生产计划，再到销售出库的全过程。

2. 当库存不足时，从销售计划到生产，再到销售出库的过程

（1）销售计划──→销售报价单──→销售订单──→生产计划。

● 销售计划

单击"供应链"──→"销售系统"──→"销售计划"，新建一个"销售计划"，并保存新增、按"上一单"进行审核。

- 销售报价单

　　然后，在销售计划窗口，单击"操作"——"生成销售报价单"，并填写销售报价单的详细信息，然后单击"保存新增"，并按"上一单"审核。

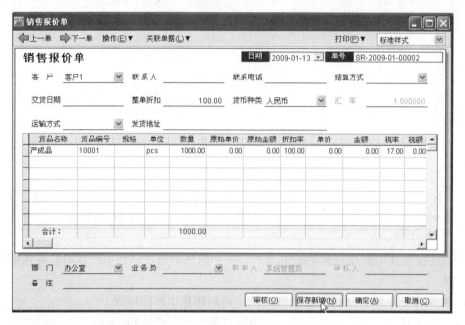

- 销售订单

　　接着，在销售报价单窗口，单击"操作"——"生成销售订单"，填写销售订单的相关信息，并保存、审核。

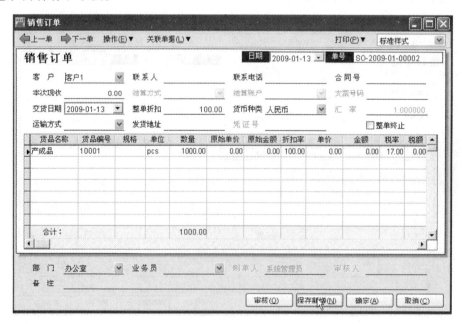

● 生产计划

审核销售订单后，单击"操作"——→"生成生产计划"，填写生产计划的相关信息后，单击"保存新增"，并单击"上一单"进行审核。

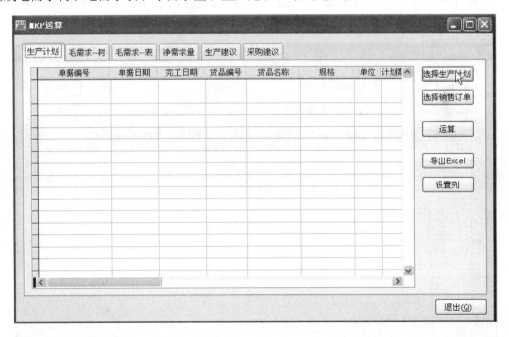

（2）MRP 运算。

单击"生产"——→"MRP 计划"——→"MRP 运算"，选择生产计划，并进行运算。生成毛需求树、毛需求表、净需求量、生产建议和采购建议。

由于是在库存不足的情况下进行生产，因此首先需要进行采购。单击"采购建议"，在 MRP 运算得出的采购建议前打"V"，并单击"下达采购订单"。

在"下达采购订单"时，我们需要选择供应商、业务员、单价标准，并单击单据日期、收获日期，确定之后就单击"下达"，然后就会弹出"采购订单已生成"的提示窗口。

在"生产建议"中，将半成品下达加工单。在"下达加工单"窗口，填写相关信息，并单击"下达"。

下达加工单后，我们就可以单击"生产"──→"加工单"，填写相关信息，接着单击"操作"──→"引用生产计划"，并单击"确定"。

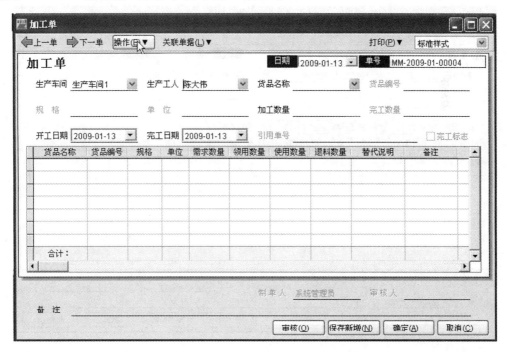

（3）选择生产计划。

然后，单击"保存新增"，并单击"上一单"进行审核，从而完成对半成品的加工单的审核。

接着，单击"下一单"，对产成品的加工单进行审核。

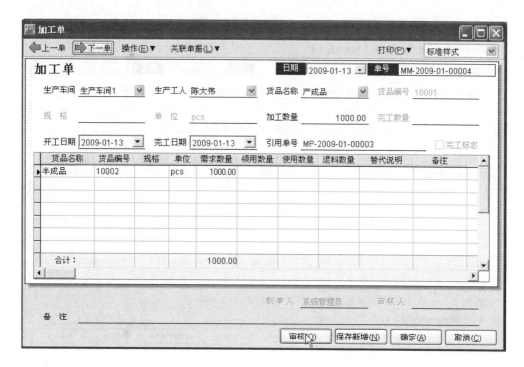

（4）完成采购。

单击"供应链"——"采购系统"——"采购订单"，打开采购订单窗口后，单击"上一单"进行审核。

然后，在采购订单窗口，单击"操作"——"生成采购开单"，并保存新增。

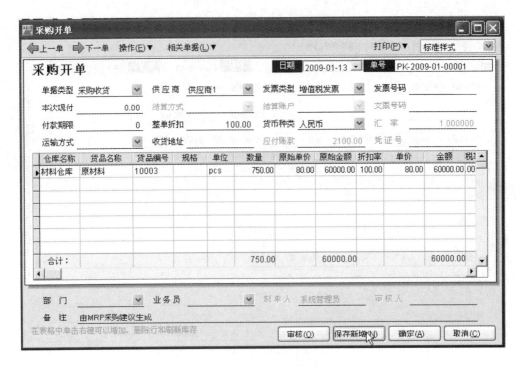

当单击"保存新增"时,可能弹出一个窗口,提示本次进价高于最高进价,单击"忽略"。接着,单击"上一单"来审核这张采购开单。

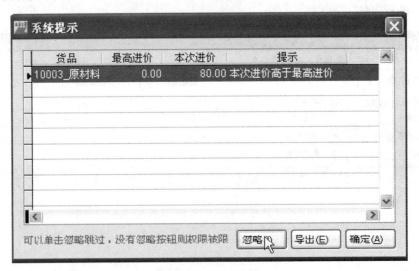

这时,我们就可以看一下库存情况,单击"供应链"——"库存系统"——"分仓库存"。在货品分仓库存里,单击右键并单击"刷新",可以发现原材料已经增加。这样,我们就可以开始组织生产半成品和产成品了。

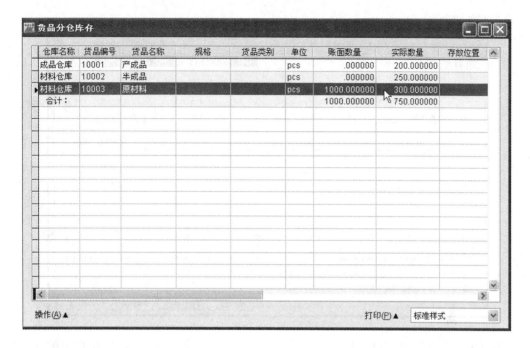

（5）组织生产。

● 生产半成品

我们首先加工半成品，单击"生产"——→"加工单"。填写好加工单后，单击"操作"——→"生成领料单"。

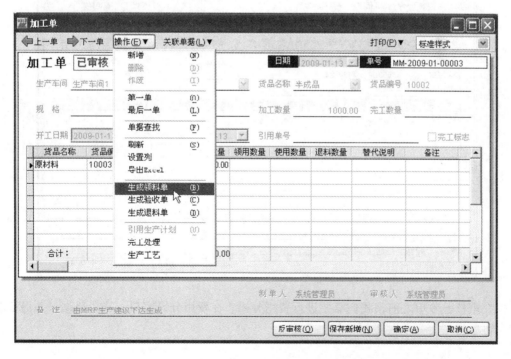

在领料单里，填写完相应的信息后，单击"保存新增"并按"上一单"审核。

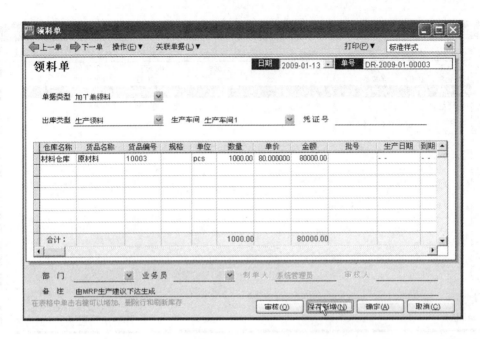

接下来，在加工单窗口，单击"操作"——→"生成验收单"。填写验收单的详细信息，如仓库为"材料仓库"（半成品放在材料仓库），入库类型为"完工入库"，然后单击"保存新增"。

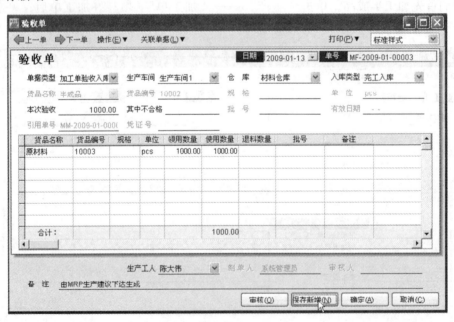

在审核验收单之前，我们需要进行费用分摊。在费用分摊窗口，选择单据，并保存新增，再单击"上一单"进行审核。

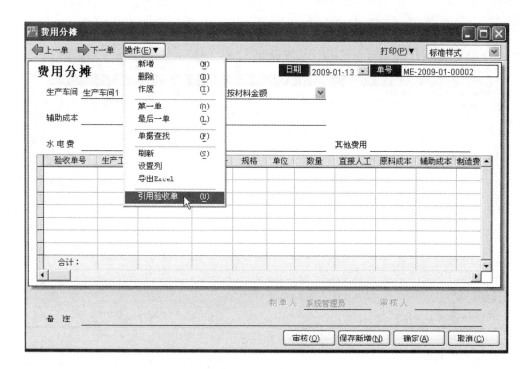

审核费用分摊后，我们就可以审核验收单。

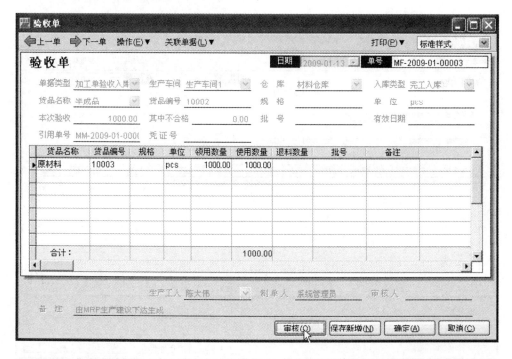

这时，我们就可以查看一下库存，在货品分仓库存窗口中，单击右键选择"刷新"，可以看出原材料减少了，半成品增加了。

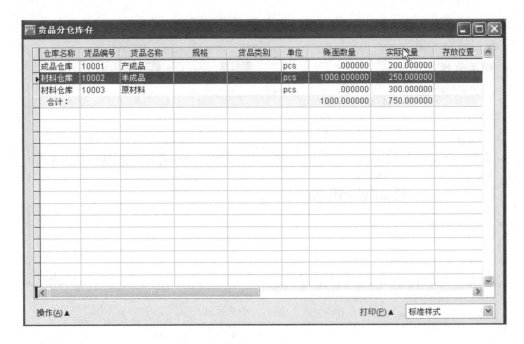

- 生产产成品

单击"生产"——→"加工单",并把加工单生成领料单,去领半成品,并保存、审核。

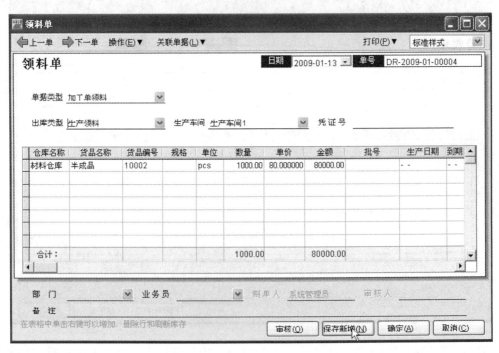

接着,在加工单窗口,单击"操作"——→"生成验收单",填写验收单的相关内容,并保存新增。

同样，在审核验收单之前，需要进行费用分摊。单击"生产"——→"费用分摊"，在费用分摊窗口，单击"操作"——→"引用验收单"，选择所要验收的单据，并确定，然后保存新增并审核。

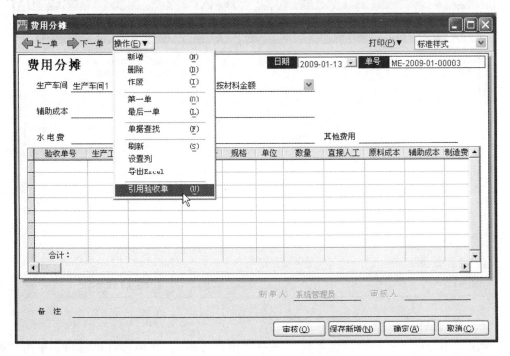

然后，在验收单窗口，单击"上一单"，再单击"审核"。

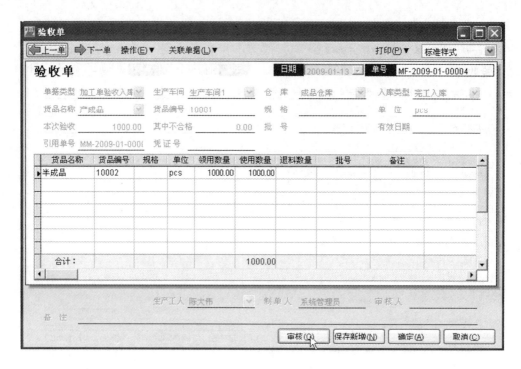

这时，我们可以去看一下库存，在"货品分仓库存"窗口里，单击右键进行刷新，可以发现半成品的数量减少了，生成的产成品数量增加了。

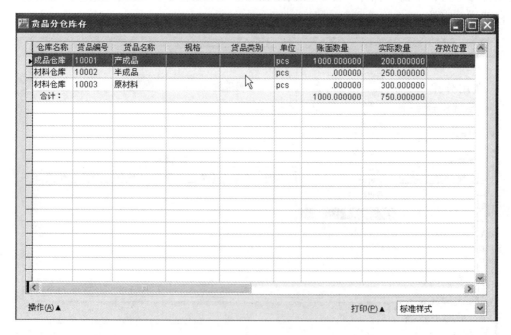

（6）进行销售（销售开单）。

单击"供应链"──→"销售系统"──→"销售订单"，在销售订单窗口，单击"操作"──→"生成销售开单"，并保存、审核。

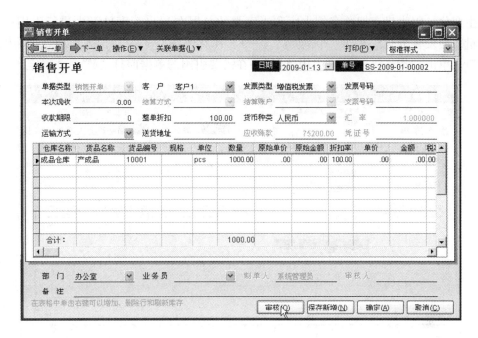

这时，单击"供应链"──→"库存系统"──→"分仓库存"，查看库存情况。单击右键刷新"货品分仓库存"后，可以发现产成品的数量减少了，说明已经发生了销售交易。

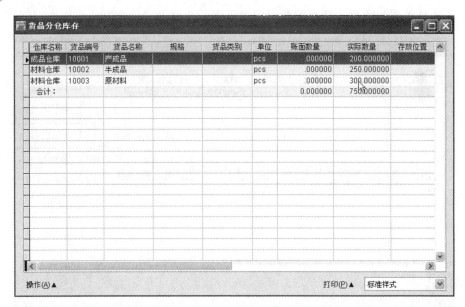

因此，我们就在库存不足的情况下，完成了从销售计划──→生产──→销售交易的整个操作流程。

3. 单据与凭证

（1）单据引用。

从整个生产销售过程中的库存变化情况来看，只有账面数量在发生变化，而实际数量未发生变化。因为只有把所有的出库和入库类的单据在"出入库单"中进行引用后,实际数量才会发生变化。单击"供应链"──→"库存系统"──→"出入库单",在出入库单窗口,单击"操作"──→"引用单据",在需要引用的单据前打"V",并确定。

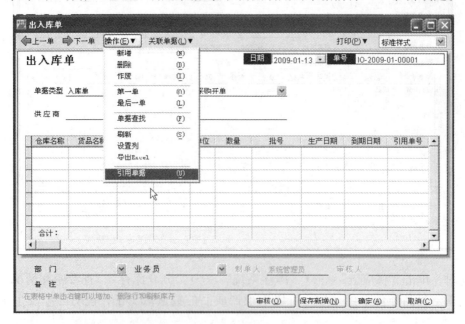

在"选择单据"窗口,选择需要引用的单据,并单击"确定"。

然后,引用验收单,在"选择单据"窗口,单击"全选",并确定。当所有的单据都被引用后,库存里的账面数量就会与实际数量相等。

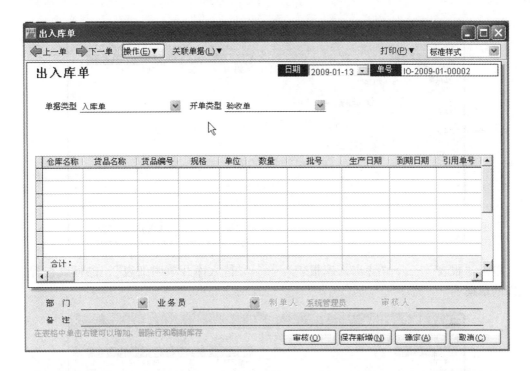

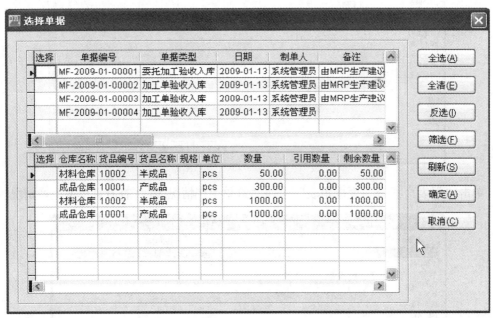

　　然后，在菜单栏中的报表列里，可以辅助查询当前未出入库的单据。单击"报表"——"待出入库报表"——"待入库开单汇总表"，可以查看未出入库的单据。

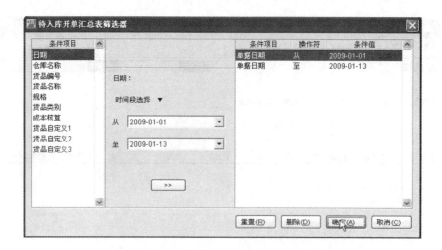

单击"报表"──→"待出入库报表"──→"待入库开单明细表"，也可以查看未出入库的单据。

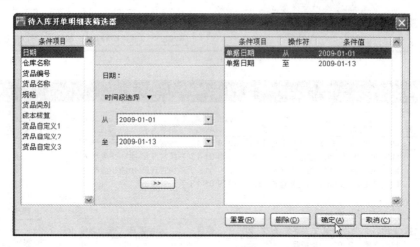

单击"报表"──→"生成报表"──→"订单生产情况表"，查看订单的生产情况。

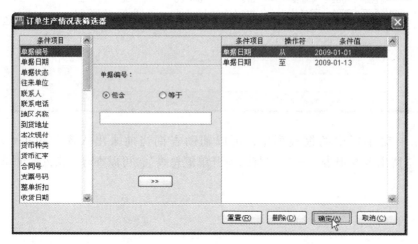

　　如果我们是按照销售订单生成生产计划，加工单直接引用生产计划这种流程来组织生产时，在订单生产情况表里就会有相应的数据。

（2）收款单和付款单。

　　当销售开单被审核后，就会产生应收款；当采购开单被审核后，就会产生应付款。

　　● 收款单

　　首先，单击"供应链"——"销售系统"——"销售开单"，单击"上一单"审核销售开单。

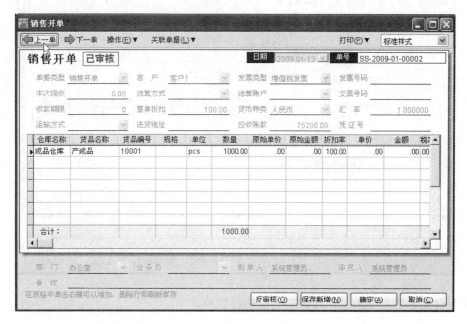

　　审核销售开单后，单击"操作"——"生成收款单"，填写收款单的相关信息，并对收款单进行保存和审核。

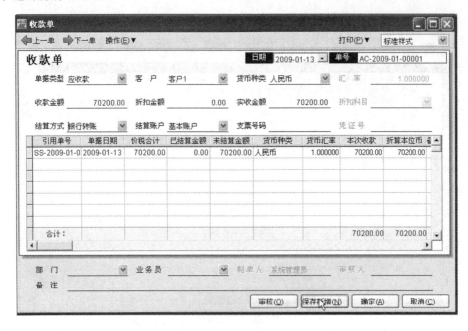

● 付款单

　　同样，采购开单可以生成付款单。单击"供应链"——"采购系统"——"采购开单"，在采购开单里，单击"操作"——"生成付款单"。

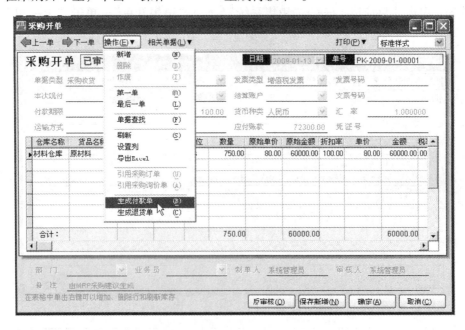

　　填写付款单的相关信息，并保存与审核付款单。

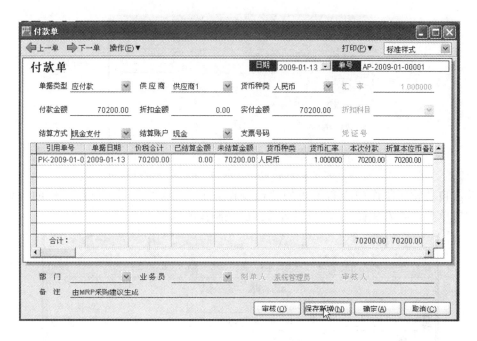

（3）凭证操作。

- 凭证制作

进行这些业务之后，我们就可以在财务里把当前发生的单据进行凭证制作。其中，采购订单必须有本次现付，销售订单必须有本次现收的情况下，才可以制作相应的凭证。

首先，制作采购开单的凭证。单击"财务"——"自动凭证制作中心"，打开自动凭证制作中心后，选择单据类型为"采购开单"，并选择需要生成凭证的单据，再单击"操作"——"制作凭证"。

单击"制作凭证"后，就会出现凭证设置的窗口，按照实际情况填写后，单击确定。

单击自动凭证制作中心右上角的"已制作凭证",就可以调出已经制作的凭证。接着,单击单击"查看凭证",就可以查看到已经制作的凭证。

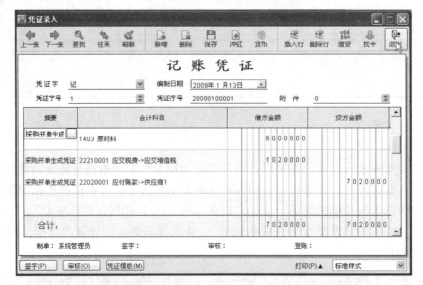

然后,按照以上相同的流程操作来制作销售开单、付款单、收款单的凭证。
制作销售开单凭证。

制作收款单凭证。

制作付款单凭证。

　　制作完以上凭证之后，可以单击"财务"——→"凭证录入"，查看所有已经制作的凭证。单击"上一张"、"下一张"进行切换。

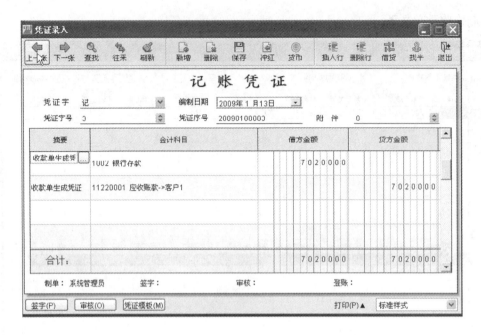

- 出纳签字

单击"资料"——"政务资料"——"会计科目",选择会计科目。

在"会计科目设置"窗口中,如果"凭证需要出纳签字才能登账"前打了"V",然后,当这个科目发生业务时,就需要出纳签字才可以审核。

单击"财务"——"出纳签字",在出纳签字窗口,对实际需要出纳签字的记录进行签字。

• 凭证审核

出纳签字后，我们就可以进行凭证审核。单击"财务"——"凭证审核"，对所制作的凭证进行审核，可以单击全部审核，也可以依次审核，审核之后单击"保存"。

- 凭证查找

单击"财务"——→"凭证查找"，可以查找到已有的凭证。在凭证查找窗口，凭证以表格的形式列出，双击其中一条凭证，可以调出该凭证。

- 凭证字号重排

凭证字号重排，是指当发现凭证的字号不连接时，可以单击"财务"——→"凭证字号重排"，对凭证进行重新排列。

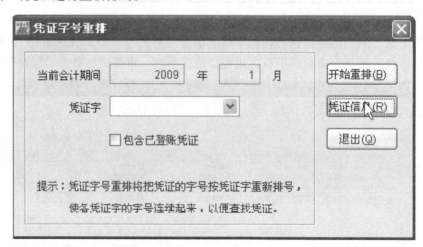

单击"凭证信息"，可以查看当前的凭证字号是否连接，如果是连接的，就不需要重排。

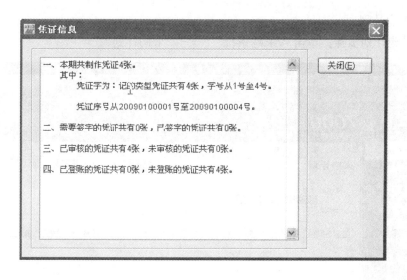

4.2.4　进销存系统

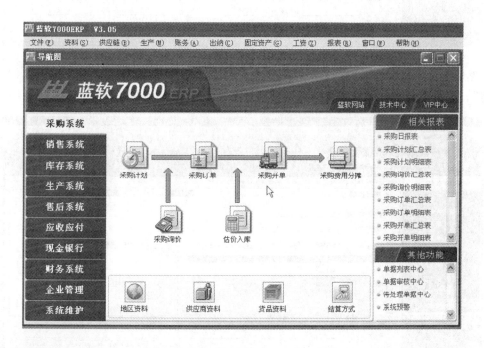

　　启用账号后，会看到：进销存系统包括以下几个分系统：采购系统、库存系统、生产系统、售后系统、应收应付和现金银行系统这六个部分。

1. 采购系统

　　采购系统由 6 种单据组成：采购计划、采购询价、采购订单、估价入库、采购开单和采购费用分摊。

（1）采购计划。

增加采购计划步骤：单击"采购系统"——"采购计划"。

然后根据采购计划框进行增加单据业务：单击选择"计划类型""计划年度""计划区间"，单击货品名称下面的空白行，会出现下拉菜单进行货品的选择。

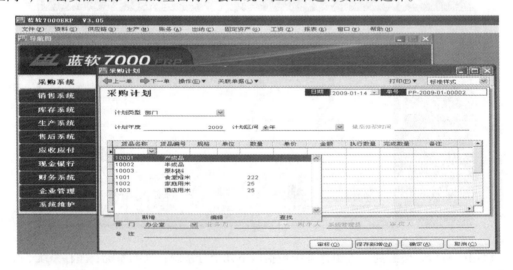

各个选择项选择完成无误后单击"保存新增""上一单""审核"，审核通过后即生成了采购计划单。

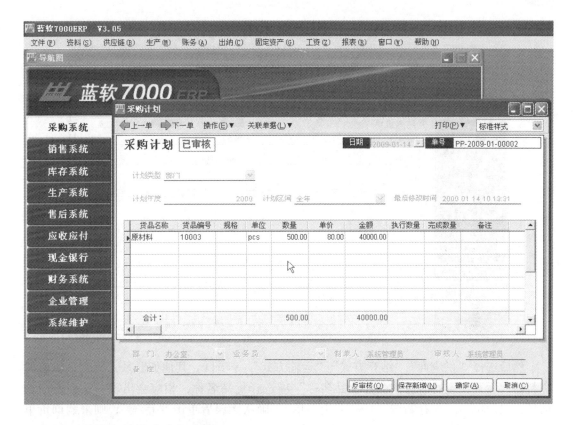

（2）采购询价单生成的步骤。

在生成采购计划单后，可以直接单击"操作"项，生成采购询价单，单击"生成采购询价单"会弹出询价单框。

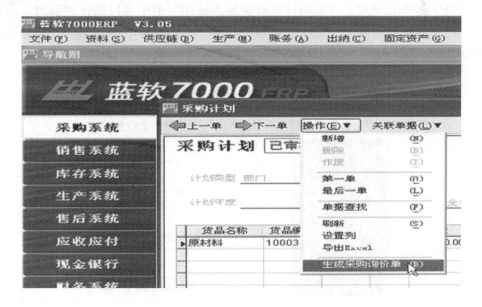

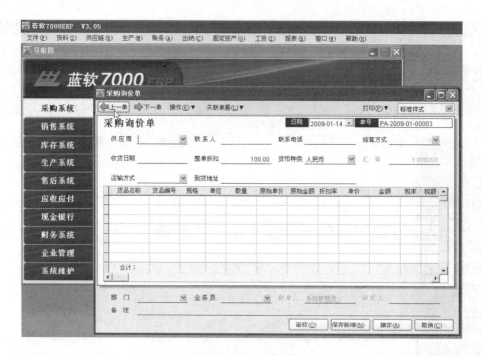

　　然后选择"供应商""结算方式""运输方式"等项目。其他如联系人等会在供应商资料输入后有相应的信息，在"货品名称"项选择货品名称，相应会出现一系列后面的信息，之后单击"保存新增"——"上一单"，确认无误后单击"审核"，则采购询价单生成。

　　采购订单生成步骤：在生成的采购询价单的"操作"项的下拉菜单中选择生成采购订单。

　　之后弹出采购订单框，在采购订单框中的"操作"项中可以选择"引用采购询价单"，这两单是相互引用的。然后单击"保存新增"（当出现系统提示框时，可以单击忽略跳过）——"上一单"——"审核"，此时采购订单生成。

　　（3）采购开单生成步骤。

单击采购订单中的"操作"项，可以直接生成采购开单。

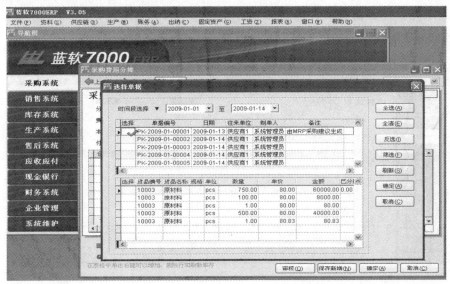

出现的采购开单框，然后单击"保存新增"（当出现系统提示框时，可以单击忽略跳过）——"上一单"，查看数据无误后单击"审核"，审核通过，则采购开单生成。

这就完成了采购计划到采购开单的过程，这些单据可以独立完成，也可以不需要引用前面的单据，在"采购系统"界面上单击各个单据即可出现各个单据框，然后会单据进行补充，单击"保存新增"（当出现系统提示框时，可以单击忽略跳过）——"上一单"，查看数据无误后单击"审核"，审核通过，单据生成，审核后不可以再更改。

（4）估价入库单生成的步骤。

单击"估价入库"则弹出估价入库框，在"估计入库"单的"操作"中有引用采购订单等一系列操作。然后填充"供应商"等，在"材料仓库""货品名称"中进行选择填充，然后单击"保存新增"——"上一单"，查看数据无误后单击"审核"，审核通过，估价入库单生成。

（5）采购费用分摊单据生成的步骤。

单击"采购费用分摊"，选择"供应商""货币种类"等，然后单击"操作"——"引用采购分摊"进行费用分摊。

　　然后在"选择单据"中选需要费用分摊的单据，单击"确定"后，填写"费用金额""税额""税率"等，也可以选择"分摊类型"，在选择的分摊费用中，"本次分摊金额"一定要与"费用金额"一样，然后单击"保存新增"——"上一单"，查看数据无误后单击"审核"，已审核则此单生成。

2. 销售系统

　　启用账号后，单击"销售系统"，在右边会显示出"销售系统"所包括的子单据，销售系统由销售计划、销售报价、销售订单、委托代销以及销售开单组成，其流程和采购系统的类似。

　　（1）销售计划。

　　单击"销售系统"——"销售计划"，会出现"销售计划"框。

　　对销售计划里的各项，如计划类型、计划年度、计划区间、货品名称编号数量等进行选择或者填充。完善信息后，进行"保存新增"——"上一单"——"审核"，此时"销售计划"单生成。

在"保存新增"过程中，出现了"销售计划中的货品：产生品和以前销售计划中的重复"的提示。则更改计划类型，相应的下面的部门、业务员也要做相应的改变，然后再按照之前一样的步骤即可生成销售计划。

（2）销售报价单。

单击已审核的"销售计划"中的"操作"项——"生成销售报价单"项。

可以直接显示出"生成销售报价单"框。

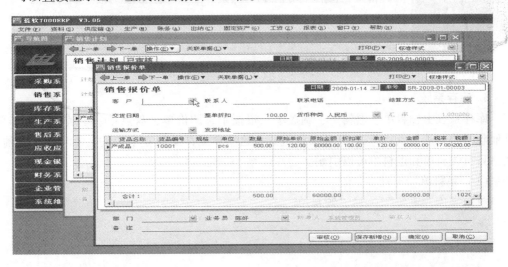

　　然后选择客户、结算方式、运输方式、货品名称等，完善联系人等信息，确认无误后单击"保存增加"——"上一单"——"审核"，则销售报价单生成。

　　（3）销售订单。

　　单击"销售报价单"——"操作"——"生成销售订单"项，会显示出"销售订单"窗口，按实际情况填充此订单的信息，确认无误后单击"保存新增"——"上一单"——"审核"，则此销售报价单生成，当一部分货品已经执行，另一部分不需要执行时，右边有个"整单终止"项，就把剩余的货品运行终止，就不会在预警系统中提示未执行销售订单。

　　（4）委托代销。

　　委托代销还没有形成交易。

　　（5）销售开单。

　　单击"销售订单"——"生成销售开单"，填充信息——"保存新增"——"上一单"——"审核"，此时销售开单生成。

　　这样就完成了一个销售系统的流程，此时，在软件的"财务"项会自动形成自动凭证，在"自动凭证制作中心"的"单据类型"会形成"销售开单"凭证。

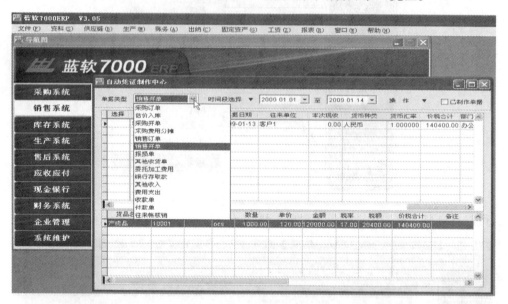

3. 库存系统

　　库存系统由领料单、退料单、调拨单、报损单、调价单、盘点单、组装单、拆卸单、其他收货单和其他发货单这 10 种单据组成。这些单据都是独立生成的，不可引用其他单据，只有领料单和退料单可以引用。

　　（1）领料单。

　　单击"库存系统"——"领料单"。

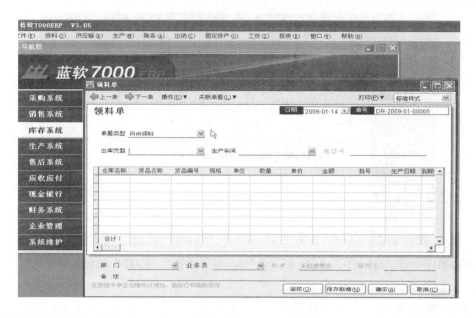

填充领料单窗口的信息，选择"单据类型""出库类型""生产车间"等，"单据类型"有三种：自由领料、加工单领料和委托加工单领料，其中加工单领料和委托加工单领料下面的表格中不可以自由增加货品，要在"操作"中引用加工单，但自由领料可以增加货品。如果单据类型是加工单领料或者委托加工单领料，在选择了"出库类型""生产车间"后，单击"操作"——"引用加工单"。

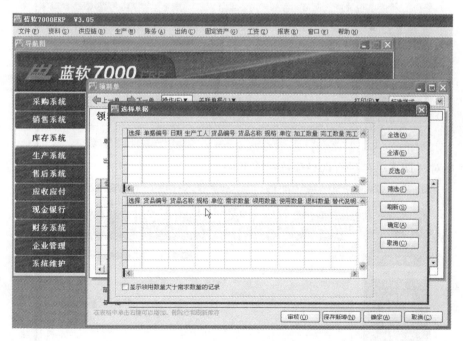

如果选择的是"自由领料"，可以在以下表格中增加货品。

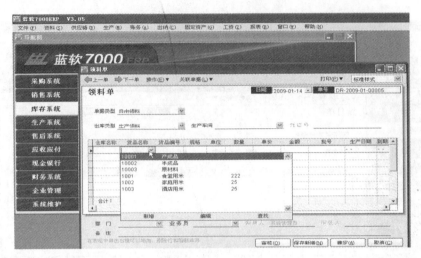

然后单击"保存新增"——"上一单"——"审核",即可生成领料单。

（2）退料单。

单击"库存系统"——"退料单",其生成模式和"领料单"生产模式是一样的。填充单据类型、入库类型和生产车间后,单击"保存新增"——"上一单"——"审核",即可生成退料单。

（3）调拨单。

单击"库存系统"——"调拨单",则会显示出"调拨单"窗口。

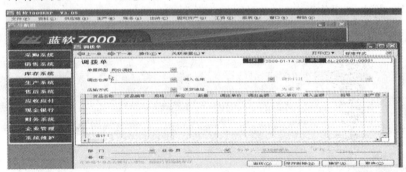

然后对"调拨单"进行选择项选择或者填充。

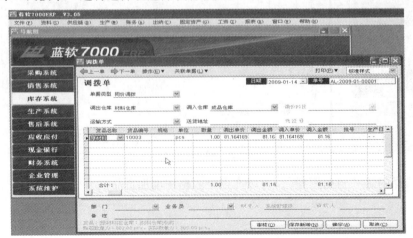

然后单击"保存新增"——"上一单"——"审核",即可生成"调拨单"。

(4)报损单。

单击"库存系统"——"报损单",会显示出如图所示的"报损单"窗口。

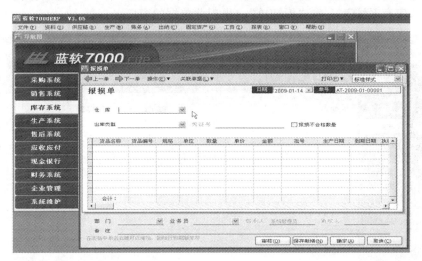

选择"报损单"中仓库、出库类型、货品名称等,按实际情况填充此窗口中的内容,单击"保存新增"——"上一单"——"审核",即可生成"报损单"。

(5)调价单。

单击"库存系统"——"调价单",出现此单据的窗口,选择并填充此窗口的内容,最后单击"保存新增"——"上一单"——"审核",即可生成"调价单"。

(6)盘点单。

单击"库存系统"——"调价单",出现此单据的窗口,选择并填充此窗口的内容,最后单击"保存新增"——"上一单"——"审核",即可生成"盘点单"。货品库存要进行盘点,就可以开盘点单;如果当前库存数量与软件中的数量不同,才需要把货品输入盘点单中,如果相同则不需要录入。

(7)组装单。

单击"库存系统"——"组装单",会出现此单据的窗口。

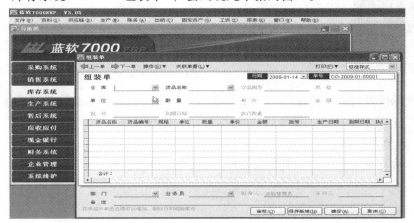

　　此单据中只有一个仓库可以选择，然后根据实际情况填充这个单据，最后单击"保存新增"——"上一单"——"审核"，即可生成"组装单"。

　　(8) 拆卸单。

　　单击"库存系统"——"拆卸单"，出现此单据的窗口。

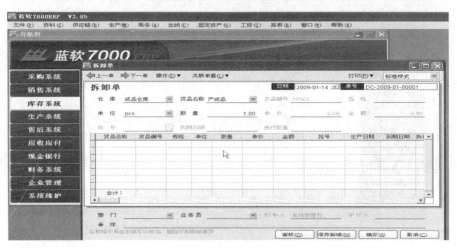

　　选择并填充此窗口的内容，最后单击"保存新增"——"上一单"——"审核"，即可生成"拆卸单"。

　　(9) 其他收货单。

　　单击"库存系统"——"其他收货单"，出现此单据的窗口。

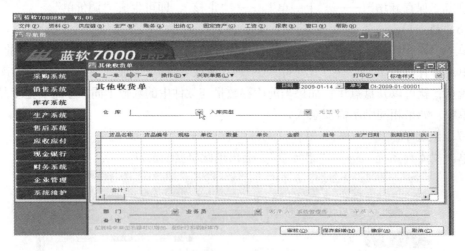

　　根据实际情况选择"仓库""入库类型""货品名称"等信息，最后单击"保存新增"——"上一单"——"审核"，即可生成"其他收货单"。

　　(10) 其他发货单。

　　单击"库存系统"——"其他发货单"，出现此单据的窗口。

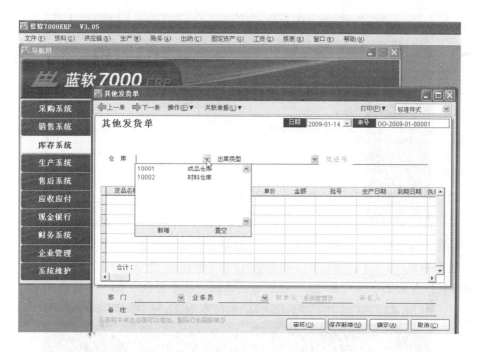

最后单击"保存新增"——"上一单"——"审核"，即可生成"其他发货单"。

单击"库存系统"——"出入库单"，可以选择相应的单据类型作为出库或者入库单。

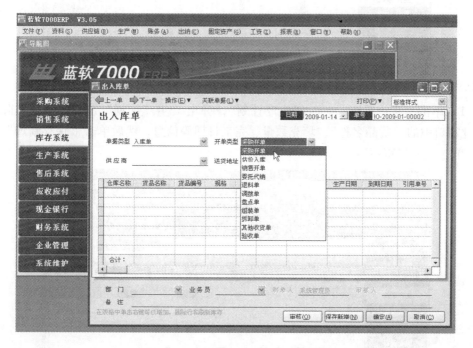

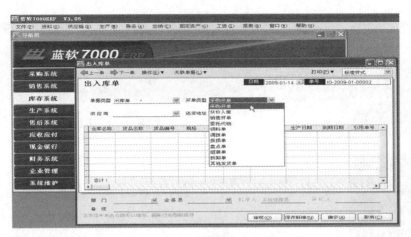

所有的单据通过出入库单，它们的实际数量才会发生变化。

4. 生产系统

单击软件左边的"生产系统"，在右边会出现"生产系统"的一个流程图。

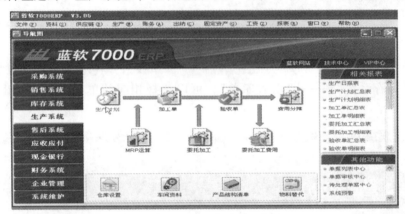

（1）单击"生产系统"——"生产计划"，弹出"生产计划"窗口，根据实际情况选择此窗口中的"货品名称"，填充数量、完工日期等信息，然后单击"保存新增"——"上一单"——"审核"。

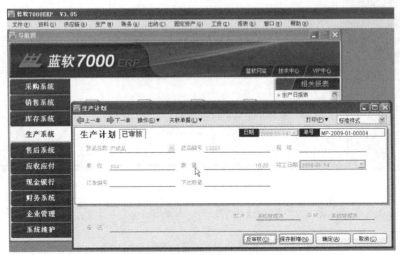

　　审核后可以在上面的"生产"项选择"MRP 计划"进行"MRP 运算",单击"MRP 运算",会弹出这个运算的窗口,单击右边的"选择生产计划",根据选择生产计划表中的选项进行选择,根据选择进行 MRP 运算。

　　(2) 如果是根据来料加工或者是根据客户订单来生成,也可以在加工单直接开单,而不用进行 MRP 运算。单击"生产"——"加工单",选择"生产车间""生产工人"项,再单击"操作"——"引用生产计划"。

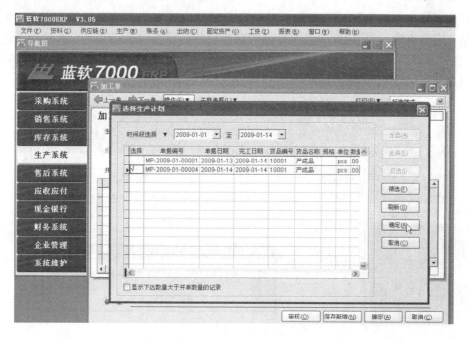

    选择一个生产计划，单击"确定"即可，然后单击加工单下方的"保存新增"——"上一单"——"审核"，这个时候就可以省去 MRP 运算的过程。

    在"加工单"的"操作"中可以生成领料单。

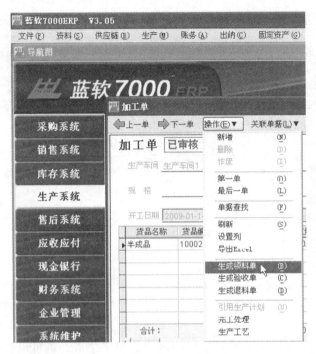

    （3）单击"生成领料单"，即可出现领料单窗口，选择"单据类型""出库类型"，单击"保存新增"——"上一单"——"审核"即可。

    在已审核"加工单"的"操作"项中也可以生成验收单，单击"验收单"（对应的领料单一定要审核），完成此验收单里面的选择项然后单击"保存新增"，然后单击"取消"。在"生产"项单击"验收单"——"上一单"，会出现之前保存新增的"验收单"，如果直接单击"审核"项，会出现未进行费用分摊的提示。

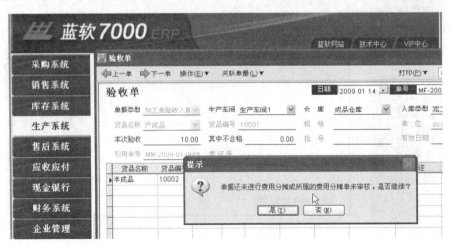

单击按钮"否"，回到生产系统的流程图，要先进行"费用分摊"；单击"生产系统"——"费用分摊"——选择"生产车间"——单击"操作"——"引用验收单"。

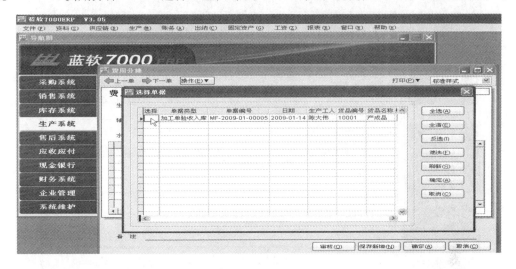

选择单据——"确认"。

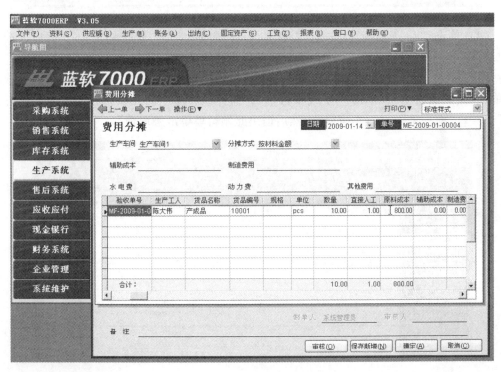

系统会直接算出它的直接成本等，然后单击"保存新增"——"上一单"——"审核"；之后再来审核之前的"验收单"，单击"生产系统"——"验收单"——"保存新增"——"上一单"——"审核"。

（4）单击"生产系统"——"委托加工"，会显示出"委托加工单"窗口。选择"供应商"——"货品名称"，按实际情况完善或者修改加工数量、交货日期，单击"保存新增"——"上一单"——"审核"，在其"操作"项中选择"生成领料单""生成验收单""生成退料单"；单击"生成领料单"，选择领料单中的几项内容，单击"保存新增"——"上一单"——"审核"，然后退出此领料单单击"取消"。

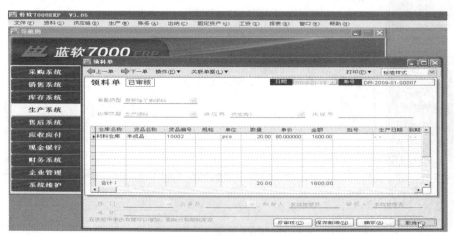

单击"委托加工单"的"操作"——"生成验收单"，这个时候的单据类型是委托加工验收入库类型，然后单击选择"仓库""入库类型"项，"保存新增"——"上一单"——"审核"，在这个审核中，同样弹出提示，然后单击"否"——"取消"；此时需要进行"委托加工费用"。

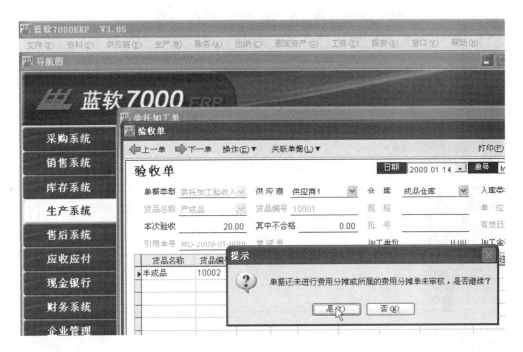

（5）单击"生产系统"——"委托加工费用"，选择"供应商"，单击"操作"——"引用验收单"，会弹出这样的窗口。

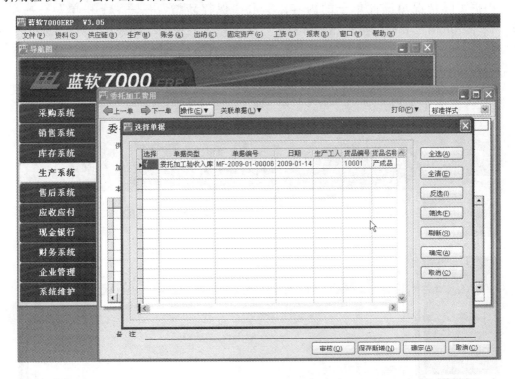

单击选择单据——"确定"。

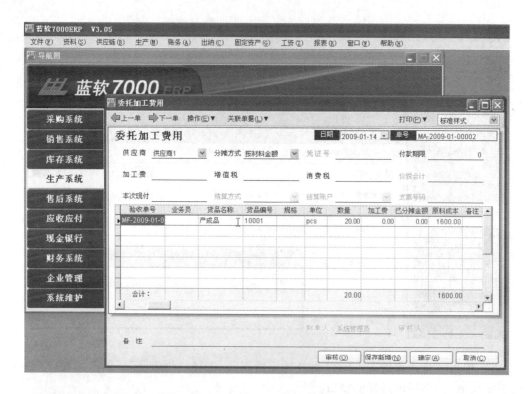

根据实际情况填满此单子的内容，单击"保存新增"——"上一单"——"审核"——"取消"界面即可；然后再单击"生产系统"——"验收单"，会显示出上次的验收单，单击"审核"，然后取消此界面；已审核的"验收单"，这样就完成了一次加工的过程，生产系统的流程也完成了。

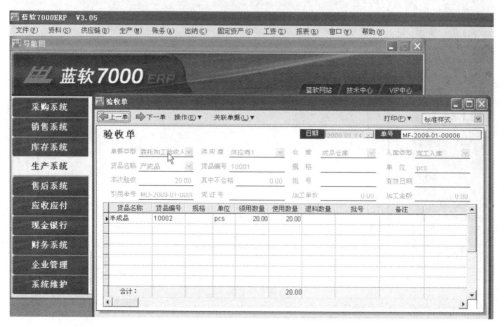

5. 售后系统

单击左边的"售后系统"，右边显示此系统的流程图。

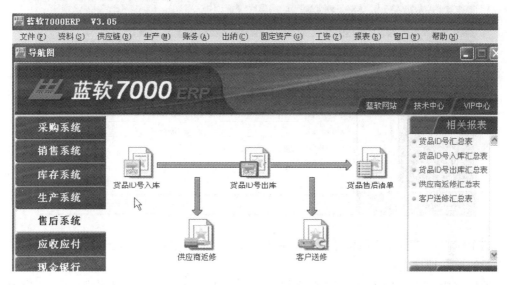

单击"售后系统"——"货品 ID 号入库"，在弹出的"货品 ID 号入库"窗口根据实际情况选择"日期""供应商""货品名称"，填写"货品起始 ID 号""货品结束 ID 号"以及备注等，再单击"保存退出"；货品 ID 号入库之后会在货品售后清单里产生相对应的货品 ID 号，单击"货品售后清单"，可以弹出"货品 ID 号"窗口。

当入库的货品发生问题时，可以选择"供应商返修"，交给供应商返修；单击"供应商返修"，弹出"供应商返修登记"窗口，根据实际情况填写登记表，单击"保存退出"。

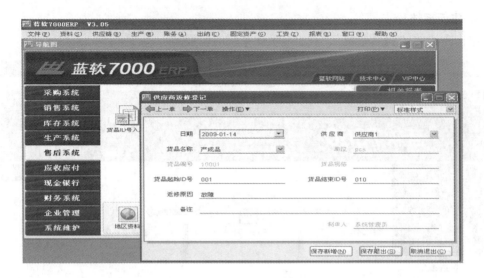

　　这个时候在"货品售后清单"中，同样会产生相对应的货品状态的变化，单击"货品售后清单"即可发现。

　　返修完成之后，单击"供应商返修"——"上一单"——"操作"——"完修处理"，则返修完成。

　　同样在"货品售后清单"，这些货品又回到之前的状态，但是"返修次数"有所改变。

　　货品 ID 号出库；单击"货品 ID 号出库"，根据实际情况填写此出库单，单击"保存退出"，同样在"货品售后清单"中显示货品状态为已出库等其他状态。

　　当客户来返修时，单击"客户返修"，根据实际情况填写"客户返修登记"单。

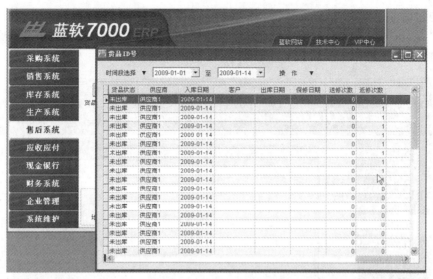

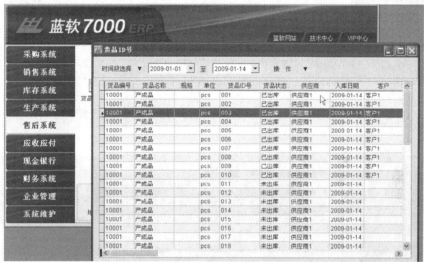

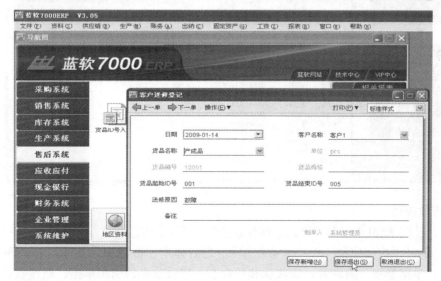

　　单击"保存退出";相应的,在"货品售后清单"中,货品的状态会由之前出库的自动改为"客户送修";客户送修完成之后,即可以进行完工处理,单击"客户返修"——"上一单"——"操作"——"完工处理",即送修完成。

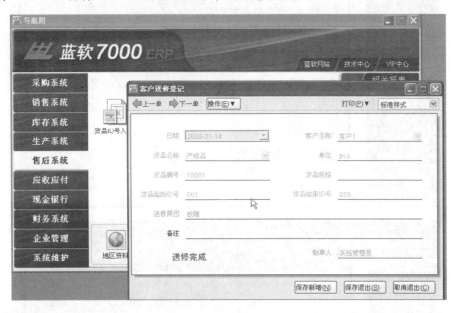

　　此时,在"货品售后清单"中的"送修次数"有所改变,这样售后系统的一个流程就完成了。

6. 应收应付

　　应收应付系统由收款单、付款单和往来核销三部分组成。

　　(1)单击"应收应付"——"收款单",之后弹出"收款单"窗口,在此单中要注意的是,"单据类型"有两种:应收款和预收款,应收款必须引用单据,而预收款不需要引用。单击"收款单"，如果"单据类型"为应收款，根据实际情况选择"客户""货币种类"，单击"操作"——"引用单据"，会显示出如下窗口。

选择单据——单击"确定"，根据实际情况选择"结算方式""结算账户"，然后"保存新增"——"上一单"——"审核"即可。如果"单据类型"为预收款，则根据实际情况选择各个内容以及填写各个内容，单击"保存新增"——"上一单"——"审核"即可。

单击"应收应付"——"付款单"，此单和收款单类似，此单的"单据类型"也有应付款和预付款两种，应付款一定要在"操作"中选引用单据，然后根据实际情况填写这两种类型的单据，最后单击"保存新增"——"上一单"——"审核"，步骤和收款单类似。

单击"应收应付"——"往来核销"，单击"往来核销"，出现其窗口。

其单据类型有六种。

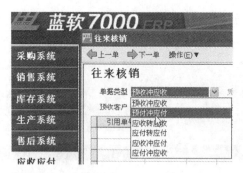

　　根据实际情况选择"单据类型""预收客户""应收客户",在"操作"中单击"引用应收单据"或者"应付单据",如果在弹出的单据框中没有应收款单据,这就需要在销售系统中新建一个销售开单,其步骤见销售系统销售开单步骤,然后再回到往来核销的"操作"引用单据,在弹出的"选择单据"窗口中进行选择、确定;最后单击"保存新增"——"上一单"——"审核"即可。

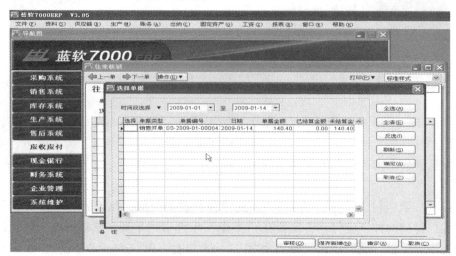

　　这三种单据,会在"账务"中的"自动凭证制作中心"生产相对应的单据制作凭证。

　　(2)现金银行。先进银行系统由费用支出、银行存取款和其他收入组成。

　　单击"现金银行"——"费用支出"。

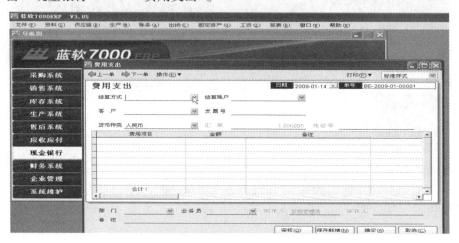

根据实际情况填写费用支出单的内容，最后单击"保存新增"——"上一单"——"审核"即可。

单击"现金银行"——"其他收入"。

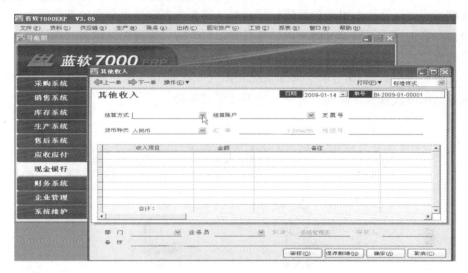

根据实际情况填写该单据，最后单击"保存新增"——"上一单"——"审核"即可。

单击"现金银行"——"银行存取款"。

根据实际情况填写该单据，最后单击"保存新增"——"上一单"——"审核"即可。

这三种单据，会在"账务"中的"自动凭证制作中心"生产相对应的单据制作凭证。

7. 售后系统、应收应付、现金银行、财务系统

（1）售后系统。

在日常业务交易中企业的产品销售给自己的客户后，往往需要对自己的产品承诺一定的保修期，当在保修期内出现产品质量问题时，需要为客户提供免费的维修服务，企业对于供应商而言也可以了解货品的来源，并且要求对应的供应商提供免费的维修服务，为更好地管理产品的售后维修和其他的售后问题，本系统特别为企业提供了售后系统，在售后系统中，将记录货品的 ID 号的出入库情况和出入库存对应的客户和供应商，据此来跟踪售后服务的维修次数和保修期，避免一些不必要的纠纷。

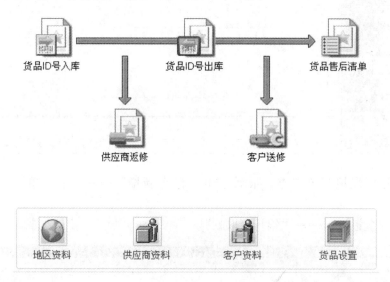

① 货品 ID 号入库。

按照货品 ID 号入库出库的要求，填写相关信息，设置货品的 ID 号。

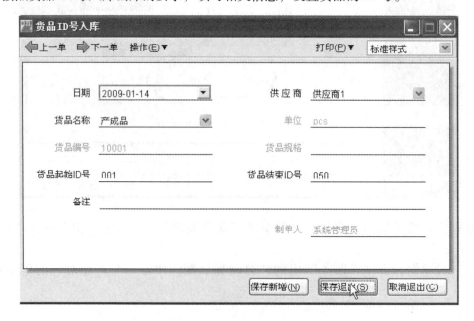

② 货品售后清单。

在货品售后清单里，可以查看货品 ID 号、供应商、入库日期等信息。

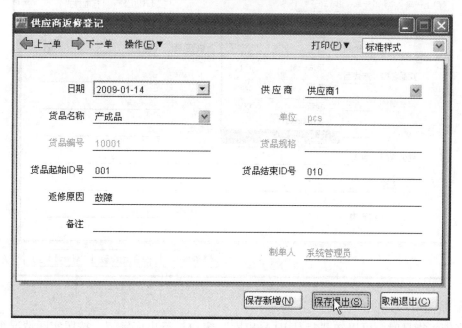

③ 供应商返修。

当入库的货品发生问题时，就可以要求供应商进行返修。

填写供应商返修登记后，查看货品售后清单，相应的货品状态就变成"供应商返修"。

返修完成后，单击操作──→完修处理。这时，再查看货品售后清单，货品状态就变为
"未出库"，而返修次数则增加 1 次。

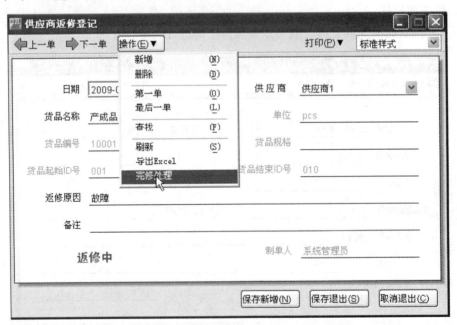

④ 货品 ID 号出库。

当销售货品时，可以在"货品 ID 号出库"窗口进行出库登记，按照实际情况填写客
户名称、货品名称、货品起始 ID 号、货品结束 ID 号、保修截止日期等。

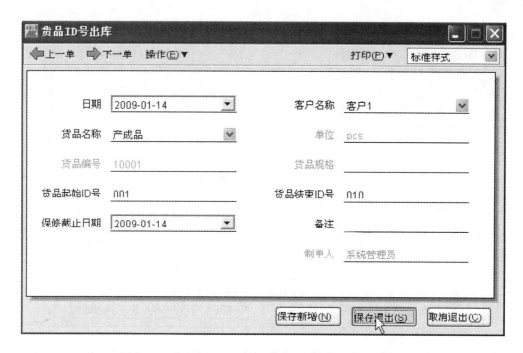

这时，查看货品售后清单，相应的货品状态就会变为"已出库"。

货品编号	货品名称	规格	单位	货品ID号	货品状态	供应商	入库日期	客户
10001	产成品		pcs	001	已出库	供应商1	2009-01-14	客户1
10001	产成品		pcs	002	已出库	供应商1	2009-01-14	客户1
10001	产成品		pcs	003	已出库	供应商1	2009-01-14	客户1
10001	产成品		pcs	004	已出库	供应商1	2009-01-14	客户1
10001	产成品		pco	005	已出库	供应商1	2009 01 14	客户1
10001	产成品		pcs	006	已出库	供应商1	2009-01-14	客户1
10001	产成品		pcs	007	已出库	供应商1	2009-01-14	客户1
10001	产成品		pcs	008	已出库	供应商1	2009-01-14	客户1
10001	产成品		pcs	009	已出库	供应商1	2009-01-14	客户1
10001	产成品		pcs	010	已出库	供应商1	2009-01-14	客户1
10001	产成品		pcs	011	未出库	供应商1	2009-01-14	
10001	产成品		pcs	012	未出库	供应商1	2009-01-14	
10001	产成品		pcs	013	未出库	供应商1	2009-01-14	
10001	产成品		pcs	014	未出库	供应商1	2009-01-14	
10001	产成品		pcs	015	未出库	供应商1	2009-01-14	
10001	产成品		pcs	016	未出库	供应商1	2009-01-14	
10001	产成品		pcs	017	未出库	供应商1	2009-01-14	
10001	产成品		pcs	018	未出库	供应商1	2009-01-14	

⑤ 客户送修登记。

当客户要求货品返修时，填写"客户送修登记"。当保存退出后，同样可以在"货品售后清单"中查看相应货品的状态。

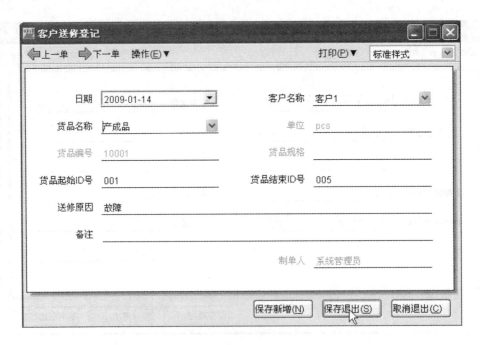

客户送修完成后，进行完工处理，单击操作——完工处理。这时，在货品售后清单中，相应货品的客户送修次数就会增加 1 次。

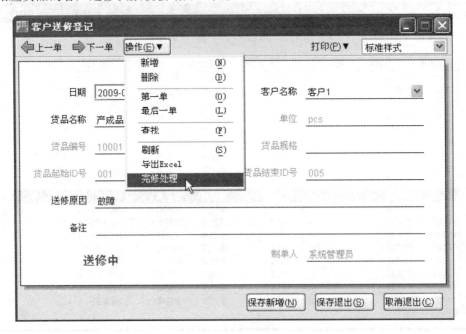

（2）应收应付系统。

企业与往来单位之间由于采购、销售等业务会产生相应的往来款，可以通过"应收应付"系统对往来款进行结算、处理或核销。

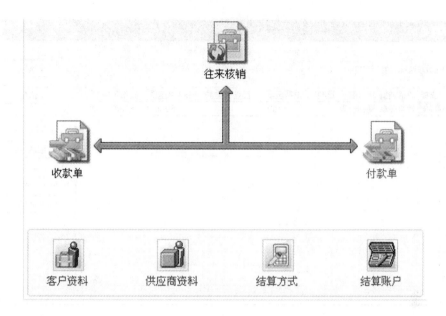

① 收款单。

收款单的单据类型包括应收款、预收款。其中，当单据类型为应收款时，必须要引用单据，单击操作——→引用单据。

选择需要引用的单据，单击确定。

填写相关信息后，单击"保存新增"，并审核。

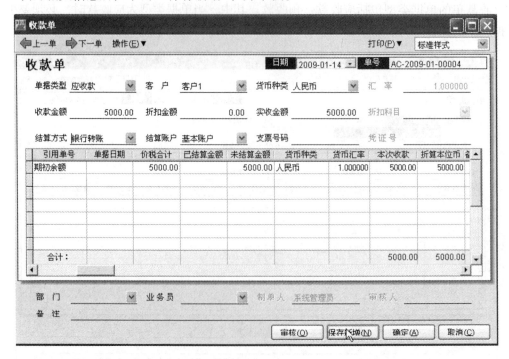

当收款单的单据类型为预收款时，就不能引用单据，直接根据实际情况填写相关数据，然后保存、审核。

② 付款单。

与收款单类似，付款单的单据类型也包括两种：应付款、预付款。当单据类型为应付款时，需要引用单据；当单据类型为预付款时，则直接填写。

③ 往来核销。

在往来核销中，注意单据类型有以下六种：预收冲应收、预付冲应付、应收转应收、应付转应付、应收冲应付、应付冲应收。以预收冲应收为例，我们来演示下往来核销的流程。

首先，选择单据类型为"预收冲应收"，并填写预收客户、应收客户等信息，并单击操作——→引用应收单据。

如果在选择单据窗口，没有应收单据，我们可以在销售系统中新建一个销售开单，并保存、审核。

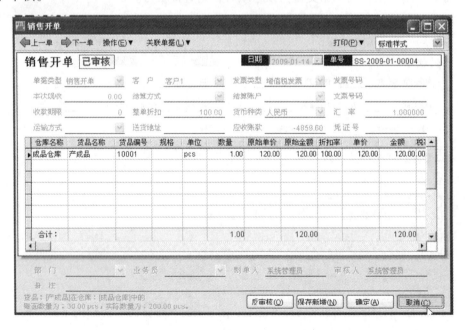

然后，在往来核销窗口，引用此应收单据，可以修改"本次核销"的金额，并选择"核销"。接着，保存新增，并单击"上一单"再单击"审核"。这样，我们就完成了往来核销的整个流程。

与收款单、付款单等单据类似，往来核销单可以在"自动凭证制作中心"进行凭证制作。

（3）现金银行系统。

日常经营管理中产出的一些费用或者其他非主营业务收入，都需要出纳开具费用支出单、其他收入单来对现金的收入、支出进行日常管理。

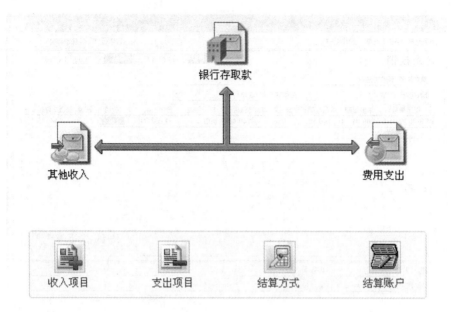

① 费用支出。

填写相关信息，并保存、审核。

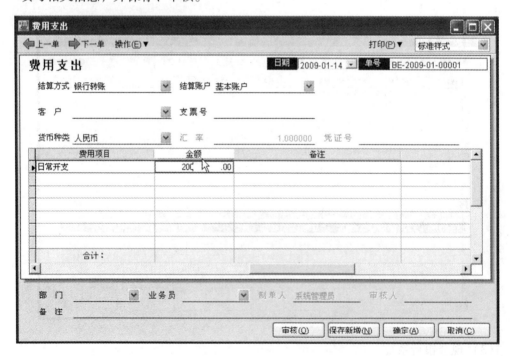

同样，填写其他收入单的相关信息，并保存、审核。

② 银行存取款。

当从银行取款时，付款账户为"基本账户"，收款账户为"现金"。填写金额、货品种类等，并保存、审核。

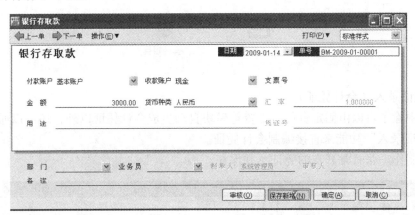

然后，当向银行存款时，付款账户为"现金"，收款。填写金额、货品种类等，并保存、审核。

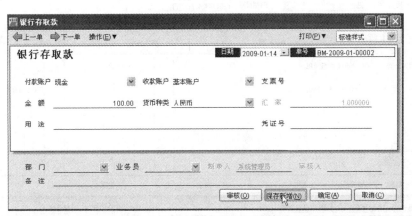

同样，银行存取款单、费用支出单、其他收入单都可以在"自动凭证制作中心"生成凭证。

(4) 财务系统。

企业经营成果、收支状况、盈利与亏损等数据都需要通过会计核算来获得，本系统通过会计凭证、账簿、报表来帮助财务人员快捷准确地对企业各项经营业务进行会计处理，以自动和手工等方式来生成和编制会计凭证，进行现金流量分配，结转损益等。

① 凭证录入（会计凭证）。

系统中除了可以由固定资产、工资等模块自动生成会计凭证以外，还可以通过账务系统的"凭证录入"功能来直接编制会计凭证。

首先制作一张日常开支的凭证，并保存。

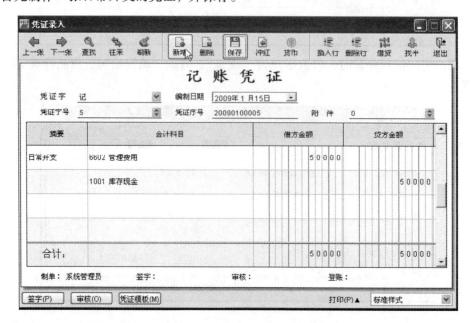

单击"新增"，再制作一张收入类的凭证，并保存。

② 出纳签字。

单击"资料"——→"账务资料"——→会计科目，选择一个会计科目，如库存现金，将"凭证需要出纳签字才能登账"的选项打"V"，并保存。

然后，单击"账务"——→出纳签字，打开出纳签字的窗口。包含库存现金科目的凭证就会显示在出纳签字窗口，然后进行签字并保存。

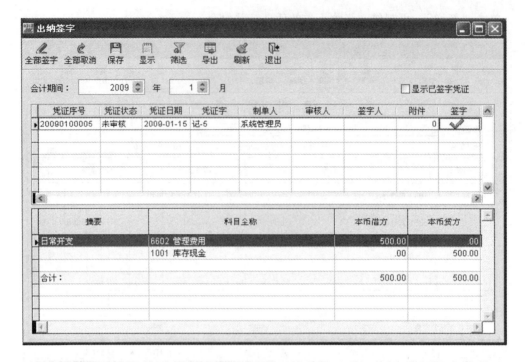

③ 凭证审核。

可以成批的审核，也可以逐个审核，审核后进行保存。

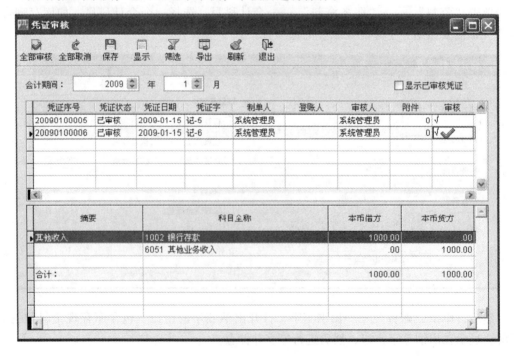

也可以选择"显示已审核凭证"选项来查看已经审核的凭证，还能进行反审核。

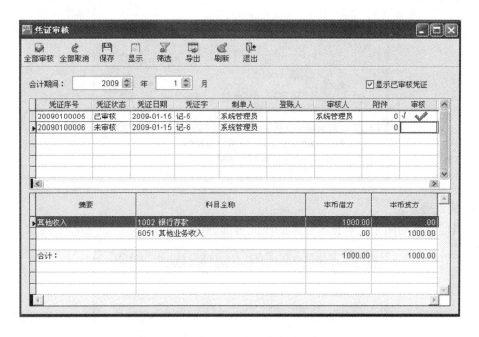

④ 凭证查找。

在凭证查找窗口，会计期间的所有凭证以表格的形式显示，单击其中一条记录，可以调出相对应的凭证。也可以进行筛选、导出、成批打印等。

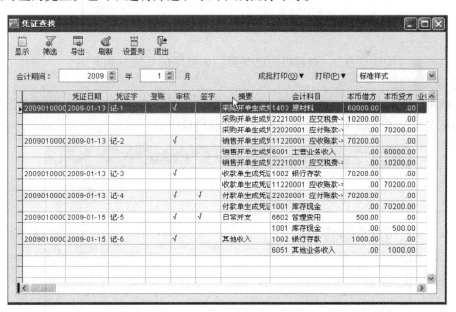

⑤ 凭证字号重排。

可以直接按照凭证字号进行重排，也可以按照某个凭证字进行重排。凭证序号重排与凭证字号重排类似。

⑥ 凭证登账。

将当前会计期间中已审核未登账的凭证全部进行登账。

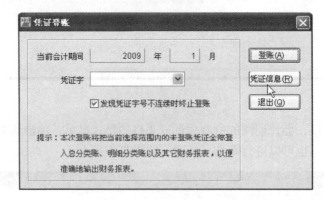

可以查看"凭证信息",查看当前已登账、未登账的凭证分别有多少。

⑦ 期末调汇。

在使用外币的情况下,在月底汇率发生变化时就可以进行期末调汇。期末调汇可以将原来的汇率凭证进行加减,并将余额汇兑到损益科目中。

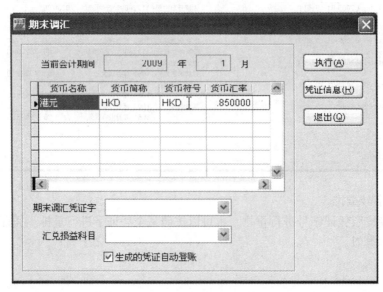

把当前损益类科目全部结转到指定的科目。一般，这个指定科目是权益类科目，如本年利润。可以选择"生产的凭证自动登账"。

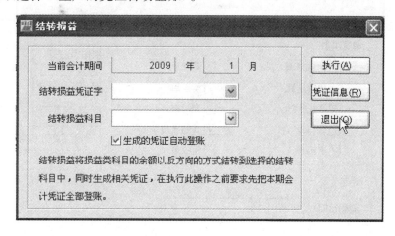

⑧ 自动凭证制作中心。

单击"账务"——→自动凭证制作中心。关联凭证的单据，如采购开单、估价入库、销售订单等，都可以在"自动凭证制作中心"进行凭证制作。

⑨ 进销存成本结转凭证制作。

将当前所有涉及成本的单据进行结转，选择单据类型。填写相关信息后，单击"制作凭证"。

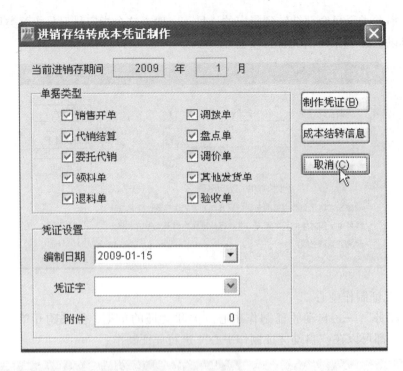

⑩ 现金流量科目。

在现金流量科目中，用户可以增加新科目，也可以对现有的科目进行修改。当新建账套时，系统会有如下默认的现金流量科目。

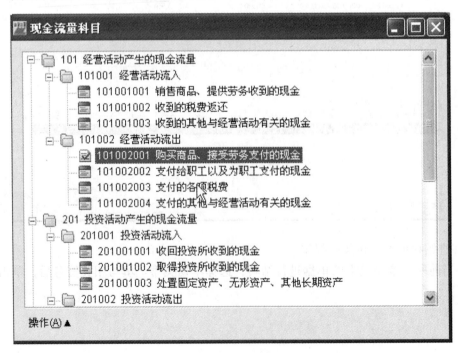

⑪ 现金流量初始化。

在账套启用之前，需要对现金流量的流入流出情况进行初始化录入。

科目编号	科目名称	方向	流入金额	流出金额	描述
101001001	销售商品、提供劳务收到的现金	流入			
101001002	收到的税费返还	流入			
101001003	收到的其他与经营活动有关的现金	流入			
101002001	购买商品、接受劳务支付的现金	流出			
101002002	支付给职工以及为职工支付的现金	流出			
101002003	支付的各项税费	流出			
101002004	支付的其他与经营活动有关的现金	流出			
201001001	收回投资所收到的现金	流入			
201001002	取得投资所收到的现金	流入			
201001003	处置固定资产、无形资产、其他	流入			
201002001	投资所支付的现金	流出			
201002002	支付的与投资活动有关其他的现金	流出			
301001001	吸收投资所收到的现金	流入			
301001002	借款所收到的现金	流入			
301001003	收到的其他与筹资活动有关的现金	流入			
301002001	偿还债务所支付的现金	流出			
301002002	分配股利、利润和偿付利息所支付	流出			

操作(A)▲　　　　　　　　　打印(P)▲　标准样式

⑫ 现金流量分配。

对需要进行现金流量分配的凭证进行分配。首先，设置需要核算现金流量的会计科目，如银行存款，并保存退出。

会计科目设置

科目编号　1002

科目名称　银行存款

余额方向　◉借方　○贷方

科目类型　○其他　○现金　◉银行

描述　　　

□凭证需要出纳签字才能登账

辅助核算：
□核算部门　　□核算项目
□核算员工　　□核算往来
□核算商品　　□核算数量

货币核算：
☑核算现金流量
□核算外币　　□期末调汇
币种：人民币

保存新增(N)
保存退出(S)
取消(C)

然后，单击"账务"——现金流量分配，对有银行存款科目的凭证进行现金流量分配。

单击"增加",增加一个现金流量科目。

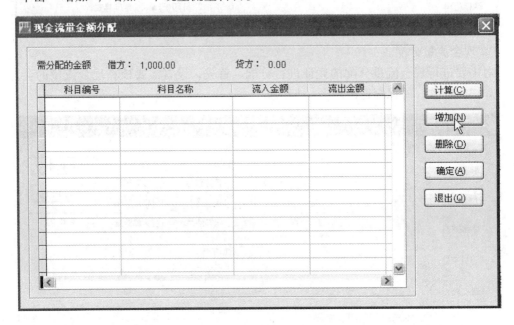

选择相应的现金流量科目,并确定。

单击"计算",就会自动把流入金额记到现金流量分配表中。

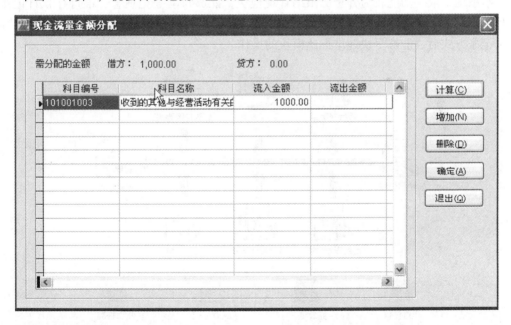

这样,就分配好了一张凭证的现金流量。可以选择右上角的"显示已分配凭证",来查看已经分配现金流量的凭证。

（5）出纳系统。

本系统集成了功能较为齐全的出纳管理模块，能够自动登记现金、银行存款日记账，进行银行存款余额对账以及支票管理，操作简单，全部模拟手工模式，使出纳人员在脱离手工记账方式后，能够尽快地掌握此模块的操作。

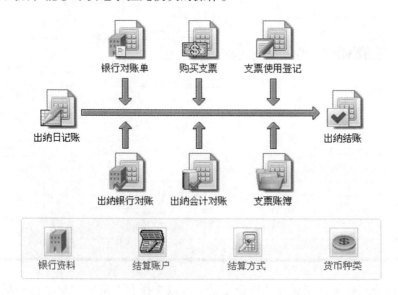

① 出纳日记账。

在新增出纳日记账之前，如果出现以下的提示窗口，显示此出纳账户未启用，则单击"出纳"——出纳日记账初始化。

在出纳账户初始化窗口中，单击"启用账户"，来启用相应的账户。如果启用账户之前，账户仍有余额，则在相应的地方输入，并单击"保存"。

用户可以新增一个出纳日记账，也可以从记账凭证中引入。

单击"反引入"，可以把当前引入的凭证进行删除。

单击"进销存"，可以从进销存单据中引入出纳记账。同样，可以单击"反引入"来删除已经引入的进销存单据。

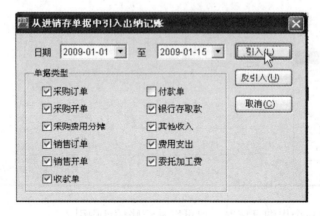

② 出纳与会计对账。

单击"出纳"——出纳与会计对账，选择会计科目并填写其他信息，并单击"自动选择"，然后"确认勾对"。

③ 银行对账单。

单击"出纳"——银行对账单，单击"新增"，显示"此银行还未启用对账"。

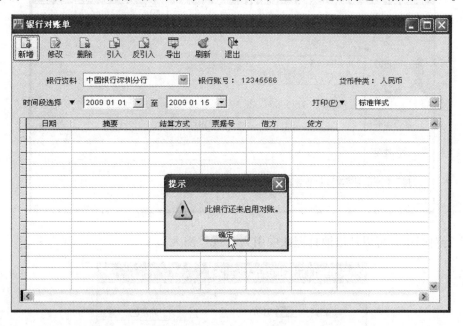

然后，单击"出纳"——启用银行对账。启用日期一般设置为账套启用日期之前。

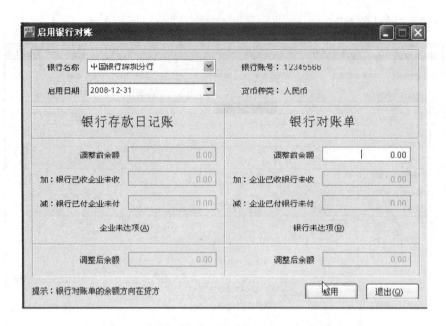

启用银行对账之后，就可以录入银行对账单。在银行对账单窗口，单击"新增"，弹出以下窗口。

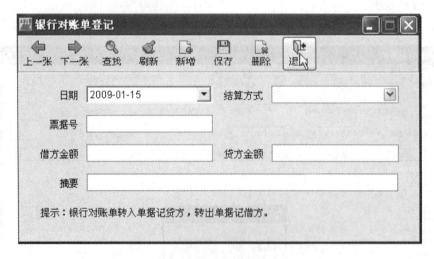

银行对账单也可以从出纳日记账中引入（或反引入）。

④ 出纳与银行对账。

在出纳与银行对账窗口，单击"自动选择"，并填写自动选择条件。

确认无误后，单击"确认勾对"。

在出纳与银行对账窗口，单击"对账完成"，就会出现一个银行余额调节表。这样，就完成了出纳与银行之间的对账。

⑤ 购买支票。

填写日期、银行资料、支票起始号、支票结束号等信息，并保存。

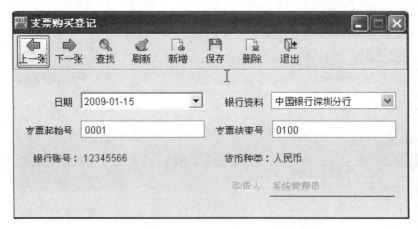

⑥ 支票购买清单。

单击"出纳"──→支票购买清单，就可以查看目前购买的支票。

⑦ 支票账簿。

在支票账簿中，支票以记录的形式一张一张地列出来。

⑧ 支票使用登记。

选择某个支票，单击"领用"，并输入相关信息，单击确定。

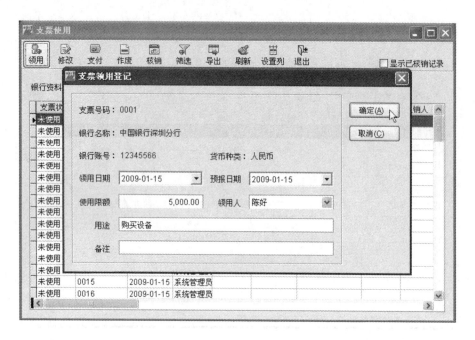

支票领用后，如果发现有什么不对，就可以单击"修改"；单击"支付"，可以设置支票的实报金额以及报销人等；支付之后就可以进行核销，核销后可以进行"反核销"；支付之后则不可以进行"作废"，支票只有在未领用的状态下才可以作废。

⑨ 出纳结账。

设置好各项信息后，用户就可以进行出纳结账。结账后，出纳的一些数据就不可以再更改。

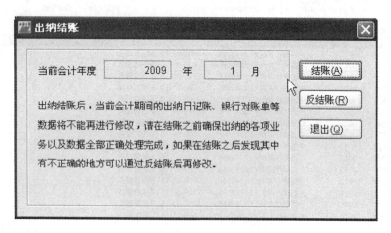

（6）固定资产。

固定资产管理系统通过固定资产清单（卡片式）对固定资产进行全面管理，对固定资产变动历史进行跟踪，并按多种方法准确计算固定资产的折旧。本系统还与账务系统集成，能够自动生成有关的记账凭证。

① 固定资产增加。

单击"固定资产"——→固定资产增加，可以单击"上一张""下一张"查看期初录

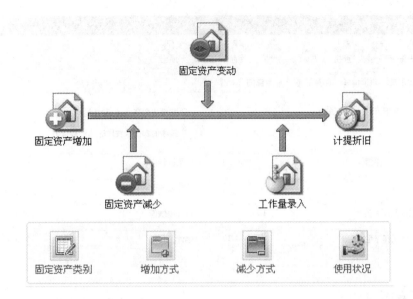

入的固定资产。期初录入的固定资产的一些计提科目、折旧信息等是不可以更改的。单击"新增"，可以增加一个新的固定资产。填入基本信息，注意入账日期的填写，需要在账套启用之后。

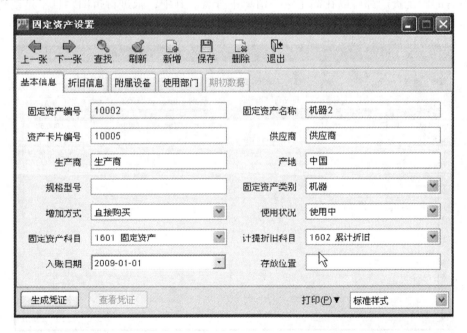

填入折旧信息，然后附属设备和使用部门根据实际情况输入，最后进行保存。

② 固定资产清单。

所有的固定资产都可以在固定资产清单中查看。其中，未进行折旧，且不是期初录入的固定资产信息可以在"固定资产清单"中进行修改。

③ 固定资产减少。

只有计提折旧以后或者是期初录入的固定资产，才可以在"固定资产减少"窗口进行减少。本月新增的未进行固定资产折旧的固定资产不需要减少，可以直接在"固定资产清单"中进行删除。

④ 固定资产变动。

同样，只有计提折旧以后或者是期初录入的固定资产，才可以在"固定资产变动"窗口进行。

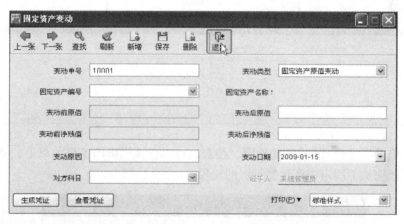

⑤ 固定资产工作量。

由于本月新增的固定资产还未进行计提折旧，因此目前固定资产工作量窗口无记录。

⑥ 固定资产计提折旧。

本月新增的固定资产不进行计提折旧，所以只有期初的固定资产在"计提折旧"窗口。单击"保存本期"，将固定资产计提折旧的草稿信息进行保存。

然后，单击"生产凭证"，并确定。接着，可以在计提折旧窗口，单击"查看凭证"。这样，用户就完成了固定资产计提折旧的流程。

也可以在"固定资产计提折旧表"中查看固定资产的计提折旧信息。

（7）工资系统。

工资系统可以作为人事管理部门或财务部门处理工资费用的主要工具，工资系统内不仅包含了人事档案管理的功能，还能够自动分配工资费用、计算个人所得税、员工考勤记录、生成工资条、工资单及各种工资报表，为企业人力资源管理和财务核算日常工作提供了简便快捷的解决途径。

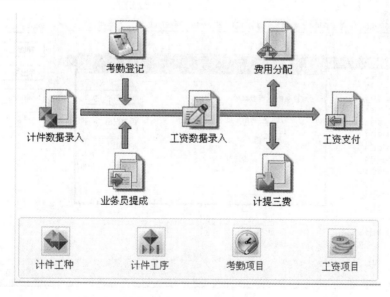

① 计件数据录入。

单击"新增"，根据实际情况设置计件数据信息，并保存。

② 考勤登记。

首先，单击"工资"——工资项目，启用几个工资项目。保存新增，自动设置下一个项目，如设置一个考勤加项、一个考勤减项。

然后，再增加员工的考勤项目，单击"工资"——员工考勤项目。

分别添加迟到、全勤的考勤项目。

③ 所得税税率表。

系统已经有个默认的所得税税率表，用户可以根据实际情况来进行修改。

④ 业务员提成效率表。

首先，在工资项目中，启用一个提成项目。

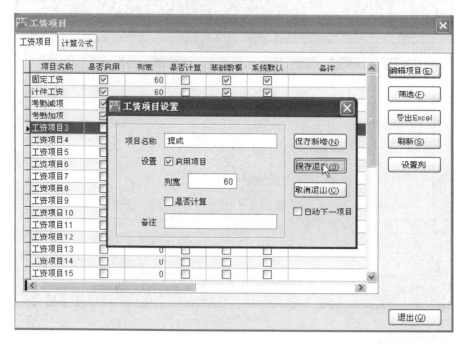

在业务员提成率表中，输入相关信息，并单击"操作"──→"保存"。

⑤ 员工考勤登记。

这时，我们就可以录入员工的考勤登记了。单击"工资"——"员工考勤登记"，并单击"新增"。填写员工的考勤登记信息，并保存。

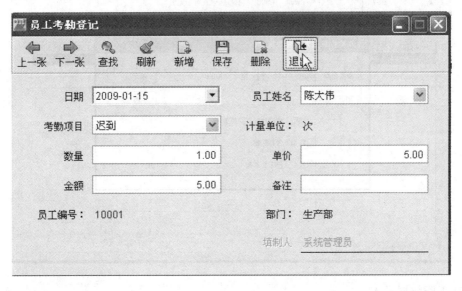

用户可以对迟到、全勤等项目进行考勤登记。

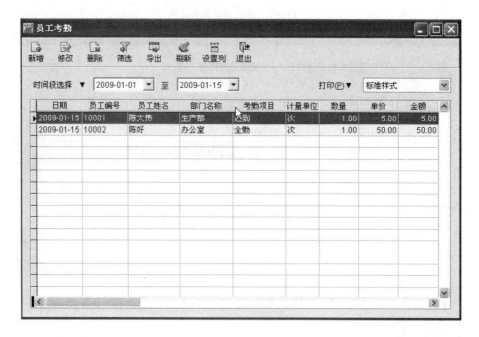

⑥ 计件数据录入。

我们可以从验收单引入计件数据。

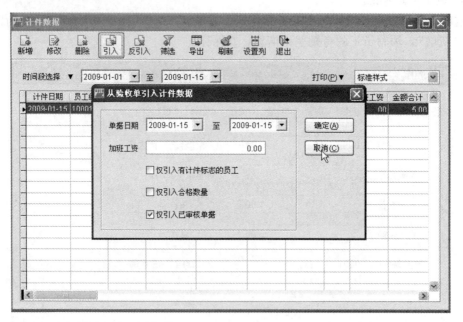

⑦ 工资数据录入。

录入工资数据之前，工资数据表是空白的。单击"生成数据"，就可以生成相应的工资数据。然后，单击"引入计件"则可以将刚才的计件数据引入。同样，可以单击"引入考勤""引入提成"等。

在计算"实发合计"和"扣零实发"等数据之前，需要设置工资的计算公式。单击

工资——→工资项目，选择计算公式。首先，计算应发合计。如替换应发合计为固定工资 +
计件工资 + 考勤加项，单击"检测"，公式检测通过后进行保存。

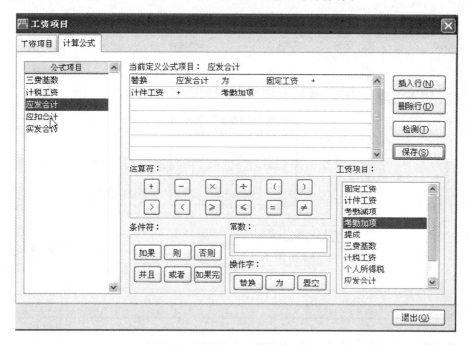

　　然后，计算应扣合计。例如，替换应扣合计为考勤减项 + 代扣的个人所得税。并检
测、保存。

　　实发合计，假如替换为应发合计 - 应扣合计，然后检测、保存。

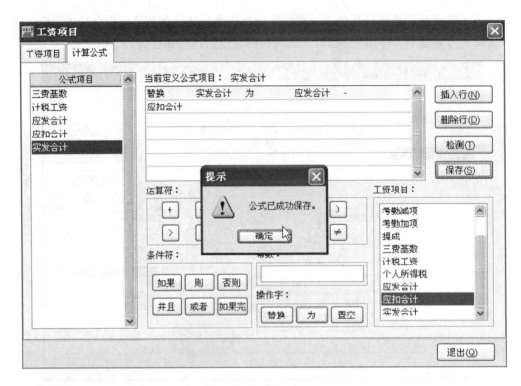

设置好工资的计算公式后，我们回到工资数据录入窗口。

　　单击"计算"，就会出现应发合计、实发合计、扣零实发等数据。确认无误后，单击"审核"。

三费基数	计税工资	个人所得税	应发合计	应扣合计	实发合计	上期扣零	本期扣零	扣零实发	凭证号
.00	.00	0.00	1205.00	5.00	1200.00	.00	0.00	1200.00	
.00	.00	0.00	1250.00	0.00	1250.00	.00	0.00	1250.00	
0.00	0.00	0.00	2455.00	5.00	2450.00	0.00	0.00	2450.00	

从前面可以看出，三费基数为零，如果要计算三费基数，首先要为"三费基数"定义一个公式，如替换三费基数为实发合计，并保存。

然后，打开工资数据录入窗口，再单击"计算"，"三费基数"数据就有了。同样，我们可以设置"计税工资"并计算。确认无误后，单击"审核"。

三费基数	计税工资	个人所得税	应发合计	应扣合计	实发合计	上期扣零	本期扣零	扣零实发
1200.00	.00	0.00	1205.00	5.00	1200.00	.00	0.00	1200.00
1250.00	.00	0.00	1250.00	0.00	1250.00	.00	0.00	1250.00
2450.00	0.00	0.00	2455.00	5.00	2450.00	0.00	0.00	2450.00

⑧ 银行代发资料。

审核完工资数据后，就可以查看银行代发资料，单击工资——银行代发资料。如果设置了员工的银行账号，就会在银行代发资料中列出来。

⑨ 工资钞票面额。

在工资钞票面额中，设置了员工工资的面额组成，如 100 元的多少张、50 元的多少张等。这样，就不会出现没有零钱找的情况。

⑩ 工资扣零。

工资扣零是指扣下工资中的零钱，等积累到一定整数的时候，再统一发放。

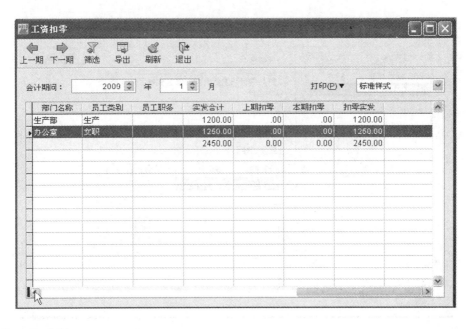

⑪ 工资支付。

接着，就是进行工资的支付，单击"工资"——"工资支付"。选择需要支付工资的员工记录，单击"支付"。

在生成凭证之前，首先要设置好支付科目，单击"支付科目"。在工资支付设置窗口，假如设置银行存款为贷方，应付职工薪酬为借方，并选择工资支付科目公式，一般"工资项目"我们选择"实发合计"，"计算方式"选择为"相加"，单击保存。

支付科目设置完成后，就可以生成凭证，并查看凭证。

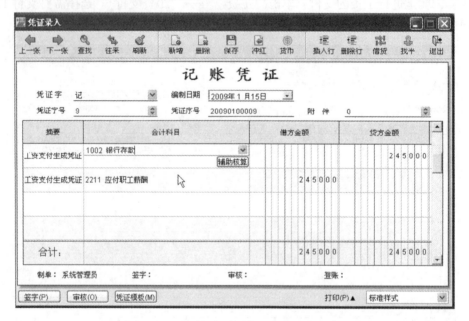

⑫ 工资费用分配。

工资费用分配主要是指出应付工资主要是从哪些费用中产生的。首先，设置费用分配的类别，单击"工资"——"费用分配类别"，新增费用类别，如"管理类"，并设置公式。

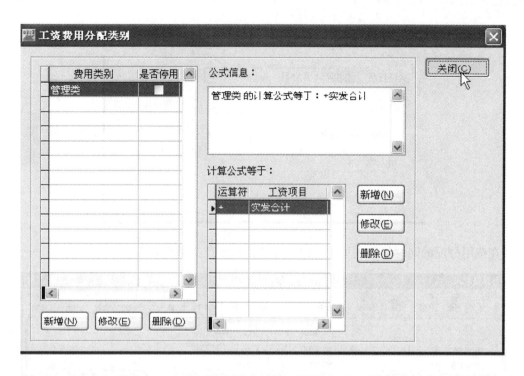

然后，单击"工资"——"工资费用分配"，就会出现"管理类"费用的计提金额。接着，单击"费用分配科目"，设置一个费用分配科目，如借方科目为"管理费用"，贷方科目为"应付职工薪酬"。

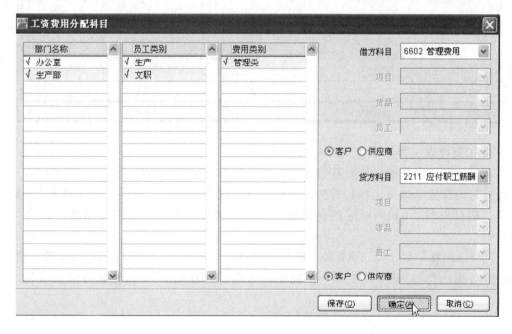

设置好费用分配科目后，单击"费用分配"，出现凭证设置信息，并确定。

在费用分配的同时就生成了一张记账凭证，单击"查看凭证"。

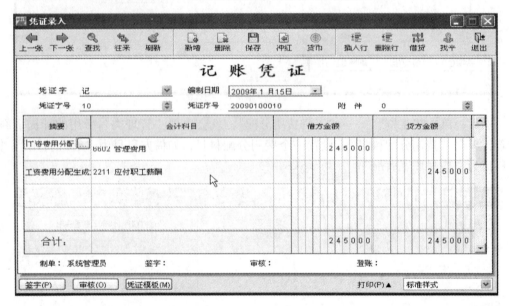

⑬ 工资计提三费。

工资计提三费是根据计提基数、计提比例来确定计提金额的。同样，需要设置三费计提科目的设置。如员工福利费的分配科目可以设置为：借方科目"员工福利"，贷方科目"应付福利"（如果对应的科目在会计科目表中没有，则可以新增相应的会计科目）。

同样，设置工会经费、职教经费的分配科目。设置完成后，我们就可以计提三费了，单击"计提三费"，就可以生成一张凭证。单击"查看凭证"，我们就可以查看到这张凭证。

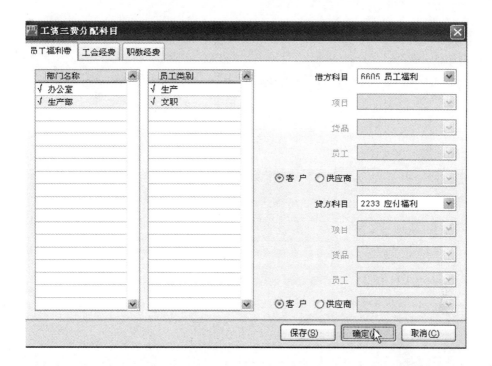

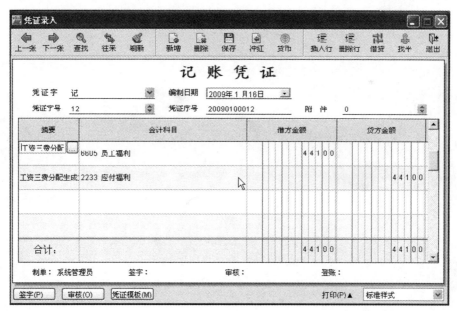

第三篇

ERP 基本实验和综合实验

《ERP 开发与应用实验教程》课程共设计模块实验与综合实验两大类，其中模块实验包含 6 个实验，综合实验包含 5 个实验。

模块实验：
实验 1　询价、核价、请购管理
实验 2　销退货管理
实验 3　库存交易处理
实验 4　MPS 主生产计划实验
实验 5　应收应付对冲管理
实验 6　自动分录处理

综合实验：
实验 1　订单录入与批次需求计划
实验 2　采购与应付管理
实验 3　生产管理
实验 4　销售与应收管理
实验 5　期末结账
附录：实验报告模板

第 5 章

模块训练

实验1 询价、核价、请购管理

实验要求

实验描述

2月21日，计划购买休闲椅，向"佳佳工业"和"标致家具"进行询价；询价结果："佳佳工业"的分量计价要求：数量100件以上且200件以下单价为90元，200件以上单价80元；"标致家具"休闲椅单价为130元，无分量计价。

同一天采购人员向上级主管部门汇报，主管人员进行审核，决定从"佳佳工业"购买休闲椅50件，含税单价120元；由采购人员录入请购单。

实验目的

(1) 掌握询价、核价、请购业务处理在ERP采购子系统中的作用。
(2) 能够熟练掌握询价、核价、请购的操作方法。
(3) 理解分量计价的原理，掌握请购业务处理的程序。
(4) 理解请购业务处理的目的。

实验要求

(1) 向"佳佳工业"和"标致家具"进行休闲椅的询价，需要录入询价单。
(2) 上级主管部门决定从"佳佳工业"购买休闲椅，需要录入请购单。

实验2 销退货管理

实验要求

实验描述

2月27日，销售人员蔡春查看"订单预计出货表"，销售订单"DD－205001"在预计出货，于是通知仓库人员备好该订单 150 把办公椅准备出货。2 月 28 日，仓库人员刘争正式办理销售出库，办公椅库存减少 150 把。

实验目的

（1）理解销货管理的意义。
（2）掌握销货出库的日常处理。
（3）掌握销货退回的日常处理。

实验要求

（1）完成客户订单的通知备货。
（2）完成销售出货。
（3）完成销售退回。
（4）查看"订单预计出货表"；销售人员蔡春要了解订单预计出货状况，主要了解货品的已交数量和未交数量。
（5）录入出货通知单并审核，销售人员蔡春通知仓管人员刘争备货，蔡春要录出货通知单以通知刘争，出货通知单只有通知效用。
（6）需"录入销货单"；仓管人员刘争办理销售出库。
（7）查看"出货通知单"和"原订单"中货品数量的变化情况。
（8）需"录入销退单"；当发生退货时，仓管人员刘争办理销售退回。

实验 3　库存交易处理

实验要求

实验描述

2 月 19 日，某企业领"中支"原材料 100 个，到原材料仓，准备投入生产。

实验目的

（1）完成零星领料的业务处理。
（2）通过"录入库存交易单"，选择零星领料单别。
（3）完成零星领料的出库管理。

实验要求

（1）完成库存交易单的录入操作。

（2）录入库存交易单并审核：

在系统中将信息输入"录入库存交易单"中。

并选取"单别"为"零星领料"即可完成此项业务的日常处理。

（3）查询库存交易单。

实验 4　MPS 主生产计划实验

实验要求

实验描述

生管人员吴昊根据 2 月办公椅 200 把的销售预测及与"中实集团"100 把办公椅的销售订单去组织生产，并安排主生产计划。调整并确认后，将生产计划派工给生产车间办公椅加工中心。此车间生产办公椅的关键产能资源为人力，办公椅加工中心有工人 5 人，每人每天 8 小时产能，每生产一把办公椅耗用产能 1 小时。

实验目的

（1）了解企业生产的基本流程。

（2）理解 ERP 系统中生产管理信息流程及单据特征。

（3）初步了解主要的基础数据含义及其设置方法。

（4）掌握生产管理中 MPS 操作流程及单据处理的基本方法。

（5）掌握每日资源录入、排程来源录入、排程计划维护和 MPS 工单发放的基本方法。

实验要求

（1）根据订单制定主生产计划 MPS。

（2）生成每日资源。

（3）录入排程来源。

（4）根据每日资源生成排程计划。

（5）维护排程计划。

（6）根据排程计划发放 MPS 工单。

实验 5　应收应付对冲管理

实验要求

实验描述

2 月 20 日，供应商嘉禾加工厂确立了一笔应付账款 4000 元，2 月 21 日客户中实集团确立了一笔应收账款 4000 元，所以 2 月 23 日应收会计将应付账款 4000 元和应收账款 4000 元进行收付款处理。

 实 验 目 的

（1）理解应收应付账款的对冲意义。
（2）掌握应收应付账款的对冲方法。

 **实 验 要 求**

（1）应付会计李丽根据采购进货业务，确认应付账款，录入应付凭单。
（2）应收会计秦国庆根据销售出库业务，确认应收账款，录入结算单。
（3）应收应付进行对冲，应收会计秦国庆录入应收应付对冲单。
（4）应付会计李丽在应付系统的录入付款单中进行确认。

实验6　自动分录处理

实验要求

 实 验 描 述

　　总账会计李丽将 2 月的采购进货单，在系统中自动生成对应的会计凭证。其中 2 月发生的进货业务资料如表 5 - 1 所示。

表 5 - 1　　　　　　　　　　　月进货业务明细

进货单别	单别名称	进货单号	日期	供应商	本币金额	本币税额	本币货款
JJJH	紧急进货单	20110220001	2007 - 02 - 20	嘉禾	4000.00	581.20	3418.80
JJJH	紧急进货单	20110220002	2007 - 02 - 20	元技	1200.00	0.00	12000.00
JJJH	紧急进货单	20110223001	2007 - 02 - 23	嘉禾	1500.00	217.95	1282.05
FPJH	随发票进货	20110226001	2007 - 02 - 26	嘉禾	1900.00	2833.33	16666.67

 实 验 目 的

（1）了解自动分录子系统的地位和作用。
（2）理解分录性质设置的含义与作用。
（3）掌握抛转会计凭证的处理方法。

实验要求

（1）完成业务系统的单据自动生成总账会计凭证的流程。

（2）为了达到抛转采购进货单至总账的目的，需要根据采购进货业务，设置分录性质——进货单。

（3）按照抛转规则，生成会计分录的底稿，通过"自动生成分录底稿"实现。

（4）在分录底稿的基础上进行调整"维护分录底稿"。

（5）按底稿生成会计凭证，进行自动生成会计凭证。

第 **6** 章

综合训练

实验1 订单录入与批次需求计划

实验项目单

编制部门：		编制人：	教师编制日期：	
项目编号	ERP 管理实验1	项目名称	客户订单及物料需求计划	
训练对象	专业级班		学时	8
实验目的	1. 了解 ERP 系统中订单与批次需求计划之间的业务流和信息流。 2. 理解批次需求计划的主要作用与目的。 3. 初步了解主要的基础数据含义及其设置方法。 4. 掌握订单录入、批次需求计划生成的基本方法			
实验内容	1. 完成订单录入，生成物料需求计划和生产计划； 2. 单据包括：订单、工单和采购单			
实验要求	1. 了解 ERP 系统中订单与批次需求计划之间的业务流程和信息流； 2. 理解物料需求计划和生产计划的主要作用与目的； 3. 掌握订单录入、物料需求计划和生产计划生成的基本方法			
思考题	1. 画出本实验的完整操作流程图。 2. 本实验中，录入客户订单表单时最关键的项目是哪四项？为什么？ 3. 本实验中，物料需求计划的计算依据是什么？可发放哪两类计划？采购计划中的哪一项还需要依据市场情况，待实际采购时进行确定			
计分方法	1. 按照实验要求完成录入客户订单实验操作； 2. 按照实验要求完成物料需求计划计算和发放实验操作； 3. 按照实验要求完成生成生产工单和物料采购单实验操作； 4. 使用截图工具对实验完成过程进行截图形成文档； 5. 完成实验报告册以及思考题，并有体会		4 分 3 分 3 分 5 分 5 分	

实验 2　采购与应付管理

实验描述

原材料采购、入库与应付：采购员依据 LRP 采购单与供应商签订采购合同，合同内容与采购计划中相同，且询得市场价格：嘉禾底座单价：100 元；坐垫单价：80 元。元技螺丝零件包单价：20 元。均于 2 月 12 日到货，随货附发票，并以银行转账支票结算。

2 月 12 日，库管员刘争收到"嘉禾加工厂"运来的底座 100 个和坐垫 100 个，收到"元技加工厂"运来的螺丝零件包 200 个；刘争核对采购合同，将 100 个底座、100 个坐垫和 200 个螺丝零件包验收入库到原材料仓，完成验收单的录入。

刘争将验收单转交给财务人员李丽（负责应付账目管理）。财务应付人员李丽收到两个供应商交到的 18000 元和 4000 元的采购发票，核对验收单，登记应付账款，然后根据供应商"嘉禾加工厂"和"元技加工厂"的请款要求，以转账支票形式付货款 18000 元和 4000 元。

实验目的

（1）了解企业采购与应付的基本流程。
（2）理解 ERP 系统中采购管理与应付管理之间的信息流程与单据特征。
（3）初步了解主要的基础数据含义及其设置方法。
（4）掌握采购单录入、进货单录入、应付凭单录入的基本方法。

实验要求

（1）查询并审核采购单，重点注意采购单中的"单价"为实际市场价格。
（2）根据到货后验收情况制作"进货单"。
（3）根据采购发票和进货单，制作应付凭单。
（4）根据供应商的请款要求，完成付款单制作。

实验 3　生产管理

实验描述

产品生产及产成品入库：生管人员焦永涛依据 LRP 工单生成工单工艺，作为派工单发放给办公椅加工中心，另一联由生管留存。2 月 13 日，正式开工，生管人员焦永涛进行投料，并将投产单移转给仓管人员刘争进行备料。办公椅加工中心收料后，开始第一道工艺进行打磨。

2 月 16 日，第一道工艺完工，生管人员焦永涛录入转移单，记录第一道工艺的完工信息，审查无误后将打印出的单据与加工实物转移到下一道工艺；组装工艺收到转移过来的原料，审查转移单信息是否与实物符合；审查无误后，2 月 16 日，开始第二道工艺进行组装。

2 月 22 日，100 张办公椅组装完毕，进行成品入库，生管人员焦永涛填写生产入库单，仓管人员刘争审查入库单信息是否与入库的实物符合并将 100 把办公椅验收入库。

实验目的

（1）了解企业生产的基本流程。
（2）理解 ERP 系统中生产管理（车间管理）信息流程及单据特征。
（3）初步了解主要的基础数据含义及其设置方法。
（4）掌握生产管理（车间管理）中操作流程及单据处理的基本方法。

实验要求

（1）对前面实验产生的 LRP 工单进行审查，确认审核。
（2）由系统自动生成工单工艺后，审核工单工艺中的相关信息。
（3）根据工单信息录入投产单。
（4）自动生成领料单并审核。
（5）根据加工中心的转移记录信息，录入转移单，并审核。
（6）根据加工中心的完工记录信息，录入入库单，并审核。
（7）查询和入库单同时生成的生产入库单。

实验 4　销售与应收管理

实验描述

产品销售、出库与应收：2 月 23 日蔡春准备给"中实集团"发货。查询仓库"办公椅仓"，办公椅的库存数量为 100 把，满足中实集团办公椅的需求数量，要求库管员备货，同时通知财务依据销货合同开具 $600 \times 100 = 60000$（元）销货发票。

库管员刘争根据 2 月 2 日的销货合同，从办公椅仓出货，销货单及发票随货发出交给客户。2 月 23 日，蔡春准备给中实集团发货。同时通知财务依据销货合同开具 $600 \times 100 = 60000$（元）销货发票。

2 月 24 日，财务人员秦国庆（负责财务应收账目的处理）收到客户"中实集团"送来的货款，支票 $600 \times 100 = 60000$（元），做收款单，冲销应收账款。

实验目的

（1）了解企业销售与应收的基本流程。

（2）理解 ERP 系统中销售管理与应收管理之间的信息流程及单据特征。

（3）初步了解主要的基础数据含义及其设置方法。

（4）掌握销货单录入、结账单录入、收款单录入的基本方法。

实验要求

（1）根据销货信息，完成销货单的录入，并审核销货单。

（2）根据销货单信息，完成结账单录入和审核。

（3）根据销货单信息，完成收款单的录入和审核。

实验 5　期末结账

实验描述

月底结账：2 月 28 日，库存部门进行月底存货结转，应收应付部门完成结账，并做自动分录抛转后，会计进行总账结账，并向主管承报本月报表。

实验目的

（1）了解企业月底存货及账务结转的基本流程。

（2）理解 ERP 系统中存货管理与自动分录、会计总账之间的信息流程及单据特征。

（3）初步了解主要的基础数据含义及其设置方法。

（4）掌握月底结账中的各项操作。

实验要求

（1）结算本月份存货的价值和品号的销货成本。包括：

① 月底成本计价；

② 进行库存调整；

③ 月底存货结转。

（2）完成应收/应付子系统的月结。包括：

① 应收子系统的月结；

② 应付子系统的月结。

（3）将各子系统的原始凭证信息自动生成分录底稿，并抛转到总账系统中。包括：

① 自动生成分录底稿；

② 抛转会计凭证。

（4）根据已有的会计凭证信息，进行会计月结，计算本月损益金额，输出财务报表。包括：

① 审核并过账所有会计凭证；

② 自动结转损益并生成会计凭证、审核及过账；

③ 会计月结处理。

（5）查看财务报表。包括：

① 查看资产负债表；

② 查看损益表。

附录

实验报告

教师评语				成绩	
	教师签字　　　　　　日期				
学生姓名		学　号			
班　级		分　组			
项目编号		项目名称			
实验报告					
一、实验目的					
二、实验内容与步骤 （要求：针对实验案例的每项工作，完成实验，并分别撰写实验步骤）					
三、实验成果提交 （要求：将实验结果画面复制下来，粘贴在此处。）					
四、实验中遇到的难点及解决办法					
五、实验体会					
六、思考题解答					

模拟试卷（1）

一、填空题（每空1分，共10分）

1. ERP 的主要宗旨是_____。

2. 在物料需求计划理论中，物料具有_____、_____、_____三种管理特性。

3. 产品的生命周期是产品投入期、_____、_____、衰退期。

4. 基本 MRP 一般包括下面四个模块分别是：_____、_____、_____、

_____。

二、选择题（每题2分，共20分）

1. ERP 的核心思想是（　　）。

A. 利用现代化技术管理企业

B. 供应链管理

C. 对各种资源进行规划，达到最佳资源组合，取得最佳效益

D. 以客户为中心的管理思想

2. 在闭环 MRP 系统中，能力需求计划的计划对象为（　　），主要面向的是（　　）。

A. 独立需求件，所有工作中心车间

B. 相关需求件，MPS

C. 相关需求件，所有工作中心车间

D. 独立需求件，MPS

3. ERP 的计划层次共有（　　）。

A. 企业经营计划层、生产计划大纲层

B. 主生产计划层、物料需求计划层

C. 车间作业及采购计划层

D. 以上全包括

4. 销售管理从计划的角度看，属于（　　）。

A. 物料需求计划层

B. 主生产计划层

C. 企业经营计划层

D. 以上都不是

5. 生产规划是一个产品族的高层的计划过程。这个过程的主要目标是（　　）。

A. 确定适当的产品生产率

B. 制定单项物料的生产计划

C. 实际销售与规划的差距

D. 以上都不对

6. 主生产计划的计划展望期一般为（   ）。

A. 5～10 个月

B. 1～3 年

C. 3～18 个月

D. 3 年以上

7. 在物料需求计划中，每个物料都有一个低位码，那么此码的作用是（   ）。

A. 指出各种物料最晚使用时间

B. 指出各种物料最早使用时间

C. 指出各种物料使用次数

D. 没什么具体意义

8. 能力需求计划 CRP 是对物料需求计划所需能力进行核算的一种计划管理方法，具体地讲，CRP 就是（   ）。

A. 得出程序设计人员、管理人员等能力负荷情况

B. 得出资金负荷、设备负荷等资源负荷情况

C. 得出人力负荷、设备负荷等资源负荷情况

D. 以上三种说法都不正确

9. 在 JIT 生产方式中，用于传递工序间的需求信息与库存量的是（   ）。

A. 加工订单

B. 生产工票

C. 看板

D. 拉式生产

10. 按照库存物品需求的相关性划分，可把库存分为（   ）。

A. 独立需求库存和相关需求库存

B. 单周期库存和多周期库存

C. 安全库存和在途库存

D. 原材料库存、半成品库存和产品库存

三、简答题（每题 6 分，共 30 分）

1. 请写出 ERP 的定义。

2. 请写出 MRP 主要解决的问题都有哪些？怎样解决？

3. 简述 BOM 的概念和作用。

4. 请指出细能力计划与粗能力计划的主要区别？

5. 在采购管理中，选择供应商的方法很多，一般有哪几种常用的决策？

四、名词解释（每题 5 分，共 20 分）

1. 提前期

2. 生产能力

3. 销售计划

4. 库存

五、计算题（共 20 分）

按面向订单生产环境下生产计划大纲的编制，某公司生产自行车，现编制生产规划，

计划展望期是 1 年，按月划分时区。自行车的年预测销售量是 3600 辆，当前未完成订单是 1000 辆，期末未完成订单数量为 700 辆，请编制其生产大纲初稿（提示：拖欠订货数变化＝期末目标拖欠量－期初拖欠量；总生产需求＝预测量－拖欠订货数变化）。请把计算结果填入下表中。

MTO 环境 PPS 初稿

	1 月	2 月	3 月	4 月	5 月	6 月	7 月	8 月	9 月	10 月	11 月	12 月	全年
销售预测													3600
期初未完成订单（1000）													
预计未完成订单													期末 700
生产规划													

按照 MTO 环境下 PPS 的编制方法，写出具体计算步骤。

模拟试卷（2）

一、单选题（每题 2 分，共 20 分）

1. ERP 的核心思想是（　　　）。

A. 利用现代化技术管理企业

B. 供应链管理

C. 对各种资源进行规划，达到最佳资源组合，取得最佳效益

D. 以客户为中心的管理思想

2. 在闭环 MRP 系统中，能力需求计划的计划对象为（　　　），主要面向的是（　　　）。

A. 独立需求件，所有工作中心车间

B. 相关需求件，MPS

C. 相关需求件，所有工作中心车间

D. 独立需求件，MPS

3. ERP 的计划层次共有：（　　　）

A. 企业经营计划层、生产计划大纲层

B. 主生产计划层、物料需求计划层

C. 车间作业及采购计划层

D. 以上全包括

4. 销售管理从计划的角度看，属于（　　　）。

A. 物料需求计划层

B. 主生产计划层

C. 企业经营计划层

D. 以上都不是

5. 生产规划是一个产品族的高层的计划过程。这个过程的主要目标是（　　　）。

A. 确定适当的产品生产率

B. 制定单项物料的生产计划

C. 实际销售与规划的差距

D. 以上都不对

6. 主生产计划的计划展望期一般为（　　　）。

A. 5～10 个月

B. 1～3 年

C. 3～18 个月

D. 3 年以上

7. 在物料需求计划中，每个物料都有一个低位码，那么此码的作用是（　　　）。

A. 指出各种物料最晚使用时间

B. 指出各种物料最早使用时间

C. 指出各种物料使用次数

D. 没什么具体意义

8. 能力需求计划 CRP 是对物料需求计划所需能力进行核算的一种计划管理方法。具体地讲，CRP 就是（　　）。

A. 得出程序设计人员、管理人员等能力负荷情况

B. 得出资金负荷、设备负荷等资源负荷情况

C. 得出人力负荷、设备负荷等资源负荷情况

D. 以上三种说法都不正确

9. 在 JIT 生产方式中，用于传递工序间的需求信息与库存量的是（　　）。

A. 加工订单

B. 生产工票

C. 看板

D. 拉式生产

10. 按照库存物品需求的相关性划分，可把库存分为（　　）。

A. 独立需求库存和相关需求库存

B. 单周期库存和多周期库存

C. 安全库存和在途库存

D. 原材料库存、半成品库存和产品库存

二、多选题（每题 3 分，共 15 分）

1. 在物料需求计划理论中，物料具有三种管理特性，分别是（　　）。

A. 相关性

B. 销售性

C. 流动性

D. 价值性

E. 以上几种都不正确

2. BOM 是定义产品结构的（　　）。

A. 是一个软件

B. 技术文件

C. 产品结构树

D. 产品配方

E. 产品要素表

3. 基本 MRP 一般包括下列模块（　　）。

A. MPS 模块

B. MRP 模块

C. BOM 模块

D. 库存控制模块

4. 在车间作业计划中，生产调度是对工作中心的作业进行排序，它的目的是（　　）。

A. 将作业任务按优先级进行编排

B. 按能力分配任务

C. 保证任务如期完成

D. 保证完成任务的时间最短，成本最低

E. 以上都正确

5. 对于 ERP 下面的说法正确的是（　　　）。

A. ERP 是一个面向供应链的管理思想

B. ERP 是一个软件产品

C. ERP 是一个系统

D. ERP 是一个程序

三、简答题（每题 6 分，共 30 分）

1. 请写出 ERP 的定义。

2. 请写出 MRP 主要解决的问题都有哪些？怎样解决？

3. 简述 BOM 的概念和作用。

4. 请指出细能力计划与粗能力计划的主要区别？

5. 在采购管理中，选择供应商的方法很多，一般有哪几种常用的决策？

四、请写出下面的计算公式（每题 5 分，共 10 分）

1. 工作中心能力

2. 紧迫系数

五、名词解释（每题 3 分，共 9 分）

1. 提前期

2. 生产能力

3. 销售计划

六、计算题（共 16 分）

按面向订单生产环境下生产计划大纲的编制，某公司生产自行车，现编制生产规划，计划展望期是 1 年，按月划分时区。自行车的年预测销售量是 3600 辆，当前未完成订单是 1000 辆，期末未完成订单数量为 700 辆，请编制其生产大纲初稿（提示：拖欠订货数变化 = 期末目标拖欠量 – 期初拖欠量；总生产需求 = 预测量 – 拖欠订货数变化）。请把计算结果填入下表中。

MTO 环境 PPS 初稿

	1 月	2 月	3 月	4 月	5 月	6 月	7 月	8 月	9 月	10 月	11 月	12 月	全年
销售预测													3600
期初未完成订单（1000）													
预计未完成订单													期末 700
生产规划													

按照 MTO 环境下 PPS 的编制方法，写出具体计算步骤。

模拟试卷（3）

一、单选题（每题 2 分，共 20 分）

1. ERP 的核心思想是（　　）。

A. 利用现代化技术管理企业

B. 供应链管理

C. 对各种资源进行规划，达到最佳资源组合，取得最佳效益

D. 以客户为中心的管理思想

2. 在闭环 MRP 系统中，能力需求计划的计划对象为（　　），主要面向的是（　　）。

A. 独立需求件，所有工作中心车间

B. 相关需求件，MPS

C. 相关需求件，所有工作中心车间

D. 独立需求件，MPS

3. ERP 的计划层次共有：（　　）。

A. 企业经营计划层、生产计划大纲层

B. 主生产计划层、物料需求计划层

C. 车间作业及采购计划层

D. 以上全包括

4. 销售管理从计划的角度看，属于（　　）。

A. 物料需求计划层

B. 主生产计划层

C. 企业经营计划层

D. 以上都不是

5. 生产规划是一个产品族的高层的计划过程。这个过程的主要目标是（　　）。

A. 确定适当的产品生产率

B. 制定单项物料的生产计划

C. 实际销售与规划的差距

D. 以上都不对

6. 主生产计划的计划展望期一般为（　　）。

A. 5～10 个月

B. 1～3 年

C. 3～18 个月

D. 3 年以上

7. 在物料需求计划中，每个物料都有一个低位码，那么此码的作用是（　　）。

A. 指出各种物料最晚使用时间

B. 指出各种物料最早使用时间

C. 指出各种物料使用次数

D. 没什么具体意义

8. 能力需求计划 CRP 是对物料需求计划所需能力进行核算的一种计划管理方法。具体地讲，CRP 就是（　　　）。

A. 得出程序设计人员、管理人员等能力负荷情况

B. 得出资金负荷、设备负荷等资源负荷情况

C. 得出人力负荷、设备负荷等资源负荷情况

D. 以上三种说法都不正确

9. 在 JIT 生产方式中，用于传递工序间的需求信息与库存量的是（　　　）。

A. 加工订单

B. 生产工票

C. 看板

D. 拉式生产

10. 按照库存物品需求的相关性划分，可把库存分为（　　　）。

A. 独立需求库存和相关需求库存

B. 单周期库存和多周期库存

C. 安全库存和在途库存

D. 原材料库存、半成品库存和产品库存

二、多选题（每题 3 分，共 15 分）

1. 在物料需求计划理论中，物料具有三种管理特性，分别是（　　　）。

A. 相关性

B. 销售性

C. 流动性

D. 价值性

E. 以上几种都不正确

2. BOM 是定义产品结构的（　　　）。

A. 是一个软件

B. 技术文件

C. 产品结构树

D. 产品配方

E. 产品要素表

3. 基本 MRP 一般包括（　　　）。

A. MPS 模块

B. MRP 模块

C. BOM 模块

D. 库存控制模块

4. 在车间作业计划中，生产调度是对工作中心的作业进行排序，它的目的是（　　　）。

A. 将作业任务按优先级进行编排

B. 按能力分配任务

C. 保证任务如期完成

D. 保证完成任务的时间最短，成本最低

E. 以上都正确

5. 对于 ERP 下面的说法正确的是（　　）。

A. ERP 是一个面向供应链的管理思想

B. ERP 是一个软件产品

C. ERP 是一个系统

D. ERP 是一个程序

三、简答题（每题 6 分，共 30 分）

1. 请写出 ERP 的定义。

2. 请写出 MRP 主要解决的问题都有哪些？怎样解决？

3. 简述 BOM 的概念和作用。

4. 请指出细能力计划与粗能力计划的主要区别？

5. 在采购管理中，选择供应商的方法很多，一般有哪几种常用的决策？

四、请写出下面的计算公式（每题 5 分，共 10 分）

1. 工作中心能力

2. 紧迫系数

五、名词解释（每题 3 分，共 9 分）

1. 提前期

2. 生产能力

3. 销售计划

六、计算题（共 16 分）

按面向订单生产环境下生产计划大纲的编制，某公司生产自行车，现编制生产规划，计划展望期是 1 年，按月划分时区。自行车的年预测销售量是 3600 辆，当前未完成订单是 1000 辆，期末未完成订单数量为 700 辆，请编制其生产大纲初稿（提示：拖欠订货数变化 = 期末目标拖欠量 − 期初拖欠量；总生产需求 = 预测量 − 拖欠订货数变化）。请把计算结果填入下表中。

MTO 环境 PPS 初稿

	1 月	2 月	3 月	4 月	5 月	6 月	7 月	8 月	9 月	10 月	11 月	12 月	全年
销售预测													3600
期初未完成订单（1000）													
预计未完成订单													期末 700
生产规划													

按照 MTO 环境下 PPS 的编制方法，写出具体计算步骤。

模拟试卷（4）

一、单选题（每题 2 分，共 20 分）

1. ERP 是英文 Enterprise Resource Planning 的缩写，中文意思是企业资源计划。它是从（　　）。

　A. 库存订货点理论发展而来的新一代集成化管理信息系统

　B. MIS（管理信息系统）发展而来的新一代集成管理信息系统

　C. MRP（物料资源计划）发展而来的新一代集成化管理信息系统

　D. 闭环 MRP 发展而来的新一代集成化管理信息系统

2. 库存订货点理论诞生于（　　）。

　A. 20 世纪 30 年代

　B. 20 世纪 40 年代

　C. 20 世纪 50 年代

　D. 20 世纪 60 年代

3. 主生产计划来源于（　　）。

　A. 企业的销售与采购计划

　B. 企业的生产经营规划与市场需求

　C. 企业的仓库与成本计划

　D. 企业和政府的相关政策

4. 产品生命周期与（　　）有关。

　A. 产品的价格和产品的质量

　B. 产品的风格和产品的潮流

　C. 产品的工艺和产品的包装

　D. 产品的形态和持续时间

5. 计划指的是（　　）。

　A. 预先规划后面的事件

　B. 规划的具体执行

　C. 预先进行的行动安排

　D. 以上说法都不正确

6. 工序能力是指（　　）。

　A. 工序能够稳定地生产出产品的能力

　B. 产品、零部件制造过程的基本环节能力

　C. 制造一个特定产品或零件的加工或装配流程能力

　D. 以上说法都不正确

7. 销售管理的主要内容有（　　　）。

A. 销售预测和售后服务管理

B. 市场销售预测、对销售费用和成本分析

C. 销售流程、销售渠道

D. 以上说法都不正确

8. 在 MPS 编制过程中，时区一般分为（　　　）。

A. 提前时区、计划时区、展望时区

B. 需求时区、计划时区、预测时区

C. 预测时区、规划时区、需求时区

D. 以上说法都不正确

9. 广义的 CRP（能力需求计划）又可分为（　　　）。

A. 人力能力计划和设备能力计划

B. 无限能力计划和有限能力计划

C. 粗能力计划和细能力计划

D. 以上说法都不正确

10. 生产调度就是（　　　）。

A. 对生产车间的人员和设备进行调整

B. 对生产车间采购进行控制

C. 对工作中心的作业进行排序

D. 对生产车间作业进行排序

二、多选题（每题 3 分，共 15 分）

1. ERP 具有（　　　）的功能。

A. 生产规划系统

B. 物料管理系统

C. 财务会计系统

D. 销售、分销系统

E. 企业情报管理系统

2. ERP 具有（　　　）的相关效益。

A. 提高效率和效益

B. 降低采购成本

C. 重组同供应商的业务流程

D. 采购管理职能的变化

E. 提高人力资源成本

3. 物料的范围是指（　　　）。

A. 原材料、配方成分等

B. 配套件、标准件等

C. 毛坯、副产品等

D. 联产品、在制品、产成品等

E. 设备备件、工艺装备、某些能源等

4. 对加工装配阶段来讲，提前期可分为（   ）。

A. 排队时间

B. 加工时间

C. 等待时间

D. 传送时间

E. 准备时间

5. MRP（物料需求计划）能解决（   ）。

A. 生产什么？生产多少？

B. 计划什么？

C. 已经有了什么？

D. 还缺什么？

E. 何时安排

三、简答题（每题 6 分，共 30 分）

1. 请写出按库存生产类型企业的定义和特点。

2. 请写出物料清单（BOM）的定义。

3. 请写出工艺路线文件的内容。

4. 请写出生产规划的概念。

5. 请写 PAC（车间作业计划）的主要内容。

四、请写出下面的计算公式（每题 5 分，共 10 分）

1. 工作中心定额能力计算

2. 生产负荷计算

五、名词解释（每题 3 分，共 9 分）

1. 时段

2. 时界

3. 时区

六、计算题（共 16 分）

完成主生产计划（MPS）初稿，要预计 MPS 的数量和预计库存量。已知该项目的期初库存为 160 台，安全库存为 50，生产批量为 100，需求时界为 3，计划时界为 8，如下表所示。要求：

1. 写出毛需求量、净需求值、预计库存量等的计算公式。

2. 将计算结果填在表格中。

MPS 初稿

时区	需求时区			计划时区					预测时区			
时段（周）	1	2	3	4	5	6	7	8	9	10	11	12
预测量	60	60	60	60	60	60	60	60	60	60	60	60
实际需求	110	80	50	70	50	60	110	150	50		50	20
毛需求												

时区	需求时区			计划时区					预测时区			
PAB 初值	50	-30	20	50	-10	30	20	-30	10	50	-10	30
净需求												
MPS 计划产出量		100	100		100	100	100	100	100		100	100
预计库存量 PAB												
计划投入量		100	100		100	100	100	100	100		100	100

按照编制 MPS 的一般步骤写出具体计算步骤。

模拟试卷（1）（参考答案）

一、填空题（每空 1 分，共 10 分）

1. 将企业内部和外部资源充分调配和平衡
2. 相关性、流动性、价值性
3. 增长期、成熟期
4. MPS 模块、MRP 模块、BOM 模块、库存控制模块

二、选择题（每小题 2 分，共 20 分）

1. B　　2. C　　3. D　　4. C　　5. A
6. C　　7. B　　8. C　　9. C　　10. A

三、简答题（每小题 6 分，共 30 分）

1. 请写出 ERP 的定义。

答：ERP 是一个面向供应链的管理思想，是一个软件产品，是一个整合了企业管理理念，业务流程，基础数据，人力物力，计算机硬件和软件于一体的企业资源管理系统。

2. 请写出 MRP 主要解决的问题都有哪些？怎样解决？

答：（1）要生产（含采购或制造）什么？生产（含采购或制造）多少？（这些数据从 MPS 获得）

（2）要用到什么？（这些数据根据 BOM 表获得）

（3）已经有了什么？（这些数据根据物料库存信息，即将到货信息或产出信息获得）

（4）还缺什么？（这些数据根据 MRP 计算结果获得）

（5）何时安排（包括何时开始采购制造、何时完成采购制造）？（这些数据通过 MRP 计算获得）

3. 简述 BOM 的概念和作用。

答：所谓物料清单就是用电子计算机读出企业所制造的产品构成和所有要涉及的物料，并用图示表达的产品结构转化成某种数据格式，这种以数据格式来描述产品结构的文件称为物料清单（Bill Of Material，BOM）。

物料清单的作用：是计算机识别物料的基础依据，是编制计划的依据，是配套和领料的依据，根据它进行加工过程的跟踪，是采购和外协的依据，根据它进行成本的计算，可以作为报价参考，进行物料追溯，使设计系列化、标准化、通用化。

4. 请指出细能力计划与粗能力计划的主要区别？

答：粗能力计划和细能力计划的主要区别：参与闭环 MRP 计算的时间点不一致，粗能力计划在主生产计划确定后即参与运算，而细能力计划是在物料需求计划运算完毕后才参与运算。粗能力计划只计算关键工作中心的负荷，而细能力计划需要计算所有工作中心的负荷情况。粗能力计划计算时间较短，而细能力计划计算时间长，不宜频繁计算、更改。

5. 在采购管理中，选择供应商的方法很多，一般有哪几种常用的决策？

答：常用方法有：直观判断法、招标法、协商选择法、采购成本法、ABC分类法、层次分析法、供应商选择的神经网络算法。

四、名词解释（每小题5分，共20分）

1. 提前期

提前期是指为按时完成本工序工作，需要以前工序提前开始的时间、包括排队时间、运输时间、准备结束时间以及加工时间。

2. 生产能力

生产能力指企业的固定资产在一定时期内，在一定的技术组织条件下，经过综合平衡后，所能生产的一定种类产品的最大可能产量。

3. 销售计划

销售计划是各项计划的基础，一份完整的销售计划必须包含整个详尽的商品销售量及销售金额。

4. 库存

库存是为了满足未来需要而暂时闲置的资源。

五、计算题（20分）

答：按照MTO环境下PPS的编制方法，具体计算步骤如下：

（1）把年预测销售量3600辆按月平均分布，每月3600÷12＝300（辆）。

（2）按交货日期把未完成的订单数量分配到计划展望期的相应时间段内。

把未完成订单数1000辆分配到相应时段内，具体数量为1月160辆，2月160辆，3月150辆，4月150辆，5月140辆，6月120辆，7月120辆。

（3）计算未完成订单的改变量。

拖欠订货数变化＝期末目标拖欠量－期初拖欠量＝700－1000＝－300

（4）计算总生产需求量。

总生产需求＝预测量－拖欠订货数变化＝3600－（－300）＝3900

（5）把总生产需求量分配到各月，月产量应满足当月的拖欠并保持均衡生产率。所得到的PPS初稿如表所示。

MTO环境生产计划大纲初稿

	1月	2月	3月	4月	5月	6月	7月	8月	9月	10月	11月	12月	全年
销售预测	300	300	300	300	300	300	300	300	300	300	300	300	3600
期初未完成订单（1000）	160	160	150	150	140	120	120						
预计未完成订单	975	950	925	900	875	850	825	800	775	750	725	700	期末700
生产规划	325	325	325	325	325	325	325	325	325	325	325	325	325

表中，未完成订单的改变为－300，总产量为3900，把总产量分布到12个月，每个月产量均为325辆。

模拟试卷（2）（参考答案）

一、选择题（每小题 2 分，共 20 分）

1. B　　2. C　　3. D　　4. C　　5. A
6. C　　7. B　　8. C　　9. C　　10. A

二、多选题（每小题 3 分，共 15 分）

1. ACD　　2. BCDE　　3. ABCD　　4. ABCDE　　5. ABC

三、简答题（每小题 6 分，共 30 分）

1. 请写出 ERP 的定义。

答：ERP 是一个面向供应链的管理思想，是一个软件产品，是一个整合了企业管理理念，业务流程，基础数据，人力物力，计算机硬件和软件于一体的企业资源管理系统。

2. 请写出 MRP 主要解决的问题都有哪些？怎样解决？

答：（1）要生产（含采购或制造）什么？生产（含采购或制造）多少？（这些数据从 MPS 获得）

（2）要用到什么？（这些数据根据 BOM 表获得）

（3）已经有了什么？（这些数据根据物料库存信息，即将到货信息或产出信息获得）

（4）还缺什么？（这些数据根据 MRP 计算结果获得）

（5）何时安排（包括何时开始采购制造、何时完成采购制造）？（这些数据通过 MRP 计算获得）

3. 简述 BOM 的概念和作用。

答：所谓物料清单就是用电子计算机读出企业所制造的产品构成和所有要涉及的物料，并用图示表达的产品结构转化成某种数据格式，这种以数据格式来描述产品结构的文件称为物料清单（Bill Of Material，BOM）。

物料清单的作用：是计算机识别物料的基础依据，是编制计划的依据，是配套和领料的依据，根据它进行加工过程的跟踪，是采购和外协的依据，根据它进行成本的计算，可以作为报价参考，进行物料追溯，使设计系列化、标准化、通用化。

4. 请指出细能力计划与粗能力计划的主要区别？

答：粗能力计划和细能力计划的主要区别：参与闭环 MRP 计算的时间点不一致，粗能力计划在主生产计划确定后即参与运算，而细能力计划是在物料需求计划运算完毕后才参与运算。粗能力计划只计算关键工作中心的负荷，而细能力计划需要计算所有工作中心的负荷情况。粗能力计划计算时间较短，而细能力计划计算时间长，不宜频繁计算、更改。

5. 在采购管理中，选择供应商的方法很多，一般有哪几种常用的决策？

答：常用方法有：直观判断法、招标法、协商选择法、采购成本法、ABC 分类法、层次分析法、供应商选择的神经网络算法。

四、请写出下面的计算公式（每题5分，共10分）

1. 工作中心能力 = 每日班次 × 每班工作数 × 效率 × 利用率

2. 紧迫系数 =（交货日期 - 系统当前时间）/剩余的计划提前期

五、名词解释（每小题3分，共9分）

1. 提前期。

提前期是指为按时完成本工序工作，需要以前工序提前开始的时间、包括排队时间、运输时间、准备结束时间以及加工时间。

2. 生产能力。

生产能力指企业的固定资产在一定时期内，在一定的技术组织条件下，经过综合平衡后，所能生产的一定种类产品的最大可能产量。

3. 销售计划。

销售计划是各项计划的基础，一份完整的销售计划必须包含整个详尽的商品销售量及销售金额。

六、计算题（共16分）

答：按照 MTO 环境下 PPS 的编制方法，具体计算步骤如下：

（1）把年预测销售量3600辆按月平均分布，每月 3600÷12＝300（辆）。

（2）按交货日期把未完成的订单数量分配到计划展望期的相应时间段内。

把未完成订单数1000辆分配到相应时段内，具体其数量为1月160辆，2月160辆，3月150辆，4月150辆，5月140辆，6月120辆，7月120辆。

（3）计算未完成订单的改变量。

拖欠订货数变化 = 期末目标拖欠量 - 期初拖欠量 = 700 - 1000 = -300

（4）计算总生产需求量。

总生产需求 = 预测量 - 拖欠订货数变化 = 3600 -（-300）= 3900

（5）把总生产需求量分配到各月，月产量应满足当月的拖欠并保持均衡生产率，所得到的 PPS 初稿如下表所示。

MTO 环境生产计划大纲初稿

	1月	2月	3月	4月	5月	6月	7月	8月	9月	10月	11月	12月	全年
销售预测	300	300	300	300	300	300	300	300	300	300	300	300	3600
期初未完成订单（1000）	160	160	150	150	140	120	120						
预计未完成订单	975	950	925	900	875	850	825	800	775	750	725	700	期末700
生产规划	325	325	325	325	325	325	325	325	325	325	325	325	325

表中，未完成订单的改变为 -300，总产量为3900。把总产量分布到12个月，每个月产量均为325辆。

模拟试卷（3）（参考答案）

一、选择题（每小题 2 分，共 20 分）

1. B　　　2. C　　　3. D　　　4. C　　　5. A

6. C　　　7. B　　　8. C　　　9. C　　　10. A

二、多选题（每小题 3 分，共 15 分）

1. ACD　　　2. BCDE　　　3. ABCD　　　4. ABCDE　　　5. ABC

三、简答题（每小题 6 分，共 30 分）

1. 请写出 ERP 的定义。

答：ERP 是一个面向供应链的管理思想，是一个软件产品，是一个整合了企业管理理念，业务流程，基础数据，人力物力，计算机硬件和软件于一体的企业资源管理系统。

2. 请写出 MRP 主要解决的问题都有哪些？怎样解决？

答：（1）要生产（含采购或制造）什么？生产（含采购或制造）多少？（这些数据从 MPS 获得）

（2）要用到什么？（这些数据根据 BOM 表获得）

（3）已经有了什么？（这些数据根据物料库存信息，即将到货信息或产出信息获得）

（4）还缺什么？（这些数据根据 MRP 计算结果获得）

（5）何时安排（包括何时开始采购制造、何时完成采购制造）？（这些数据通过 MRP 计算获得）

3. 简述 BOM 的概念和作用。

答：所谓物料清单就是用电子计算机读出企业所制造的产品构成和所有要涉及的物料，并用图示表达的产品结构转化成某种数据格式，这种以数据格式来描述产品结构的文件称为物料清单（Bill Of Material，BOM）。

物料清单的作用：是计算机识别物料的基础依据，是编制计划的依据，是配套和领料的依据，根据它进行加工过程的跟踪，是采购和外协的依据，根据它进行成本的计算，可以作为报价参考，进行物料追溯，使设计系列化、标准化、通用化。

4. 请指出细能力计划与粗能力计划的主要区别？

答：粗能力计划和细能力计划的主要区别：是参与闭环 MRP 计算的时间点不一致，粗能力计划在主生产计划确定后即参与运算，而细能力计划是在物料需求计划运算完毕后才参与运算。粗能力计划只计算关键工作中心的负荷，而细能力计划需要计算所有工作中心的负荷情况。粗能力计划计算时间较短，而细能力计划计算时间长，不宜频繁计算、更改。

5. 在采购管理中，选择供应商的方法很多，一般有哪几种常用的决策？

答：常用方法有：直观判断法，招标法，协商选择法，采购成本法，ABC 分类法，层次分析法，供应商选择的神经网络算法。

四、请写出下面的计算公式（每题5分，共10分）

1. 工作中心能力＝每日班次×每班工作数×效率×利用率

2. 紧迫系数＝（交货日期－系统当前时间）/剩余的计划提前期

五、名词解释（每小题3分，共9分）

1. 提前期。

提前期是指为按时完成本工序工作，需要以前工序提前开始的时间，包括排队时间、运输时间、准备结束时间以及加工时间。

2. 生产能力。

生产能力指企业的固定资产在一定时期内，在一定的技术组织条件下，经过综合平衡后，所能生产的一定种类产品的最大可能产量。

3. 销售计划。

销售计划是各项计划的基础，一份完整的销售计划必须包含整个详尽的商品销售量及销售金额。

六、计算题（共16分）

答：按照MTO环境下PPS的编制方法，具体计算步骤如下：

（1）把年预测销售量3600辆按月平均分布，每月3600÷12＝300（辆）。

（2）按交货日期把未完成的订单数量分配到计划展望期的相应时间段内。

把未完成订单数1000辆分配到相应时段内，具体其数量为1月160辆，2月160辆，3月150辆，4月150辆，5月140辆，6月120辆，7月120辆。

（3）计算未完成订单的改变量。

拖欠订货数变化＝期末目标拖欠量－期初拖欠量＝700－1000＝－300

（4）计算总生产需求量。

总生产需求＝预测量－拖欠订货数变化＝3600－（－300）＝3900

（5）把总生产需求量分配到各月，月产量应满足当月的拖欠并保持均衡生产率，所得到的PPS初稿如下表所示。

MTO环境生产计划大纲初稿

	1月	2月	3月	4月	5月	6月	7月	8月	9月	10月	11月	12月	全年
销售预测	300	300	300	300	300	300	300	300	300	300	300	300	3600
期初未完成订单（1000）	160	160	150	150	140	120	120						
预计未完成订单	975	950	925	900	875	850	825	800	775	750	725	700	期末700
生产规划	325	325	325	325	325	325	325	325	325	325	325	325	325

表中，未完成订单的改变为－300，总产量为3900，把总产量分布到12个月，每个月产量均为325辆。

模拟试卷（4）（参考答案）

一、单选题（每小题2分，共20分）

1. C   2. A   3. B   4. D   5. C
6. A   7. B   8. B   9. C   10. C

二、多选题（每小题3分，共15分）

1. ABCDE   2. ABCD   3. ABCDE   4. ABCDE   5. ACDE

三、简答题（每小题6分，共30分）

1. 请写出按库存生产类型企业的定义和特点。

答：（1）定义：在按库存生产类型中，客户基本上对最终产品规格的确定没有什么建议或要求，他们的投入很少。生产商生产的产品并不是为任何特定客户定制的。

（2）特点：该类型生产时的产品批量不像典型的重复生产那么大。

2. 请写出物料清单（BOM）的定义。

答：所谓物料清单就是用电子计算机读出企业所制造的产品构成和所有要涉及的物料，并用图示表达的产品结构转化成某种数据格式，这种以数据格式来描述产品结构的文件称为物料清单（BOM）。

3. 请写出工艺路线文件的内容。

答：工艺路线文件主要包括如下数据项：工序号、工作描述、所使用的工作中心、各项时间定额（例如，准备时间、加工时间、传送时间等）、外协工序的时间和费用。还要说明可供替代的工作中心、主要的工艺路线装备编码等，作为发放生产订单和调整工序的参考。

4. 请写出生产规划的概念。

答：生产规划（PP，Production Planning）是为了体现企业经营规划而制定的产品系列生产大纲，它用以协调满足经营规划所需求的产量与可用资源之间的差距。

5. 请写PAC（车间作业计划）的主要内容。

答：PAC的主要内容有：

（1）按MRP生成车间任务。

（2）控制加工单的下达。

（3）收集信息、监控在制品生产。

（4）采取调整措施。

（5）生产订单完成。

四、请写出下面的计算公式（每题5分，共10分）

1. 工作中心定额能力计算

工作中心的定额能力 = 可用机器数或人数 × 每班工时 × 每天的开班数
× 每周的工作天数 × 利用率 × 效率

$$其中:利用率 = \frac{实际直接工作工时数}{计划工作工时数} \times 100\%$$

$$效率 = \frac{完成的标准定额工时数}{实际直接工作工时数} \times 100\%$$

2. 生产负荷计算

答：（1）计划负荷需人员能力 = 计划产量 × 单位产品标准工时定额

（2）计划负荷需设备能力 = 计划产量 × 单位产品台时定额

五、名词解释（每小题 3 分，共 9 分）

1. 时段。

答：时段即微观计划的时间周期单位。主生产计划的时段可以按每天、每周、每月或每季度来表示。

2. 时界。

答：时界是在 MPS 中计划的参考点，是控制计划变化的参考与根据，以保持计划的严肃性、稳定性和灵活性。

3. 时区。

在需求时界和计划时界的基础上，MPS 将计划展望期划分需求时区、计划时区和预测时区。每个时区包含若干个计划周期。

六、计算题（共 16 分）

完成主生产计划（MPS）初稿，要预计 MPS 的数量和预计库存量。已知该项目的期初库存为 160 台，安全库存为 50，生产批量为 100，需求时界为 3，计划时界为 8，如下表所示。要求计算毛需求量、净需求值、预计库存量等，并将计算结果填在表格中。

答：毛需求量、净需求值、预计库存量等的计算公式如下。

（1）首先根据预测和实际需求合并得到确定的毛需求。在需求时区（第 1~3 周）内，毛需求就是实际需求；在计划时区（第 4~8 周）内，毛需求是预测和实际需求中数值较大者；在预测时区（第 9~12 周）内，毛需求是预测值。

（2）推算预计库存量（PAB）初值。

$$预计库存量(PAB)初值 = 上一期预计库存量 - 毛需求$$

（3）推算净需求。

当 PAB 初值 ≥ 安全库存时，净需求 = 0

当 PAB 初值 < 安全库存时，净需求 = 安全库存 - PAB 初值

（4）推算计划产出量。

当净需求 > 0 时，计划产出量 = N × 批量（N 为整数倍）

（5）推算预计可用库存量。

$$当期预计可用库存量 = PAB 初值 + MPS 计划产出量$$

$$= 上一期预计库存量 - 毛需求 + MPS 计划产出量$$

时区	需求时区			计划时区					预测时区			
时段（周）	1	2	3	4	5	6	7	8	9	10	11	12
预测量	60	60	60	60	60	60	60	60	60	60	60	60
实际需求	110	80	50	70	50	60	110	150	50		50	20
毛需求	110	80	50	70	60	60	110	150	60	60	60	60
PAB 初值	50	−30	20	50	−10	30	20	−30	10	50	−10	30
净需求		80	30		60	20	30	80	40		60	20
MPS 计划产出量		100	100		100	100	100	100	100		100	100
预计库存量 PAB	50	70	120	50	90	130	120	70	110	50	90	130
计划投入量		100	100		100	100	100	100	100		100	100

主要参考文献

［1］李健．企业资源计划（ERP）及其应用（第3版）［M］．北京：电子工业出版社，2011

［2］杨建华．ERP原理与应用［M］．北京：电子工业出版社，2011

［3］陆安生．ERP原理与应用［M］．北京：清华大学出版社，2010

［4］张真继．企业资源计划［M］．北京：电子工业出版社，2009

［5］陆清华．ERP原理与实践［M］．北京：北京理工大学出版社，2011

［6］ERP应用教程编委会．ERP应用基础教程［M］．北京：立信会计出版社，2011

［7］王珏辉，张朝辉．ERP实验教程［M］．长春：吉林大学出版社，2008

［8］ERP实验课题组．ERP实验实用教程［M］．北京：科学出版社，2014

［9］林翊．ERP综合实验教程［M］．北京：经济科学出版社，2014

［10］赵天希．ERP软件开发实训教程［M］．北京：清华大学出版社，2010

［11］陈启申．ERP：从内部集成起步（第3版）［M］．北京：电子工业出版社，2012

［12］罗鸿．ERP原理·设计·实施（第4版）［M］．北京：电子工业出版社，2016

［13］辛明珠．图解ERP：轻松跟我学企业管控Ⅱ［M］．北京：清华大学出版社，2016

［14］张涛．企业资源计划（ERP）原理与实践（第2版）［M］．北京：机械工业出版社，2015

［15］刘秋生．ERP系统原理与应用［M］．北京：电子工业出版社，2015

［16］王新玲．ERP沙盘模拟实训教程：手工＋信息化＋新商战［M］．北京：清华大学出版社，2017

［17］周玉清．ERP原理与应用教程（第2版）［M］．北京：清华大学出版社，2014

［18］周玉清，刘伯莹，周强．ERP与企业管理：理论、方法、系统（第2版）［M］．北京：清华大学出版社，2012

［19］程控，革扬．MRPⅡ/ERP原理与应用（第3版）［M］．北京：清华大学出版社，2012

［20］何晓岚，钟小燕．ERP沙盘模拟指导教程：实物＋电子＋人机对抗［M］．北京：清华大学出版社，2016

［21］刘金安，杨宏霞，范丽亚，介彬．ERP原理及应用教程（第二版）［M］．北京：清华大学出版社，2017

［22］王新玲，郑文昭，马雪文．ERP沙盘模拟高级指导教程（第3版）［M］．北京：清华大学出版社，2014

［23］刘红军．企业资源计划（ERP）原理及应用（第2版）［M］．北京：电子工业

出版社，2012

　　[24] 杨尊琦，林海. 信息管理与信息系统系列：企业资源规划（ERP）原理与应用 [M]. 北京：机械工业出版社，2011

　　[25] 李翠红，李浥东，孟浩. 会计信息系统——基于 SAP 公司 ERP 系统 [M]. 北京：中国石化出版社，2016

　　[26] 李沁芳. SAPERP 原理与实训教程 [M]. 北京：机械工业出版社，2015

　　[27] 熊励，李昱瑾. 企业信息化融合：基于 SCM/ERP/CRM 集成 [M]. 北京：清华大学出版社，2012

　　[28] 闪四清. ERP 系统原理和实施（第 4 版）[M]. 北京：清华大学出版社，2013

　　[29] 陈启坤. ERP——从内部集成起步（第三版） [M]. 北京：电子工业出版社，2012

　　[30] 阿里夫陶瑟夫. SAPERP 财务：配置与设计（第 2 版）[M]. 北京：人民邮电出版社，2013

　　[31] 吴鹏跃，肖红根. ERP 项目实施教程 [M]. 北京：清华大学出版社，2013

　　[32] 曲立，陈元凤. ERP 软件应用于管理模拟 [M]. 北京：社会科学文献出版社，2017

　　[33] 刘希俭. 企业 ERP 系统建设与应用实务 [M]. 北京：石油工业出版社，2017

　　[34] 史蒂文·斯科特·菲利普斯. 掌握你的 ERP 命运 [M]. 北京：电子工业出版社，2016

　　[35] 程国卿，吉国力. 企业资源计划（ERP）教程（第 2 版）[M]. 北京：清华大学出版社，2013

　　[36] 李宏伟. ERP 软件操作实务（第二版）[M]. 大连：东北财经大学出版社有限责任公司，2015

　　[37] 林翊. ERP 综合实验教程 [M]. 北京：经济科学出版社，2013

　　[38] 胡生夕，姜明霞. ERP 供应链管理系统（第二版）[M]. 大连：东北财经大学出版社有限责任公司，2016

　　[39] ERP 实验课程组. ERP 实验实用教程 [M]. 北京：科学出版社有限责任公司，2016

　　[40] 许存兴. 基于 ERP 的企业信息化实施研究 [M]. 西安：西安交通大学出版社，2014

　　[41] 张琳，李静宜，贺永强. ERP 供应链管理实务 [M]. 北京：清华大学出版社，2011

　　[42] 金镭，沈庆宁. ERP 原理与实施 [M]. 北京：清华大学出版社，2017

　　[43] 邱立新. ERP 原理与应用 [M]. 北京：北京大学出版社，2013